Frederik Obermaier und Tanjev Schultz

Kapuzenmänner

Der Ku-Klux-Klan in Deutschland

Mit farbigem Bildteil

dtv

Ausführliche Informationen
über unsere Autoren und Bücher
www.dtv.de

Dieses Buch ist auch als eBook erhältlich.
www.dtv.de/dtvdigital

Originalausgabe
© 2017 dtv Verlagsgesellschaft mbH & Co. KG, München
Das Werk ist urheberrechtlich geschützt.
Sämtliche, auch auszugsweise Verwertungen bleiben vorbehalten.
Umschlaggestaltung: Lisa Höfner/dtv
Satz: Fotosatz Amann, Memmingen
Gesetzt aus der Minion und Futura
Druck und Bindung: Kösel, Krugzell
Gedruckt auf säurefreiem, chlorfrei gebleichtem Papier
Printed in Germany · ISBN 978-3-423-26137-1

Inhalt

Prolog
7

Kapitel I
Die Anfänge: Ritter zum Feurigen Kreuz
17

Kapitel II
Der Import: Rassismus made in the USA
31

Kapitel III
Der Besuch: Amerikas Klanführer
in Königs Wusterhausen
61

Kapitel IV
Der kriminelle V-Mann: Fall »Piatto«
79

Kapitel V
Feiern vor dem Feuer: Die Kreise des NSU
103

Kapitel VI
Der Schwaben-Klan: Umtriebe in Baden-Württemberg
123

Kapitel VII
Die Verirrten? Polizisten im Klub der Rassisten
151

Kapitel VIII
Bischof mit Hitler-Büste:
Der Berliner Klan und sein Kampf gegen Aussteiger
177

Kapitel IX
Das Rätsel: Der Tod des V-Manns Corelli
193

Epilog
221

Dank
243

Glossar
246

Quellen
253

Bildnachweis
257

Personenregister
258

Prolog

Sie kommen aus der Dunkelheit: Weiße Masken über dem Kopf und brennende Fackeln in der Hand, so schreiten die Männer und Frauen über eine Wiese. Sie bilden einen Kreis, in kantigem Englisch beschwören sie die »White Power«, die Rasse, die Nation. Dann entzünden sie ein mannshohes Holzkreuz. Es ist eine Zusammenkunft des Ku-Klux-Klan (KKK), jenes rassistischen Geheimbundes aus den USA, der durch Lynchmorde an Schwarzen berüchtigt wurde. Gekleidet in Kutten und weiße Kapuzengewänder teerten und federten Mitglieder des Klans ihre Opfer oder erhängten sie am nächsten Baum.

Dieses Treffen aber findet nicht in den amerikanischen Südstaaten statt, sondern in Deutschland.

Immer wieder loderten in den vergangenen Jahrzehnten Kreuze auf Wald- und Wiesengrundstücken in der Bundesrepublik. Mehrere Male reisten Klanführer aus den USA nach Deutschland. Einer nahm an einer Kreuzverbrennung nahe Berlin teil, die sogar öffentlichkeitswirksam vom Privatfernsehen ausgestrahlt wurde. Ein anderer war zu Gast bei der rechtsextremen Partei DVU und dem Pressefest der NPD-Publikation ›Deutsche Stimme‹. Immer wieder tauchen Aufkleber, Pamphlete oder andere Hinweise auf neue Klanableger auf – meist in Verbindung mit rassistischen Verbrechen. Zeitweise hatte der deutsche Klan auch eine eigene Zeitschrift, die von einer »reinen arischen Nation« schwärmte, ja viel mehr noch: von einer »Gesellschaft der Mörder in Weiß«. Der Macher des Blattes war 1992 dabei, als ein rechter Mob versuchte, einen Afrikaner zu töten. Die Gruppe grölte rhythmisch: »Ku-Klux-Klan!« Einer fragte nach einem Strick und forderte dazu auf, das Opfer aufzuhängen. Spätestens seit diesem Tag ist klar: Die Kapuzenmänner sind unter uns.

◆

Mehr als vier Jahre dauernde Recherchen, Gespräche mit aktiven Klananhängern und mit Aussteigern, verdeckt gedrehte Videos, geheime Dokumente von Polizei, Geheimdiensten und diversen Untersuchungsausschüssen sowie Tausende Seiten Unterlagen der Stasi-Unterlagenbehörde, des Bundesamtes für Verfassungsschutz, des Landesarchivs Berlin sowie des rheinland-pfälzischen Verfassungsschutzes zeigen: Die Umtriebe des Geheimbundes in Deutschland sind kein Phänomen der jüngeren Jahre, sondern schon seit Anfang des 20. Jahrhunderts zu beobachten.

Zeitweise gab es in der Bundesrepublik parallel mehrere Landesverbände des Klans, im Jargon der maskierten Rassisten *Realms* genannt. Bis heute sind nach Einschätzung der Bundesregierung vier Gruppen in Deutschland aktiv, wie aus einer Erklärung vom Herbst 2016 hervorgeht. Manche von ihnen sind sicherlich nicht mehr als die Versammlung einiger Verwirrter. Und dennoch sollte man es nicht unterschätzen, wenn ein Geheimbund, der sich den Rassenkrieg auf die Fahnen geschrieben hat, über Jahrzehnte hinweg in Deutschland Anhänger um sich schart. Wenn ein angeblich ausschließlich amerikanisches Phänomen auch die deutsche rechte Szene ergreift. Wenn sich in deutschen Klangruppen Männer und

Frauen tummeln, die Kontakte zur Mördertruppe des Nationalsozialistischen Untergrunds (NSU) und seines Umfelds hatten.

Dieses Buch will einen Überblick bieten über die Geschichte des Klans in Deutschland, es will nicht aufbauschen, sondern darstellen. Es wird Fakt und Fiktion, Gerüchte und Tatsachen trennen und dem Leser auf diese Weise die Möglichkeit geben, sich selbst eine Meinung zu bilden – über eine Gruppe, deren deutsche Ursprünge Anfang des 20. Jahrhunderts im Berlin der Zwanzigerjahre zu suchen sind.

◆

Durch Zufall stieß die Berliner Polizei nach Ende des Ersten Weltkriegs auf eine mehrere Hundert Mann starke Gruppe, die sich um einen dubiosen deutsch-amerikanischen Pfarrer scharte und Mitglieder aus rechten Organisationen und Milizen wie »Frontbann« und »Stahlhelm« rekrutierte. Der Bund existierte erst wenige Wochen, da wurde er schon mit einem Mord in Verbindung gebracht.

Nach dem Zweiten Weltkrieg brannten auf mehreren Militärstützpunkten Kreuze des Klans – amerikanische GIs hatten ihren Rassenhass mit nach Deutschland gebracht. Bald folgten die ersten Mordanschläge auf sogenannte Dunkelhäutige. Die Presse spekulierte in den Sechzigerjahren, dass etwa zweitausend Klansmänner in der BRD ihr Unwesen trieben. In einem Interview sagte ein angeblicher KKK-Mann der ›Abendzeitung‹: »München ist die Hochburg des Ku-Klux-Klans in Europa, das außeramerikanische Hauptquartier unserer Geheimorganisation.« Es waren beunruhigende Nachrichten – und dennoch verhallten sie schnell. Polizei und Geheimdienste verfassten ein paar Aktenvermerke, verschlagworteten sie und legten sie ab. Damit war die Sache erledigt. Wie so oft in Deutschland, wie so auffällig oft ausgerechnet im Fall des Klans.

Obwohl Verfassungsschützer über Jahrzehnte geheime Vermerke zu dem Rassistenklub verfassten, erwähnten sie den Geheimbund nur wenige Male in Verfassungsschutzberichten und auch in diesen Fällen nur mit einigen mageren Zeilen. Ermittlungen der Polizei verliefen meist im Sande.

Und die Medien? Beließen es seit den Neunzigerjahren bei ein paar knappen Randnotizen. Ein Grund dafür dürfte auch der Skandal um eine gefälschte Klan-Szene in einem Film des berüchtigten Fernsehjournalisten Michael Born gewesen sein. Der frühere Schiffsoffizier und Tierfachhändler hatte in Amerika den Klanführer Dennis Mahon getroffen, der ihm und seinem Kameramann angeblich angeboten habe, »extra für uns einen Neger zu lynchen«, wie Born später in einem Buch behauptete. In Deutschland blieb seine Suche nach Klanmitgliedern, die sich filmen lassen würden, erfolglos. Statt es darauf beruhen zu lassen, ließ er sich Klankutten schneidern, steckte einige Freunde hinein und ließ sie in einer Höhle in der Eifel ein Kreuz abbrennen und Naziparolen plärren. Born brauchte Geld. Er filmte das inszenierte Spektakel und bot den Film 1994 der Sendung Stern TV an. Dem Team um Moderator Günther Jauch fiel offenbar nicht einmal auf, dass die Hakenkreuze auf den selbst geschneiderten Kutten falsch herum angebracht waren. Irgendwann flog der Mummenschanz aber doch auf. Der Fernseh-Karl-May Michael Born wurde 1996 zu vier Jahren Haft verurteilt. Außer dem Klan-Film hatte er etliche weitere Fernsehbeiträge gefälscht.

Die für Deutschlands Fernsehmacher höchst peinliche Angelegenheit hatte gravierende Folgen: In Politik und Öffentlichkeit führte sie zu dem Eindruck, es gäbe in Deutschland gar keinen Klan und auch andere Beiträge über den Geheimbund könnten aufgebauscht oder allein für die Medien inszeniert worden sein. Doch dieser Schluss war voreilig. Denn zumindest Teile der rechtsextremen Szene identifizieren sich hierzulande tatsächlich mit der amerikanischen Klan-Bewegung. Wer ernsthaft recherchiert, kann sehen, wohin diese Identifikation führt: Immer wieder haben in Deutschland Kreuzverbrennungen stattgefunden, die vor der Öffentlichkeit geheim gehalten wurden. Und immer wieder sind Menschen bedroht, halb tot geprügelt oder ermordet worden – im Namen des Klans oder von Menschen, die im Klan ein Vorbild sahen.

◆

Der Klan fasziniert die deutschen Rechtsextremisten, oft arbeiten verschiedene Gruppen Hand in Hand, die Grenzen zwischen dem Geheimbund und militanten Neonazis verfließen. In der Szene kursieren seit Langem Aufnäher und Kapuzen des Klans. Und die Neonazi Band »Kommando Freisler« grölte schon vor Jahren: »Der Ku-Klux-Klan regiert dieses Land. (…) Die totale weiße Revolution.« Die Gruppe »Landser« sang: »Nigger, Nigger, raus aus unserem Land (…) nicht mehr lange, dann seid ihr dran, dann gibt's auch hier den Ku-Klux-Klan.« Ein Klanführer aus den USA schwärmte bei einem Besuch in Deutschland davon, wie er mit deutschen Neonazis zusammenarbeite und man gemeinsam eine »Terrorfront im Untergrund« aufbaue. Sein deutscher Vertrauter schickte unterdessen die entsprechenden Tipps an seine Anhänger. Es ging darum, Waffenlager anzulegen und sich auf den Kampf vorzubereiten.

Zur Strategie vieler Rassisten und Rechtsextremisten gehört es, die Öffentlichkeit und die Medien zu instrumentalisieren und sich mächtiger darzustellen, als sie sind. Dazu kommt, dass die Organisatoren der rechten Szene ein Geschäft machen wollen. Sie verkaufen Devotionalien, Magazine, Musik, Mitgliedschaften. Sie sind Händler des Hasses. Und diese Händler sind mitunter sehr geschickt darin, sich zu inszenieren und für ihre Botschaften und »Produkte« zu werben, sowohl im eigenen, engen Kreis als auch in der weiteren Öffentlichkeit.

Für Publizisten und Politiker ist es deshalb nicht leicht zu entscheiden, ob man bestimmten Gruppen und Aktionen überhaupt Aufmerksamkeit schenken und sie dadurch womöglich noch populärer machen soll. Und der Fall des Filmefälschers Born lehrt auch, wie problematisch es ist, wenn Journalisten vor allem darauf aus sind, dramatische und sensationelle Storys zu bekommen. Die Wahrheit bleibt dabei oft auf der Strecke.

Auf der anderen Seite darf man die Augen vor der teils bizarren, teils brutalen Wirklichkeit nicht verschließen. Die Umtriebe des Geheimbunds sind leider ein Faktum, auch in der Bundesrepublik.

Wir wollen den Ku-Klux-Klan nicht größer machen als er ist, halten es aber für notwendig, die erstaunliche Vielzahl an Ablegern und Aktivitäten, die der Rassistenklub in Deutschland hervorgebracht hat, aufzudecken und zu beschreiben. Denn die Gefahren, die von solchen Strukturen und Aktivitäten ausgehen, dürfen bei aller Skepsis nicht unterschätzt werden. Obskure Gruppen können gefährlich sein, auch wenn sie zunächst unbedeutend wirken. Es mag sein, dass die deutschen Klangruppen im Vergleich zu den amerikanischen schwach und dilettantisch wirken. Aber jederzeit kann es ein böses Erwachen geben. Ein Beispiel dafür ist die Bewegung der sogenannten Reichsbürger, die lange Zeit unterschätzt wurde. Als dann im Oktober 2016 ein Beamter erschossen wurde, als die Polizei in Bayern einen Anhänger dieser Bewegung entwaffnen wollte, war der Schock umso größer.

Den Windmachern der Szene wollen wir natürlich nicht noch mehr Auftrieb geben. Es wäre auch völlig verfehlt, so zu tun, als gäbe es in Deutschland ein so dichtes Klannetz, dass man befürchten müsste, es würde die Gesellschaft und die Politik im Griff haben. Dieses Buch soll keine Panik schüren und auch keine Verschwörungstheorien befeuern. Aber es will auch nichts beschönigen. Und zur unschönen Seite dieses Landes gehört, dass es schon seit fast hundert Jahren immer wieder Gruppen gab, die den US-Klans nacheiferten und sich vor brennenden Kreuzen ihrem Rassismus hingaben. Manche dieser Versammlungen und Rituale in Kutten und Kapuzen mögen hierzulande jämmerlich und lachhaft wirken. Doch der Hass kann sich jederzeit in Attacken entladen, die niemand mehr als Faschingsspaß abtun kann. Der Weg in den Terrorismus ist nicht weit. Immerhin legt es der Ku-Klux-Klan auch darauf an, wenigstens teilweise im Verborgenen zu wirken und seine Mitglieder auf Geheimhaltung zu verpflichten.

◆

Auch der NSU und sein Umfeld – jene Gruppe also, die genau das tat: untertauchen, aus dem Verborgenen agieren, schließlich Waffen horten und töten – waren fasziniert vom Klankult. So trafen sich Mitte der Neunzigerjahre etwa zwanzig Neonazis in der Nähe von Jena und ließen Kreuze brennen. Unter ihnen: der spätere NSU-Terrorist Uwe Böhnhardt, seine Freundin Beate Zschäpe und der mutmaßliche NSU-Unterstützer Ralf Wohlleben. Vergilbte Fotos zeigen sie und ihre braunen Kameraden, einige von ihnen posieren mit Hitlergruß. Wenige Jahre später begann das Morden.

Zum Ziel wurde unter anderem die Polizistin Michèle Kiesewetter. Sie starb an einem sonnigen Tag in Heilbronn, sie hatte spontan ihre Schicht gewechselt. Ihr Gruppenführer war an jenem Tag ein Polizist, der selbst Mitglied im Ku-Klux-Klan gewesen ist. Der Fall hat das Vertrauen in die Sicherheitsbehörden erschüttert. Dazu haben später noch weitere seltsame Vorfälle beigetragen. Ein ehemaliger Neonazi verbrannte in Stuttgart in seinem Auto. Am Tag seines Todes sollte er wieder mal von der Polizei vernommen werden. Denn vor Bekannten hatte der junge Mann damit geprahlt, er wisse, wer hinter dem Mord an der Polizistin Kiesewetter stecke. Einer der Beamten, die als Erste am ausgebrannten Wagen ankamen und anschließend den Eltern die Nachricht vom Tod ihres Sohnes überbrachten, war ausgerechnet der Bruder eines Mitglieds jenes Klanablegers, dem auch Kiesewetters Gruppenführer angehört hatte. Eines Klanablegers übrigens, der damals von einem Verfassungsschutzmitarbeiter vor staatlicher Überwachung gewarnt worden war. Klingt alles ziemlich verrückt, ist aber wahr.

Es sind dies nur ein paar von vielen Merkwürdigkeiten, auf die man stößt, wenn man sich mit dem Klan näher beschäftigt. Was davon ist Zufall? Was ist den Verflechtungen des Geheimbunds mit Polizei und Verfassungsschutz geschuldet? Und vor allem: Wer und was steckt hinter den rassistischen Sprüchen und Visionen des Ku-Klux-Klans in Deutschland?

◆

Der deutsche Verfassungsschutz hat den Klan zumindest zeitweise mit erstaunlichem Aufwand beobachtet. Dennoch blieb der Kampf gegen den Geheimbund letztlich erfolglos. Immer wieder wuchs irgendwo im Land ein neuer Ableger. Immer wieder begingen Kapuzenmänner ihre zynischen Zeremonien. Immer wieder spielten Neonazis die lauten Lieder, in denen der Ku-Klux-Klan verherrlicht wird. Der Generalbundesanwalt fand angeblich nie genügend Belege, die ausgereicht hätten, deutsche Klananhänger wegen Mitgliedschaft in einer terroristischen Vereinigung anzuklagen. Dabei gab es bereits mehrere Mordversuche von Anhängern des Klans.

Sich auf den Klan zu berufen, scheint in bestimmten Kreisen ganz normal zu sein. Zuletzt fiel Pegida-Organisator Lutz Bachmann dadurch auf, dass er im Internet mit einem Hitlerbart posierte und ein Bild postete, auf dem ein KKK-Mann zu sehen war. Dazu der Spruch: »Three K's a day keeps the minorities away«. Drei Ks, das Akronym für den Ku-Klux-Klan. Ein blanker Euphemismus, denn »ferngehalten« haben Klanleute sicherlich nur wenige aus den USA. Umgebracht hingegen haben sie viele.

Kapitel I
Die Anfänge: Ritter zum Feurigen Kreuz

Ein spektakulärer Mord und ein verschwundener junger Mann bringen die Polizei im Jahr 1923 auf die Spur der Kapuzenmänner. Erich Pannier war im Juni im brandenburgischen Döberitz umgebracht worden. Er war Anhänger der Schwarzen Reichswehr – jener paramilitärischen Gruppe, die in der Weimarer Zeit gegründet wurde, um den Versailler Vertrag zu umgehen, der den Deutschen nur ein Heer von 100 000 Mann erlaubte. Es war eine geheime Armee, sie agierte neben der offiziellen Reichswehr und wurde von ihr heimlich mit Geld und Munition versorgt. In dieser Ansammlung von Republikfeinden geschah das Verbrechen. Der Schütze Pannier wurde offenbar von einem Kameraden getötet, weil er sich verdächtig gemacht hatte – dafür reichte damals schon ein falsches Wort. Die Tat wird von Experten zu den sogenannten Fememorden gezählt: politisch motivierte Morde, die von Rechtsradikalen in den Anfangsjahren der Weimarer Republik an ihren Gegnern verübt wurden. Die Spur führt die Polizei zum Ku-Klux-Klan.

Am Vormittag des 7. September 1923 – knapp drei Monate nach dem Mord – nimmt die Polizei einen Verdächtigen fest: Wilhelm Weckerle, 21 Jahre alt. Er wohnt bei seiner Mutter im Berliner Stadtteil Charlottenburg, und in seinem Zimmer finden die Beamten ein Schreiben mit dem Briefkopf »R. F. K.« sowie eine Mitgliedskarte mit den gleichen Initialen, gruppiert um einen Totenkopf. Unterzeichnet ist die Karte von einem gewissen »Heimdahl«. R. F. K. stehe für »Ritter des Feurigen Kreuzes«, erklärt der festgenommene Weckerle den Beamten, mehr könne er dazu nicht sagen. Er sei durch einen Schwur zum Schweigen verpflichtet. Jedes Wort wäre eines zu viel.

Es ist schon das zweite Mal innerhalb kurzer Zeit, dass die Beamten von dem mysteriösen Ritterbund hören. Fünf Wochen zuvor war ein Kanzleiassistent namens Siebert bei der Berliner Polizei aufgetaucht und hatte eine Vermisstenanzeige aufgegeben: Sein 19 Jahre alter Sohn Fritz sei aus der elterlichen Wohnung verschwunden. Eigentlich ein Fall für die Vermissten-Abteilung. Bei der Befragung der Familie erfuhren die Ermittler jedoch, dass der verschwundene Sohn ein Rechtsextremist war: Mitglied und Ortsgruppenleiter des Frontbanns, einer Untergruppe der berüchtigten NSDAP-Sturmabteilung, kurz SA.

Das allein wäre noch nichts Besonderes, Tausende junge Männer haben sich in den Zwanzigerjahren einer der vielen rechten Gruppen angeschlossen. Doch bei Fritz Siebert liegt der Fall anders. Da gibt es dieses seltsame Schreiben, das er laut den Angaben des Vaters einige Wochen vor seinem Verschwinden erhalten hatte. Fritz sei in ein Lokal in Berlin-Charlottenburg eingeladen worden – von einer Vereinigung, die in der Erinnerung von Siebert senior »R. z. f. S.« hieß. Das Schreiben sei mit dem Namen »Heimdahl« unterzeichnet gewesen. Fritz' Bruder vermutet, die Abkürzung stehe für »Ritter zum feurigen Schwert« – er glaubt, dass es sich um eine Geheimorganisation handele. Ziel der Gruppe sei es, »Personen, die eventuell als Verräter bekannt geworden sind, zu bestrafen beziehungsweise zu beseitigen«. Eine klandestine Mördertruppe.

Ritter zum feurigen Schwert also und Ritter des Feurigen Kreuzes – zwei Organisationen mit fast dem gleichen Namen tauchen in Verbindung mit Kriminalfällen auf. Beide Male ist ein ominöser Heimdahl verwickelt. Die Berliner Polizei eröffnet ein Ermittlungsverfahren. Schnell findet sie heraus, dass wie Siebert auch Weckerle Mitglied der Ritter-Geheimorganisation war, deren wahrer Name sich als »Ritter zum Feurigen Kreuz« herausstellt. Doch Siebert wird vermisst und Weckerle schweigt. Er habe einen Eid geschworen, »die Waffe selber gegen mich zu richten, oder die Waffe eines Bruders wird gegen mich gerichtet«, sollte er Geheimnisse verraten. Erst als ein Kriminalassistent ihm droht, ihn wegen Geheimbündelei vor Gericht zu bringen, wird Weckerle irgendwann schwach. Er packt aus, bittet aber darum, »ihn keineswegs in diese Angelegenheit hineinzuziehen und auf keinen Fall den Beteiligten seinen Namen zu nennen«, wie ein Polizist vermerkt. So kann man es in einem Protokoll nachlesen, das wie andere Dokumente über die »Ritter zum Feurigen Kreuz« im Landesarchiv Berlin lagert.

Weckerle fürchtet wohl wirklich um sein Leben. Er erklärt, dass er von Kameraden des Frontbann angesprochen worden sei, der Geheimorganisation beizutreten. Ziel der Gruppe sei es, das »Deutschtum hochzuhalten und andererseits das Judentum zu bekämpfen«. Wenig später sei er bei einem konspirativen Treffen in einem Charlottenburger Lokal vereidigt worden.

Es war ein geheimnisvolles Ritual, eine Mischung aus Freimaurer-Bräuchen, germanischen Riten und bloßem Klamauk: Er sei vor einem Altar gestanden, auf dem eine Bibel und ein Totenkopf gelegen hätten, eine amerikanische Flagge und ein rotes Kreuz, erzählt Weckerle den Polizisten. Ein Mann mit schwarzer Maske habe die Zeremonie geleitet, neben ihm: zwei Vermummte mit Offiziersdegen. Er werde nun Teil einer tausend Mitglieder umfassenden Gruppe, sei ihm erklärt worden. Weckerle und weitere Neulinge wurden gefragt: »Was wollt ihr und wo wollt ihr hin?« Die Antwort habe man ihnen vorher eingebläut: »Zu Wotan, dem treuen Alten, uns zu melden für den Kampf«. Die Vorstandsmitglieder trugen während der gesamten Zusammenkunft weiße Kittel mit Kapuzen, die das Gesicht bedeckten und nur zwei Augenlöcher offen ließen. Es war eine Kluft, die man aus den USA kannte. Vom Ku-Klux-Klan.

♦

Mehrere »Ritter« sagen später aus, dass der Orden zu einem Ableger des amerikanischen Klans gemacht werden sollte. Ein deutscher Ku-Klux-Klan, 50 Jahre nach der Geburt des amerikanischen Vorbilds und finanziell unterstützt von den Kapuzenmännern in Amerika. In den USA hatten Offiziere der unterlegenen konföderierten Armee den Klan nach dem Ende des amerikanischen Bürgerkriegs gegründet. Den Sieg des Nordens wollten sie nicht akzeptieren; noch weniger, dass die Sklaverei abgeschafft werden und Schwarze mehr Rechte bekommen sollten. Am 6. Mai 1866 oder dem 24. Dezember 1865 – darin sind sich Historiker bis heute nicht ganz einig – gründeten sechs junge Südstaatler den Ku-Klux-Klan, den Klub der maskierten Rassisten, der bis heute in den USA Schrecken verbreitet und, mit kurzen Unterbrechungen, von den Zwanzigerjahren bis in die Gegenwart auch in Deutschland aktiv gewesen ist.

Der Name stammt von dem griechischen Wort Kuklos/

Kyklos, das so viel bedeutet wie Kreis, Rad oder Band. Eine US-Klanzeitung schrieb dazu 1975: »Dieser Name wurde ausgewählt, weil in ihm einige der einzigartigen Charakteristika der Weißen (Arischen) Rasse enthalten sind. Das Rad ist sicherlich das beste Symbol für Kreativität, hier die Kreativität der weißen Rasse, und der Kreis ist das älteste Symbol für Einheit.«

Die Anhänger jagten nachts auf weiß verhüllten Pferden, deren Hufe mit Tüchern bedeckt waren, um lautlos aufzutreten und geisterhafter zu erscheinen, durch Amerikas Südstaaten und überfielen, mit Peitschen knallend, die versklavten und verhassten Schwarzen. Unter ihren Masken murmelten die Reiter: »Wir sind die Seelen gefallener Soldaten der Konföderierten Armee.« Mit nächtlichen Ausritten begnügten sie sich jedoch schon bald nicht mehr: Vielmehr teerten und federten sie Schwarze, peitschten sie aus, schlitzten sie auf, kastrierten sie, verbrannten sie. Der Klan verbreitete Terror. Innerhalb weniger Jahre fielen ihm Hunderte zum Opfer. Bereits wenige Jahre nach der Gründung, nämlich 1869/70, registrierte ein einziger Landkreis in Florida 153 Klanmorde.

Immer wieder lösten Anführer ihre Klangruppe auf, nur um sie kurze Zeit später wieder zum Leben zu erwecken. In den Zwanzigerjahren war der Einfluss des Ku-Klux-Klans überall im Süden der Vereinigten Staaten zu spüren. Vor den Häusern und Hütten von Schwarzen wurden – als Warnung und Drohung – hölzerne Kreuze verbrannt, Männer und Frauen gelyncht. Bald machten die Rassisten nicht mehr nur Jagd auf Schwarze, sondern auch auf Juden und Weiße, die sich für Gleichberechtigung einsetzten.

Es war die Zeit der großen Einwanderungswellen in den USA. Deutsche, Italiener, Polen, sie alle suchten ihr Glück im

Land der unbegrenzten Möglichkeiten – und stießen schon bald auf die Gegenwehr von Amerikas Rechtsextremisten. Im ganzen Land machten Gruppen wie die »Knights of the White Camellia«, »The Invisible Faces« oder »Invisible Empire« Jagd auf sie.

◆

Vor dem weiteren Aufschwung des Klans in den Zwanzigerjahren stand ein Medienereignis: der Film ›The Birth of a Nation‹ (1915) von Regisseur D. W. Griffith. Zu den Klängen von Richard Wagners »Walkürenritt« preschen darin Hunderte Männer, gehüllt in weiße, wehende Kapuzengewänder mit stilisierten Kreuzen auf der Brust, im Galopp auf ihren Pferden heran. In ritterlicher Tapferkeit retten sie eine Jungfrau namens Elsie Stoneman vor einer Horde schwarzer Männer. Kurzum: Es ist ein dreistündiges Hohelied auf den Ku-Klux-Klan.

Das amerikanische Publikum war begeistert. Nach einer Vorstellung gestand sogar ein Oberster Bundesrichter: »Ich war Mitglied des Klans«. Plötzlich war es salonfähig, den maskierten Rassisten anzugehören. Der Klan wurde regelrecht zu einer Institution des öffentlichen Lebens – mit eigener Zeitung, eigenem Verlag und einer eigenen Textilfabrik, die die Klankluft fertigte. Manche Mitglieder gingen sogar in ihrer Rassisten-Robe in den Gottesdienst. Und ihre Mitgläubigen hatten damit in der Regel kein Problem. Von Anfang an stilisierte sich der Ku-Klux-Klan auch zu einer christlichen Organisation, die allerdings zugleich gegen Katholiken hetzte. Sie bediente sich des Kreuz-Symbols und ahmte in ihren Ritualen und Zeremonien nicht nur heidnische Kulte, sondern christliche Riten nach. Diese Kombination machte den Geheimbund attraktiv für eine religiöse Klientel, beispielsweise extremistische Kreise in bestimmten Freikirchen. Allerdings führte die Aufladung des Klans mit spirituellen Elementen auch dazu, dass atheistische Rechtsextremisten, nicht zuletzt in Deutschland, Mühe hatten und haben, sich die kirchenähnlichen Formeln und Formen des Klans zu eigen zu machen. Leichter fiel es ihnen, sich für die altgermanischen Mythen und Legenden zu erwärmen, die in vielen Klangruppen beschworen werden. Immer wieder spielten sich Anführer aber auch hierzulande als geistliche Würdenträger auf. Und wie sich zeigte, war an der Gründung des Klans in Deutschland tatsächlich ein Pfarrer beteiligt.

In den USA wurde der konservative »bible belt« für die Rassisten besonders wichtig. In dem Gebiet, das große Teile des Südostens und des Mittleren Westens der USA umspannt, lebten (und leben) viele radikale und fundamentalistische Protestanten. In den Zwanzigerjahren traten dort Hunderttausende dem Geheimbund bei. In der Hochphase wurden bis zu vier Millionen Mitglieder gezählt. Es entstand eine gespenstische Massenbewegung, die es gar nicht mehr nötig hatte, nur im Schutz der Dunkelheit aufzutreten. Am 8. August 1925 marschierten in Washington zwischen 25 000 und 60 000 – hier variieren die Angaben – Klansleute weiß verhüllt die Pennsylvania Avenue vor dem Weißen Haus hinunter. Es war eine Machtdemonstration, die Wirkung zeigte. In diese Zeit fällt auch die Gründung in Deutschland.

◆

Der Erste Weltkrieg war verloren, Links und Rechts standen sich in der Weimarer Republik unversöhnlich gegenüber. Rechte Freikorps versuchten zu putschen, im Ruhrgebiet herrschten bürgerkriegsähnliche Zustände. Der Putsch wurde zwar niedergeschlagen, die demokratischen Parteien und das Parlament blieben jedoch schwach und verwundbar. In dieser Zeit scharten außerparlamentarische Kampfbünde Anhänger um sich – auch der Ku-Klux-Klan. Er rekrutierte seine Mitglieder aus dem Dunstkreis des Frontbann, der völkisch-antisemitischen Deutsch-Sozialen Partei, des Stahlhelm sowie der Bismarckjugend der nationalkonservativen Deutschnationalen Volkspartei, wie die Polizei schon bald herausfinden sollte. Auch einige Österreicher sollen dem deutschen Orden zum »Feurigen Kreuz« beigetreten sein.

Im September 1925 verhaftet die Berliner Polizei in einer groß angelegten Aktion 18 mutmaßliche Klanmitglieder, darunter den Mordverdächtigen Weckerle. Bei Durchsuchungen finden die Ermittler Säbel und Degen, Leinenmäntel mit aufgestickten Kreuzen »und angenähten Kopfüberzügen, in welche Augenlöcher geschnitten sind« sowie »mehrere schwarze und rote Halbgesichtsmasken«. Die Ermittler entdecken auch eine Liste von 350 Mitgliedern; die meisten von ihnen älter als 30 Jahre, Arbeiter oder Angestellte. Das ›Ruhr-Abendblatt‹ spricht von einer »völkischen Geheimverschwörung«. Andere Zeitungen mutmaßen schnell, dass Ordensmänner auch hinter den Morden nach dem Küstriner Putsch steckten, bei dem die schwarze Reichswehr im Oktober 1923 versucht hatte, die Regierung von Gustav Stresemann zu stürzen und durch eine nationale Diktatur zu ersetzen. Dies wurde allerdings nie belegt.

War die Polizei zunächst von *einem* deutschen Klan ausgegangen, zeigt sich nun: Es gibt mindestens zwei. Neben der

Berliner Gruppe existiert eine Zweigloge in Breslau mit mindestens sechs Mitgliedern. Außerdem ist von mehreren Berliner Zweiglogen namens Germania, Siegfried und Wiking die Rede. Logen in den schlesischen Städten Beuthen und Liegnitz sollen geplant sein.

Anführer des Geheimbundes in der Weimarer Republik sollen zwei Deutsch-Amerikaner und ein amerikanischer Student sein: der 54-jährige Otto Strohschein, der 30-jährige Gotthard Strohschein und der Student Don Burion Gray. Wenn die Aussagen der Festgenommenen stimmen, wurde der Orden »Ritter zum Feurigen Kreuz« am 21. Februar 1925 in Berlin gegründet. Das Ziel: »eine Freiheitsbewegung, die überparteilich ist, die dazu dienen soll, alle Parteien zu vereinigen, um eine große germanische Vereinigung zu bilden«.

Die treibende Kraft soll der Pfarrer Otto Strohschein gewesen sein. Wer ist dieser Mann? Nach seiner Verhaftung erklärt Strohschein, er sei 1890 nach Amerika ausgewandert, wo er in New Jersey in einer Nähmaschinenfabrik und später als Hilfsschullehrer für die evangelisch-lutherische Kirche arbeitete. Nach vier Jahren sei er nach Deutschland zurückgekehrt, um nach kurzer Zeit wieder nach Amerika auszureisen, wo er zunächst in Massachusetts, dann in anderen Staaten als Pfarrer sein Geld verdiente. Für seine Anhänger in Deutschland ist die Sache klar: Strohschein habe sich in den USA vom Ku-Klux-Klan instruieren lassen, um 1925 in Deutschland eine Zweigstelle zu gründen. Einer der Verhafteten sagt aus, Strohschein habe ihm erzählt, auf Geld aus den USA zu warten. Geld vom Ku-Klux-Klan.

Die Anleihen sind schwer zu verleugnen: Pfarrer Strohschein und seine Getreuen haben sich an den Strukturen, Formen und Titeln des amerikanischen Ku-Klux-Klan orientiert.

Sie ahmen die Hierarchie-Ebenen nach, die man jenseits des Atlantiks kannte: Der Anführer eines Verbandes nennt sich *Grand Wizard*, der Leiter einer regionalen Untergruppe *Grand Dragon*. In Deutschland nennen sie den *Grand Wizard Wodan*. Und *Asgard* ist der Name für das Leitungsgremium oder, wie es in Unterlagen heißt, für »die unsichtbare regierende Macht dieses Ordens«. Diesem Gremium gehören drei Männer an: außer Strohschein auch dessen Sohn Gotthard sowie der amerikanische Student Gray. Ihnen untersteht der Senat, genannt *Walhall*. *Heimdahl* wiederum – jener Name, auf den die Polizei bei ihren Ermittlungen gestoßen war – bezeichnet den Schriftführer. Er ist für die Ordnung im Bund zuständig. Und die ist streng. Auf Einladungskarten zu geheimen Treffen heißt es: »Ein Nichterscheinen darf es für einen Ordensbruder nicht geben, nur Diensterfüllung und Krankheit entschuldigen das Fehlen.«

Die Mitglieder der Feuriges-Kreuz-Ritter sollen sich in der Öffentlichkeit an einem geheimen Gruß erkennen: »Man reicht dem Bruder die Hand und mit dem Daumen drückt man zweimal fest auf den dritten Knöchel des Bruders Hand.« Auch in den USA gab es ein geheimes Erkennungsritual, das seltsam war, aber offenbar effektiv: Ein Klansmann baute in eine Unterhaltung das Wort »Ayak« ein. Es steht für »Are you a klansman?« Dies konnte sich zum Beispiel so anhören: »Kennen Sie Herrn Ayak?« Wenn das Gegenüber auch ein Mitglied des Geheimbundes war, baute er das Wort »Akia« – kurz für: »A klansman I am«– in die Konversation ein. Etwa so: »Nein, einen Herrn Ayak kenne ich nicht, aber einen Herrn Akia.« Dies wiederum wurde mit einem »Kigy« – kurz für »Klansman, I greet you« – erwidert, gegebenenfalls ergänzt durch den Zusatz »Sanbog« (»Strangers are near, be on guard), falls Außenstehende in der Nähe waren.

Und dann gab es ja auch noch das brennende Kreuz: in den USA eine kaum falsch zu verstehende Drohbotschaft, in Deutschland sogar Teil des Namens. Ende des 19. Jahrhunderts noch gänzlich unbekannt als Symbol des Klans, erfreute es sich bei den maskierten Rassisten schnell großer Beliebtheit, nachdem der Pfarrer und Autor Thomas Dixon es in der Romanvorlage für die KKK-Eloge ›The Birth of a Nation‹ erstmals beschrieben hatte. Dixon hatte sich wohl an schottischen Klans orientiert, die Kreuze verbrannten, um Krieger zum Kampf zu rufen – und so kommt das Symbol über Pfarrer Strohschein auch nach Deutschland. Eines der Mitglieder seiner Gruppe erklärt die Bedeutung in einem Verhör so: »Das Kreuz bedeutete die brennende Liebe zu den Mitmenschen, insbesondere zu den Brüdern und Schwestern der germanischen Rasse. (…) Der Totenkopf sollte die Treue, die von jedem Mitglied durch den Eid gelobt war, verkörpern. (…) Das später eingeführte weiße Kleid sollte die Reinheit, Wahrheit und Unschuld versinnbildlichen.«

◆

Die Parallelen zum amerikanischen Klan sind klar. Doch die 1925 verhafteten Mitglieder geben sich unschuldig. Sicherlich, jeden Donnerstag habe es ein Treffen gegeben. Das sei aber nicht mehr als ein »gemütliches Beisammensein bei einem Glase Bier« gewesen. Und die Treffen ohnehin die »einzige Tätigkeit des Ordens«. Der Bund habe »auf völlig unpolitischer Basis« bestanden; es sei das Ziel gewesen, »alle germanischen Männer auf unpolitischer und sozialer Basis zusammenzufassen«. Mit Gewalt jedenfalls habe man nichts zu tun. Der Gründer des Geheimbundes, Pfarrer Strohschein, erklärt, er sei in den USA nie in Kontakt mit dem Ku-Klux-Klan gewesen, sei dort nie Mitglied gewesen, habe auch kein Geld bekommen. Auch der US-Klan bestreitet jeglichen Zusammenhang. Aber sind die »Ritter zum Feurigen Kreuz« wirklich so harmlos, wie sie bei den Behörden beteuern? Es ist eine Gruppe, die sich aus rechten Kampfverbänden und Parteien rekrutierte und in deren Satzung es unter Punkt 11 heißt: »Wir glauben nicht an bloße Worte und Erlasse, sondern Taten«. Wie diese aussehen könnten, lässt sich erahnen, wenn man den Eid liest. Darin schwört das Mitglied, »mit allen mir zu Gebote stehenden Mitteln den Kampf aufzunehmen gegen meines germanischen Vaterlandes Feinde«. Erzfeind und Völkerfeind, das seien »Juden und dessen Judengenossen und die ihnen zur Seite stehen, besonders den Franzosen, Polen, Gelben, Schwarzen und sonstigen farbigen Völkern«.

Der Geheimbund will mehr sein als ein Stammtisch, an seiner Radikalität kann kein Zweifel bestehen. Ob er jedoch seine extremen Maximen in die Tat umsetzte oder die Polizei solche Pläne noch rechtzeitig durchkreuzte, lässt sich nicht sagen. Der Nachweis, dass die »Ritter zum Feurigen Kreuz« an Fememorden beteiligt waren, wie Sieberts Bruder vermutet hat, ist nie erbracht worden. In den Akten zum Schützen Pannier finden sich keine Angaben darüber, ob seine Mörder jemals zur Rechenschaft gezogen werden konnten. Als die Ermittlungen beginnen, ist der deutsche Klan ohnehin bereits in Auflösung begriffen. Die Ritter werfen Otto Strohschein Unterschlagung vor (»unehrenhafte Geldgeschäfte«). Und zum Unmut der Mitglieder liegt die ganze Macht bei dem Gremium *Asgard* und damit bei zwei Deutschen und einem Amerikaner, der nicht einmal Deutsch konnte. Das ist den völkischen Anhängern zu viel. Sie entmachten Strohschein, der auch die amerikanische Staatsangehörigkeit besitzt. »Wenn es nach unserer Ansicht evtl. noch anging, dass ein amerikanischer Staatsangehöriger Mitglied unseres Ordens sei, so erschien es uns doch untragbar, dass er sich außenstehenden Personen gegenüber als der Oberste Leiter dieses Ordens bezeichnete«, erklärt ein Mitglied. Der Anführer der Rassisten wird Opfer seines Rassismus. Denn wie drückt es eines der Mitglieder aus: »Fremdrassige hatten keinen Zutritt.«

Die Polizei kommt laut einem internen Vermerk zu dem Schluss, dass sich Strohschein, der gesamte Vorstand wie auch sämtliche Mitglieder der »Ritter zum Feurigen Kreuz« nach § 128 des Reichsstrafgesetzbuches der Geheimbündelei strafbar gemacht haben, es droht bis zu einem Jahr Gefängnis. Nicht überliefert ist allerdings, ob überhaupt ein einziger Ritter diese Strafe absitzen musste. Don Gray ist schon in die USA ausgereist, bevor die Ermittlungen begonnen haben. Und Gotthard, der sowohl die amerikanische als auch die mexikanische Staatsbürgerschaft hatte, wurde ausgewiesen. Unklar ist, was mit ihm passierte.

1926 tauchen noch einmal Flyer vom »Deutschen Ku-Klux-Klan« auf. Dann verliert sich die Spur. Die Gruppe der rassistischen Ritter löst sich 1930 auf, vorerst.

Kapitel II
Der Import: Rassismus made in the USA

Nachdem Adolf Hitler an die Macht gekommen war, gründeten seine Anhänger rund um den Globus Unterstützergruppen. In den USA nennen sie sich Swastika-League, Teutonia oder Friends of Hitler; 1936 verschmelzen sie zum Amerika-Deutschen Volksbund. Dessen Anführer heißt Fritz Julius Kuhn. Er bezeichnet sich als *Bundführer* beziehungsweise *Bundesleiter*. Kuhn gehört angeblich – so behauptet er es zumindest selbst – zu jener von Adolf Hitler und Erich Ludendorff geführten Gruppe, die bereits 1923 beim Putsch im Bürgerbräukeller in München versucht hatte, die Macht an sich zu reißen. Hitler endete in Landsberger Festungshaft, Kuhn floh. Er emigrierte in die USA und setzte dort seinen Kampf für den Faschismus fort.

Tagsüber arbeitet er in Detroit als Chemikant in einem Krankenhaus. Die Abende und Wochenenden stehen ganz im Zeichen des Amerika-Deutschen Volksbundes. Von den USA aus will er die Nazis in Deutschland unterstützen. Der Bund kritisiert die »moskau-gelenkten« Gewerkschaften und den Boykott deutscher Produkte. Die Amerikaner sollen von den vermeintlichen Vorzügen eines Dritten Reiches überzeugt werden. Kuhns kühne These: George Washington habe selbst nicht an die Demokratie geglaubt – er sei nicht nur der erste US-Präsident gewesen, sondern auch der »erste Faschist« Amerikas.

Kuhn setzt auf Familien und junge Leute. Sein Volksbund lädt zu Wochenendtrips ein, in Ferienlager, die der Bund eingerichtet hat: das Camp »Nordland« in New Jersey, das Camp »Siegfried« in New York oder das Camp »Hindenburg« in Wisconsin. Die Jugendlichen lernen schwimmen, essen Sauerkraut und messen sich in Aufsatzwettbewerben. Sie sollen beispielsweise die Frage beantworten, wie sich das »Juden-Problem« in den USA bemerkbar mache. Kritiker der Organisation sprechen von »geheimen Nazi-Zentren« auf amerikanischem Boden, in mehreren Groschenheften ist Kuhn mit seiner kräftigen Statur und dem durchdringenden Blick der Inbegriff des Bösewichts.

Das FBI ermittelt, sieht jedoch keine rechtliche Handhabe. In den USA hat das Recht auf freie Meinungsäußerung seit jeher großes Gewicht, Rechtsextremisten können sich dort noch heute darauf berufen. Und der Bund geht damals geschickt vor. Er bewegt sich auf einem schmalen Grat zwischen Amerika-Kritik und Amerika-Huldigung. Zwar kritisiert er den damaligen US-Präsidenten Franklin D. Roosevelt, lässt bei seinen Treffen aber die US-Flagge wehen. Statt »Sieg Heil« sagt Kuhn, ganz Patriot: »Free America«.

Die amerika-deutschen Nazis suchen, was heute erstaunen mag, zunächst die Nähe zu den Ureinwohnern des Kontinents. Kuhn sieht in den »Indianern« sogar den »Typus des echten Ariers«. Er will offenbar einen neuen Mythos erschaffen. Kuhn bringt Bücher und Propaganda in Reservate, lässt Indianerhäuptlinge auf Veranstaltungen des Bundes sprechen. Als die deutsch-indianische Entente dann doch nicht so funktioniert, wie er es sich vorgestellt hatte, versucht er es bei verschiedenen rechten Gruppen – und schließlich beim Ku-Klux-Klan.

Nach dem Krieg gibt Kuhn, der von 1937 an hauptamtlich

für den Bund gearbeitet hat, selbst zu, in den Dreißigerjahren mit amerikanischen Klanführern über einen Zusammenschluss verhandelt zu haben. Speziell in New Jersey und Michigan war er auf Gegenliebe gestoßen. Der Flirt mit dem Klan wird allerdings jäh unterbrochen, als Kuhn 1939 wegen Unterschlagung von Volksbund-Geld verhaftet und zu zweieinhalb Jahren Haft verurteilt wird. Er kommt ins Gefängnis Sing Sing im Bundestaat New York. Nach Absitzen seiner Haftstrafe wird Kuhn als »feindlicher Ausländer« interniert und nach dem Krieg nach Deutschland deportiert. Er stirbt von der Öffentlichkeit weitgehend unbeachtet im Jahr 1951.

◆

Kuhns Nachfolger G. William Kunze, ein gebürtiger Amerikaner, hat die Verhandlungen mit dem Klan indes längst fortgeführt. Ein gemeinsamer Marsch mit dem *Grand Dragon* von New Jersey und der »Protestant War Veterans Association« wird beschlossen. Auf dem zweihundert Morgen großen Bundescamp »Nordland« in New Jersey findet am 18. August 1940 eine Kundgebung statt. Fast zweihundert Klansleute und Hunderte Anhänger treffen auf 800 Männer des Volksbundes, Kapuzenmänner auf Burschen in schwarzen Hosen, weißen Shirts und schwarzen Krawatten. Rassisten-Klan meets Nazi-Sturmtruppe.

Der *Grand Dragon* warnt davor, dass die Juden versuchen würden, Amerika in den Krieg gegen Deutschland zu ziehen – und lobt Kuhn. Der sei kein böser Mann. Er setze sich doch nur ein für die »Freundschaft zwischen den Vereinigten Staaten und dem Deutschen Reich«. Am nächsten Morgen berichtet die ›New York Times‹ über die obskure Versammlung und fordert, diese Organisationen »unter dauerhafte und strenge Überwachung« zu stellen. Im US-Kongress will man dem Treiben tatsächlich nicht länger tatenlos zusehen. Eine Untersuchungskommission wird einberufen. Wenige Monate später wird das Camp »Nordland« als »Nazi Agency« geschlossen. Kurze Zeit darauf, im Dezember 1941, treten die USA in den Krieg gegen Deutschland ein.

Drei Jahre später gibt der Ku-Klux-Klan in den USA – vorerst – auf. Der Geheimbund hat Steuerrückstände in sechsstelliger Höhe, die er nicht begleichen kann. Der große Anführer, der *Imperial Wizard* James A. Colescott, verkündet nach einem Sonderkongress am 23. April 1944 die offizielle Auflösung des »Unsichtbaren Reiches«. Auch das Bündnis zwischen deutschen Nazis und amerikanischen Klansmännern ist damit fürs Erste beendet.

◆

Kurz nach Ende des Zweiten Weltkriegs knüpfen die Rassisten diesseits und jenseits des Atlantiks schnell wieder neue Bande. Man kann sogar sagen: Mit den amerikanischen GIs, den in der westlichen Besatzungszone und dann in der Bundesrepublik stationierten Soldaten, kommt der Klan überhaupt erst so richtig nach Deutschland.

Die US-Armee befreit das Land vom Naziregime und drängt anfangs auf eine Entnazifizierung des besiegten Landes. Deutschland soll in die Demokratie geführt werden. Die belasteten Eliten, die Kriegsverbrecher und verbohrten Altnazis sollen in Staat und Gesellschaft keine Rolle mehr spielen dürfen. Schon bald aber sehen das die Siegermächte im Westen nicht mehr ganz so streng. In der Auseinandersetzung mit der Sowjetunion und im heraufziehenden Kalten Krieg ist man bereit, nicht mehr so genau hinzuschauen, wer da immer noch oder schon wieder Schlüsselpositionen in der Gesellschaft einnimmt. Und der Kampf gegen alte und neue Nazis und deren Rassenwahn leidet noch an einer weiteren Schwäche: Die USA sind ein widersprüchliches Land, in dem allen Beschwörungen von Demokratie und Menschenrechten zum Trotz der Rassismus tief verwurzelt ist. Der mühevolle Prozess der Liberalisierung, der erst in den Sechzigerjahren voranschritt, stand noch am Anfang. So kommen viele US-Soldaten nach Europa, die zwar gegen Hitler und dessen Truppen gekämpft haben, deren Einstellungen aber durchaus nicht immer die lupenreiner Demokraten sind. Und Amerikas organisierte Rassisten strecken bereits wieder ihre Fühler aus für eine Kameradschaft mit den Deutschen.

◆

Spätestens in den Fünfzigerjahren hatten die deutschen Behörden erste Hinweise auf entsprechende Kontakte: In den Akten des Bundesamts für Verfassungsschutz findet sich neben anderen Dokumenten über den Ku-Klux-Klan das Schreiben einer Klangruppe, die sich »Aryan Knights« nannte. Ihr Stützpunkt war in Waco, Texas. Sie gab ein eigenes Blättchen heraus, die ›Aryan Views‹. In der Ausgabe vom 1. Oktober 1959 ging es um ein internationales Treffen in Südamerika, das »III. Special South American Meeting of the Invisible Empire K. K. K.«. Bei diesem Treffen im peruanischen Arequipa sei auch ein Klansmann aus Deutschland anwesend gewesen – »H-236 from Germany«. Bis heute ist nicht bekannt, wer der Kapuzenmann mit dem Decknamen H-236 war. Der Verfassungsschutz heftete den Vorfall ab unter »Vereinsart: Polit. Verein«. Damit war die Sache fürs Erste erledigt.

Dann ging im März 1960 in der SPD-Zentrale in Bonn ein antisemitisches Hetzblatt ein. Als Absender firmierte ein gewisser Horace Sherman Miller aus Waco, Texas. Auf den Briefumschlag war eine Karte der ehemaligen deutschen Ostgebiete gedruckt. Auf 50 Schreibmaschinenzeilen schrieb der Verfasser: »Die Menschheit wird durch volksfeindliche, überstaatliche und okkulte Kräfte, deren Taten mit ihren Worten im krassesten Widerspruch stehen, auf verschiedene, gerissene und hintertückische Art betrogen und versklavt. (...) Zionismus, Freimaurerei, Vatikan, Jesuitismus, Bolschewismus, sie alle entstammen derselben Wurzel: dem geistigen Judentum.«

Abgeschickt wurde der Brief in Augsburg. Dort saß die 24. Infanterie-Division der US-Armee. Die Einheit leitete Ermittlungen ein, denn es gab Anzeichen, dass der Urheber des Briefes einer der dort stationierten Soldaten war. Nach zwei Wochen wurde die Suche allerdings schon wieder eingestellt. Die Polizei vertrat die Ansicht, der Brief sei vermutlich an einem anderen Ort der Bundesrepublik geschrieben, zur Verschleierung aber in Augsburg zur Post gegeben worden. Die US-Armee in Augsburg informierte jedoch das bayerische Landesamt für Verfassungsschutz: Es bestehe durchaus die Möglichkeit, »dass Soldaten für diese Organisation sympathisieren«. Eine Vermutung, die sich bald bestätigen sollte.

Das Bundesamt für Verfassungsschutz schreibt im Juli 1960 an die US-Botschaft: »In letzter Zeit mehren sich Meldungen, nach denen der Ku Klux Klan versucht, Verbindungen zu nationalen Gruppen in Europa, vornehmlich in der Bundesrepublik Deutschland und Österreich aufzunehmen.« Ein Klansmann solle auf dem Weg nach Wien sein, um Kontakte in Europa zu knüpfen. Auch in München wolle er Station machen. Die Amerikaner werden um Informationen gebeten – die jedoch kommen offenbar nie; zumindest findet sich dazu kein Hinweis im Archiv des Verfassungsschutzes.

Zwei Jahre später, im Februar 1962, erscheint in der rechtsradikalen Zeitschrift ›Viking‹ auf der vorletzten Seite ein interessanter Bericht: Wieder geht es um die mysteriöse Klankonferenz in Peru: »Die Vereinigung diskutierte ausschließlich Probleme Südamerikas, Kameraden anderer Länder waren eingeladen. Hauptziel dieser Organisation ist die Vorherrschaft der weißen Rasse, Sektionen sollen in Großbritannien, in Deutschland, in Skandinavien und Frankreich bestehen.« Ein weiterer Hinweis auf deutsche Klananhänger.

Kurze Zeit später geht bei der ›Deutschen Soldatenzeitung‹ und der ›National-Zeitung‹ in München ein Brief von Miller ein. Der Klansmann aus Texas schreibt in holprigem Deutsch: »Liebe Kameraden! Wir haben oft Ihre tapfere Zeitung gelesen und uns gefreut, dass in Deutschland weiterhin der alte, gute, grosse Geist herrscht. (…) Unsere Organisation arbeitet nicht nur in den USA, sondern überall, wo es anständige Menschen gibt. (…) Auch auf dieser Seite des Ozeans viele Deutsche, die fuer das Recht Ihres Vaterlandes kaempfen und es ist unserer feste Glaube, dass eines Tages doch der Endsieg uns gehoeren wird.« Im September 1963 wendet sich das Bundesamt für Verfassungsschutz ans Bundeskriminalamt. Eine Person, deren Name in den Akten bis heute geschwärzt ist, soll von Miller aufgefordert worden sein, einen Aufsatz über »die wirkliche Lage in Deutschland« zu schreiben. Der Klan versucht mit Nachdruck, in Deutschland Fuß zu fassen und neue Anhänger zu gewinnen.

Nach der Entführung des ehemaligen SS-Obersturmbannführers Adolf Eichmann durch den israelischen Geheimdienst vermerkt das Bundesamt, dass der KKK sich an die »jungen Kameraden in Österreich und Deutschland« gewandt und eine drastische Gegenaktion gegen Juden und Kommunisten (…) angeregt« habe. Das Kidnapping des deutschen Obernazis solle gerächt werden. Abgeheftet dazu ist ein Schreiben der ›Aryan Views‹ vom 1. Januar 1961: »Der Feind ist überall! Trauen Sie niemand! Wir sind jetzt in der zwölften Stunde. Der Tag des Endkampfes ist da! Arbeiten Sie im Stillen!«

◆

In jener Zeit kommt es in den USA zu gewaltsamen Zusammenstößen zwischen Klansmännern und Bürgerrechtlern. Der Staat steht dabei nicht immer auf der Seite der Freiheit und des Rechts. Im Süden herrscht vielerorts eine unselige Allianz von Behörden und Klan. Auch von Polizisten in den Reihen der Rassisten ist immer wieder die Rede. Und der Gouverneur von Alabama, George Wallace, verkündet 1963: »Rassentrennung gestern, Rassentrennung heute, Rassentrennung für immer«. Die Kapuzenmänner können sich bestärkt und ermutigt fühlen. Es existieren in dieser Zeit im Süden der USA viele unterschiedliche Klangruppen, wie die »Konföderierten Ritter« in Alabama, die »Weißen Ritter von Mississippi« oder die »United Klans of Amerika«, die der Fabrikarbeiter Robert Shelton führt und die zeitweise fast 30 000 Mitglieder haben.

Als der US-Senat Mitte der Sechzigerjahre die Rechte der Schwarzen stärkt, verüben die Rassisten Terrorakte. Bomben explodieren in Kirchen, mehrere Bürgerrechtler werden ermordet. 1965 kündigt US-Präsident Lyndon B. Johnson eine

Untersuchungskommission an. Das FBI wird beauftragt, gegen den Ku-Klux-Klan vorzugehen. Der Geheimbund ist zu dieser Zeit eine echte Macht. Im Oktober 1965 wird die Zahl der Anhänger in den USA auf insgesamt 55 000 geschätzt. Bei einer Anhörung im US-Kongress sagt damals ein Zeuge, der Klan habe fast 400 Untergruppen.

◆

Einige Anführer wollen sich nicht auf Amerika beschränken. Mindestens drei Gruppen strecken ihre Arme nach Deutschland aus. Im September 1965 meldet die Nachrichtenagentur Associated Press: Anhänger des Klans hätten auf einem amerikanischen Kasernengelände in Dachau ein Holzkreuz abgefackelt. Die Militärpolizei ermittelt. »Die Täter von Dachau sollen der 24. US-Division angehören«, hieß es. Ein Mann aus dieser Einheit hat wenige Tage zuvor vor einem Münchner Lokal einen Maurer erschossen, weil der einen dunkelhäutigen Studenten verteidigte. Im Januar 1966 werden an Wände der Toiletten im Münchner Amerikahaus drei brennende Kreuze gepinselt. An die Türen schmieren die unbekannten Täter Naziparolen. Die Polizei vermerkt in ihren Akten, dass »Ausdrucksweise und Wortstellung« auf einen Täter hinweisen würden, »der nicht Amerikaner ist«. Nach wenigen Wochen werden die Ermittlungen eingestellt. Keine Spuren. Keine Fingerabdrücke.

Umso überraschter sind die Behörden, als im Januar 1966 ein angeblicher Klanführer – ein selbst ernannter »Titan« – in der ›Abendzeitung‹ damit angibt, München sei längst »Europas heimliche Klan-Hauptstadt«. Angeblich gebe es mehr als 2000 Klansmänner in Deutschland, behauptet der Mann in dem Interview, das die Journalisten in einem Hotel und einer Villa im Südosten Münchens führten. Der Geheimbund soll innovativ sein: Die Mitglieder würden in München über ein eigenes Funksystem kommunizieren. Der Klan habe viel Geld und eine eigene Überwachungsabteilung, prahlt der Mann, der sich als Ray Simson vorstellt. München sei das »außeramerikanische Hauptquartier unserer Geheimorganisation«.

Das US-Hauptquartier in Deutschland hält diese Angaben für unglaubwürdig. So sieht es damals auch die ›Süddeutsche Zeitung‹, die in München mit der ›Abendzeitung‹ konkurrierte. Und der Inlandsgeheimdienst vermerkt, zu Kreuzverbrennungen würden US-Dienststellen die Auffassung vertreten, dass es sich um »Aktionen von betrunkenen US-Soldaten« handele. Eine Person namens Simson sei im Übrigen nicht Angehöriger der US-Streitkräfte. Das bayerische Landesamt für Verfassungsschutz »stimmt in Bezug auf den Täterkreis der Vermutung amerikanischer Dienststellen zu«. Jedoch hält das Amt es für möglich, dass organisierte Ku-Klux-Klan-Gruppen innerhalb der US-Armee in der Bundesrepublik ihr Unwesen treiben.

Simson oder wie auch immer er in Wahrheit hieß, mag ein Maulheld gewesen sein. Dass es in den Sechzigerjahren Klanmitglieder und Sympathisanten in Deutschland gab, ließ sich allerdings kaum übersehen. Mehrmals brannten Kreuze, mal im Norden Deutschlands, mal im Süden, stets in der Nähe oder gar auf dem Gelände amerikanischer Stützpunkte. Einem schwarzen Soldaten in Dachau wurde ein verkohltes Holzkreuz ins Bett gelegt. Daneben ein Zettel: »You are the next«.

Wie das Landesamt notierte, lagen am 30. September 1965 in einer Münchner Straßenbahn der Linie 29 mehrere Telegrammformulare mit aufgemaltem brennendem Kreuz und der handschriftlichen Drohung: »You are next – Ku Clux«. Wenige Tage später, am 4. Oktober, fand die Polizei in der Nähe des Münchner Ostbahnhofs an einem Baum einen mit Schreibmaschine geschriebenen Text: »Liebe deutsche Freunde. Auch in Deutschland suchen wir Anhänger für eine Organisation, die einmalig ist in den Vereinigten Staaten. Wir sind eine Vereinigung, die nur kämpft für die Nationalität der weißen Rasse, d. h. für die Nationalität der freien Welt. Wir sind Gegner der schwarzen Rasse und sind der Meinung, dass alle Menschen, die nichts taugen und keine Kultur besitzen, müssen weggeschafft werden aus dieser Welt. Unsere Organisation nennt sich Ku Klux Clan. (…) Sollten Sie Interesse an unserer Organisation haben, so seien Sie bitte so freundlich und schreiben Sie Ihre Adresse klein aber deutlich unter diese Zeilen. Wir werden dann die weiteren Schritte unternehmen und uns mit Ihnen in Verbindung setzen. Es grüßt Sie auf das allerherzlichste ein Nachtfalke des Ku Klux Clan.« Der Verfasser des Aufrufs wurde nie gefunden.

◆

Fünf Jahre später, ein paar Hundert Kilometer nördlich: Die Behörden ermitteln gegen eine hessische Zelle des Klans. Wieder vermutet man, dass die Umtriebe von Standorten der US-Armee ausgehen. Aber weder in Fulda noch in Bad Hersfeld oder Bad Kissingen haben die Ermittler Erfolg. US-Heeresminister Stanley Rogers Resor hat die Untersuchungen angeordnet. Ein Soldat, der in Fulda stationiert war, hatte einem Abgeordneten daheim berichtet, er sei von Klanmitgliedern zusammengeschlagen worden, weil er nach dem Dienst mit schwarzen Soldaten seiner Einheit ausgegangen war. Im

14. US-Panzerregiment in Fulda herrscht nun Aufregung. Doch die Ermittlungen kommen wieder zu keinem Ergebnis. Möglicherweise erkennen die Behörden damals nicht alles, was auf das Konto des Klans geht, und der Korpsgeist in der Armee und die Tatsache, dass deutsche Behörden nicht in den US-Kasernen ermitteln können, macht es schwierig, die Basis der Umtriebe zu entdecken und ihre wahren Ausmaße einzuschätzen. Die deutschen Behörden sind hilflos – und wohl auch etwas naiv, was die Gefährlichkeit des Geheimbunds angeht. In den USA, so viel ist gewiss, darf man den Ku-Klux-Klan nicht unterschätzen. Ende der Siebzigerjahre tragen seine Mitglieder unverhohlen Waffen. Es ist die Zeit, in der sich der Klan neu formiert und zu seiner alten Stärke zurückfindet. Bill Wilkinson, neben David Duke einer der mächtigsten Männer im Rassistenlager, trompetet, die Waffen seien »nicht für die Hasenjagd gedacht, sondern dazu, Menschen zu erledigen. Wer uns angreift, der wird erledigt.«

Im Süden überfallen Rassisten ihre Gegner, zerren sie aus dem Wagen und schlagen sie zusammen. Klansmänner halten in ländlichen Gebieten Autos an und erzwingen Spenden. An Schaufenstern kleben Aufkleber: »Der Ku-Klux-Klan beobachtet dich.« Und immer wieder brennen lichterloh große Kreuze aus Holz.

Die Gruppen in Amerika betreiben zu dieser Zeit eigene Ausbildungslager, in Alabama, Connecticut, Texas und Kalifornien. Wilkinson reist in seiner einmotorigen Piper »Cherokee«, die ihm der Klan finanziert hat, von Camp zu Camp. In den Achtzigerjahren bilden die Maskenmänner paramilitärische Verbände. Der *Grand Dragon* von Texas baut nahe dem Militärstützpunkt Fort Hood eine »Notstandsreserve« auf. Zum Abschluss des Trainings gibt es eine »Jagdlizenz auf Nigger«. In Kalifornien rekrutiert der fanatische Tom Metzger seine Miliz. Daraus, dass er damals auch Kontakt mit deutschen Neonazis pflegt, macht er kein Geheimnis. Es sei eine Freude gewesen, auf den Holocaustleugner und späteren NPD-Bundestagskandidaten Manfred Roeder zu treffen, schreibt Metzger 1981 in einem Brief. Nur die Namen der Geheimbrüder in Deutschland wird er nicht verraten. Dass es sie gibt, steht außer Frage.

Auch in den Wäldern von Alabama trainieren die militanten Rechten. Ihr Camp nennen sie My Lai – wie jenes Dorf in Vietnam, in dem US-Soldaten 1968 ein Massaker verübten. Der Geheimbund agiert nicht nur im Verborgenen. Er demonstriert seine Macht. Der ›Spiegel‹ schreibt 1980 von einer »Wiedergeburt des Ku Klux Klan«. Vier überregionale Verbände, die mal kooperierten, oft aber gegeneinander arbeiteten, schicken ihre Anhänger an die US-Grenze, um Jagd auf Einwanderer zu machen. Die Rassisten treffen sich zu Autorallyes, hier und da galoppiert auch wieder ein weißer Reiter durch die Nacht und verbreitet Angst und Schrecken.

Für die Rassisten ist die Integration der Schwarzen in der US-Armee ein besonderes Ärgernis. Die Klanführer schicken deshalb Werbetrupps nach Norfolk, Virginia, wo Marines und Matrosen stationiert sind. Kurz darauf wird auf dem Flugzeugträger ›Independence‹ angeblich eine Gruppe des Klans gegründet. Die Kapuzenmänner rekrutieren immer wieder Soldaten. Offensichtlich auch in Deutschland.

Ende des Jahres 1980 berichtet die ›Neue Revue‹, der Chef des Militärischen Intelligenz- und Sicherheitsdienstes der US-Armee in Deutschland habe den Verfassungsschutz alarmiert. Klanmitglieder innerhalb der US-Armee hätten Kontakte zu einer Reihe deutscher Gesinnungsgenossen geknüpft.

Die Illustrierte zitiert aus einem geheimen Fernschreiben: »Der Geheimbund wendet bedenkenlos Mord, Brandstiftung und brutale Gewalt gegen Neger und Juden an.« Das rheinland-pfälzische Innenministerium bestätigt: »Ansätze zu Ku-Klux-Klan-Bewegungen in der Bundesrepublik kann man erkennen. Wir arbeiten mit den amerikanischen Behörden zusammen.«

Der Schlagersänger Karel Gott erhält in dieser Zeit Morddrohungen von angeblichen Klananhängern. Und in einem offenen Brief an Bundeskanzler Helmut Schmidt droht eine Deutsche Aktionsgruppe des Ku-Klux-Klans: »Freiheit für Deutschland, Tod den Juden, Asylanten und Türken. Wir bomben die Asylanten hinaus.«

Der US-Klanführer Bill Wilkinson behauptet damals, im Ausbildungszentrum in Alabama würden auch deutsche Neonazis für den Guerillakrieg ausgebildet. »Wir haben bis auf den letzten Mann Waffen und sind vorbereitet sie zu benutzen.« David Duke von den »Knights of the Ku-Klux-Klan« verkündet in der Zeitschrift ›Crusader‹, am 29. Februar 1980 sei »eine weitere Flamme zum internationalen Feuer des K.K.K.« hinzugekommen: Die westdeutsche Sektion umfasse zwei Luftwaffenstützpunkte in Rheinland-Pfalz. Zwei der wichtigsten Gruppen des US-Klans – Wilkinsons und Dukes Geheimbünde – sind demnach endgültig in Deutschland angekommen.

◆

Duke hat laut Verfassungsschutz enge Verbindungen zu dem einflussreichen deutschen Neonazi Manfred Roeder und dessen Ehefrau. Roeder plant zu dieser Zeit angeblich eine deutsche Exilregierung und ist der Meinung, dass dies nur mit

Unterstützung mächtiger Klanfreunde in den USA gelingen könnte. Angeblich ist es mehr als nur ein vager, versponnener Plan. Der Rechtsextremist arbeitet laut einer Quelle des Verfassungsschutzes bereits mit dem Klan an der »Zusammensetzung einer Reichsregierung, Druck von Reichspässen, Vorbereitung einer Regierungserklärung, Einrichtung einer diplomatischen Vertretung«. Roeder soll vorhaben, in San Francisco, Alabama und Georgia Kameraden des Klans zu treffen. Der Sturz der Regierung soll angeblich durch »massiven Einsatz von Tonbandkassetten vorbereitet werden«, so wie im Iran beim Sturz des Schah. Erst massenhafte Propaganda, dann die Revolution.

Das deutsche Generalkonsulat meldet im Juli 1980 Roeders Ankunft in den USA. Das Bundesamt für Verfassungsschutz hält später geschraubt fest, es könne nicht beurteilen, »ob die Gründungen auf deutschem Boden einen ursächlichen Zusammenhang mit den Kontakten des Neonazis Manfred Roeder zum KKK haben, als dieser auf seinen Reisen in den USA weilte«. In Rheinland-Pfalz weiß der Geheimdienst jedenfalls seit dem Herbst 1980 von einer Klangruppe, in der neben amerikanischen Soldaten auch Deutsche Mitglied sein sollen. Einige sollen Kontakte zu anderen rechtsextremen Gruppen in der Bundesrepublik haben. Und angeblich hat die rechtsextremistische NPD sogar einen eigenen Abgesandten beim Geheimbund: einen rheinland-pfälzischen Funktionär der Partei.

Die Hinweise auf Klanstrukturen in Deutschland häufen sich. Im neonazistischen Schülermagazin ›Gäck‹ aus Österreich, Ausgabe 3/1980, steht auf der zweiten Seite neben einem gezeichneten Kapuzenmann: »Deutscher! Der Ku Klux Klan kämpft weltweit! Wenn du Interesse hast, dem Klan zu helfen, dann schreibe an: K. K. K./Aufbaugr Wiesbaden«. In Braunschweig wurden in dieser Zeit Gräber geschändet; man fand dort Flugblätter mit einer KKK-Aufschrift. Im Sommer 1980 bekam das Bundesamt für Verfassungsschutz auch Hinweise auf den Aufbau einer Klanfiliale im Raum Soest. In Stuttgart sollen sich die Rassisten ebenfalls zusammengefunden haben. In der Neonazi-Hetzschrift ›Die Bauernschaft‹ wurde in der Septemberausgabe für einen deutschen Klan geworben. Dass der Klan in Deutschland aktiv ist, ließ sich nicht mehr leugnen.

Angeblich gründeten Kapuzenmänner am 1. November 1980 bei Wald-Michelbach im Odenwald die Ortsgruppe Mainz-Frankfurt-Wiesbaden. Unter der Adresse »Mainz, hauptpostlagernd« wurden Aufnahmeerklärungen für einen Vereinigten Deutschen Klan verschickt (»United Clans of Germany«). Im Dezember fand man in der US-Wohnsiedlung Hainerberg in Wiesbaden Visitenkarten des Klans. Die Adresse deutete auf einen Sitz im Raum Wittlich-Bitburg in der Eifel. Fast zeitgleich an mehreren Stellen Deutschlands tauchten nun solche Hinweise auf. Die Saat des amerikanischen Klans schien endgültig aufzugehen.

◆

In den Behörden beginnt man, die Sache etwas ernster zu nehmen. Ein Beamter des Bundesamts für Verfassungsschutz hält fest, im Herbst 1980 sei es zu ersten Versuchen gekommen, »in die angeblich bestehenden Klangruppen in der Bundesrepublik auch deutsche Staatsbürger aufzunehmen«. Wenig später erhält das Amt Hinweise auf die Beiträge, die die Rassisten für eine Mitgliedschaft im Klan bezahlen müssen. Die Rede ist von einer Aufnahmegebühr in Höhe von 10 Dollar, plus 15 Dollar für die Aufnahmezeremonie. Der Jahresbeitrag soll 30 Dollar betragen. Das Geld werde von einem Schatzmeister an die US-Zentrale weitergeleitet, heißt es. Der deutsche Geheimdienst identifiziert damals zwei Gruppen, die Ableger in der Bundesrepublik unterhalten: die »Knights of the Ku-Klux-Klan« (mit dem US-Anführer David Duke) und die »Invisible Empire Knights of the Ku-Klux-Klan« (um den US-Anführer Bill Wilkinson).

Im November 1980 verschickt ein gewisser Berndt Schäfer einen Klan-Rundbrief. Er heißt in Wirklichkeit Thomas S., engagiert sich in der neu gegründeten Nationalen Deutschen Arbeiter Partei NDAP und ist gerade erst 18 Jahre alt. Bevor der Rundbrief erscheint, ist er bereits wegen Nazipropaganda zu einer Jugendstrafe verurteilt worden. In einer Wiesbadener Siedlung der US-Armee hatte er Ku-Klux-Klan-Parolen verbreitet. Mit gezückter Gaspistole war er dann bei einer Versammlung von Linken aufgetaucht. Der junge Mann soll das »Informationsbüro für den Ku-Klux-Klan in Deutschland« leiten. Zumindest ist er derjenige, der in rechtsradikalen Blättern wie der ›Bauernschaft‹, aber auch im ›Sonntagsblatt‹ des Erzbistums Paderborn für den Klan inseriert hat.

Zur Zielsetzung des Klans schrieb Schäfer alias Thomas S.: »Wir arbeiten gleichzeitig an der Gründung einer Ortsgruppe der Bewegung Invisible Empire / Knights of the Ku Klux Klan für Wiesbaden und Mainz sowie einer überregionalen Klanorganisation«. Ein erstes Treffen wurde angekündigt. Bei dem jungen Rechtsextremisten werden später bei einer Hausdurchsuchung Briefe von Leuten gefunden, die sich für eine Mitgliedschaft interessierten: Männer, die sich mit »deutschem Gruß« verabschiedeten oder das Hakenkreuz abbildeten. »Kauf nicht bei Juden!«, schrieb einer und kritzelte noch hinzu: »und Niggern!« Einer schrieb: »Bin an Ihrer Sache sehr interessiert und bitte um Aufnahme«. Oder: »Hallo Kameraden, (…) wir, die Kampfgruppe Priem, deren Vertreter ich bin, wären an einer fruchtbaren Zusammenarbeit nicht uninteressiert.«

Wer wollte, konnte sich auch kleiden wie die Brüder im Geiste in den USA. Thomas S. vertrieb Klankleidung: T-Shirts mit einem Feuerkreuz oder einem reitenden Klansmann in weiß und blau, S bis XL für je 20 D-Mark. Eine Fahne sollte 30 Mark kosten, Lieferzeit: acht Wochen. Offenbar musste die Ware erst aus den USA besorgt werden.

Zu welcher US-Gruppe man nun gehören wollte, ist nicht ganz klar. Einmal schrieb Thomas S., die neue Organisation solle »neutral« stehen zu den zwei konkurrierenden US-Verbänden, den »Knights of the KKK« in Alabama und dem »Invisible Empire« in Louisiana. Dann wiederum schickte er Informationsmaterial beider Klans und fügte hinzu, man stehe im Streit der beiden aufseiten der Knights. Das verwirrte auch den Verfassungsschutz. Alles sei so undurchsichtig, dass »eine Fehlbeurteilung und die Darstellung unzutreffender Zusammenhänge nicht ausgeschlossen werden kann«, notierte ein Beamter. Thomas S. wollte durch die Wahl der Namen »United German Klans« beziehungsweise »United Klans of Germany« offenkundig den Eindruck erwecken, die verschiedenen Lager zu vereinen. Eines jedoch sei klar, schrieb der Verfassungsschutz in seinem Jahresbericht: Das »rassistische Engagement« auf deutschem Boden sei »deutlich«.

◆

Im Frühjahr 1981 antwortet ein Mann namens Georg Schröder auf eine Klananzeige von Thomas S. im ›Sonntagsblatt‹ des Erzbistums Paderborn. Er habe Interesse an dem Geheimbund, wolle Mitglied werden. Im Aufnahmeantrag versichert Schröder, dass er »eine weiße Person nichtjüdischer Abstammung« sei, und schwört, »dass ich alle Informationen, die ich im Zusammenhang mit meiner Mitgliedschaft erhalte, geheim halten werde«. Die Aufnahmegebühr legt er dem Brief bei und schickt sie an das Postfach in der Eifel.

Wenige Tage später meldet sich Thomas S. bei dem vermeintlichen Interessenten Georg Schröder, man vereinbart ein Treffen in Wiesbaden. In einem linken Szenelokal trifft Schröder zwischen bärtigen Männern und Latzhosen tragenden Frauen Thomas S. alias Berndt Schäfer. Was S. nicht weiß: Georg Schröder heißt in Wirklichkeit Gerhard Kromschröder und ist ein bekannter Undercover-Journalist. Er hatte sich schon bei den Rockern der »Bloody Angels« eingeschlichen, bei SS-Revanchisten und einer rechtsradikalen Terror-Sekte. Nun hat er sich den Klan vorgenommen.

Der Klansmann wollte sich mit dem Interessenten ausgerechnet in einem Hippielokal treffen – zur Tarnung. »Hier unter den Langhaarigen vermutet uns der Verfassungsschutz am wenigsten, und außerdem ist es hier viel unterhaltsamer als in einer stupiden Eckkneipe mit Dieter-Thomas-Heck-Musik«, erklärt Thomas S., wie Kromschröder später berichtet.

Mit dabei in der Kneipe: Hans Joachim »Percy« Vogel, um die 40, zurückhaltend. Er ist nach eigenen Angaben studierter Jurist, der auf Schreiner umgeschult hat. Laut Kromschröder schwärmte er davon, dass man mit einem Fingerhut »ausgesuchter Bakterien« in jedem deutschen Wasserwerk Leute töten könnte. »Nur die Widerstandsfähigsten würden übrigbleiben. Kein Jud und kein Neger würde überleben.« Endzeitvisionen.

Vogel wollte wissen, was Kromschröder alias Schröder über den Ku-Klux-Klan weiß. Percy sagte: »Unsere Feinde sind nicht nur die Nigger. Gemeinsam mit den amerikanischen Kameraden kämpfen wir deutschen Patrioten gegen alles Fremdrassige. Gegen Russen, Türken und die ganzen Kanaken, die unser Land überfluten – und wie schon Adolf Hitler gegen das Weltjudentum, das hinter der systematischen Überfremdung Deutschlands steckt.«

Percy fragte auch, wer das Buch ›Die Auschwitz-Lüge‹ geschrieben hat und wo die rechtsextreme Organisation NSDAP/AO ihren Sitz hat. Er will die erste Strophe des Horst-Wessel-Liedes hören. Warum wurde die Wehrsportgruppe Hoffmann verboten? Wann wurde das Deutsche Reich gegründet? Am Ende der Ausfragerei war Percy zufrieden und lud Kromschröder in seine Wohnung ein – am 20. April, Hitlers Geburtstag. Auch S. war begeistert von dem Neuzugang, später würde er dafür sorgen, dass Kromschröder in die Neonazi-Partei NDAP aufgenommen und umgehend zum »Landesbeauftragten für Hessen« befördert würde.

Zunächst einmal kam es nach dem Treffen in Wiesbaden aber zu einer Zusammenkunft in Bruch, einer 400-Einwohner-Gemeinde in der Eifel. Das Kaff sollte der Sitz der europäischen Klanzentrale sein, die hier ihre monatlichen Meetings abhielt. Als Neuzugang mit dabei war Gerhard Kromschröder. Am Hang eines Talkessels empfing ihn ein Mann, der sich »European Organizer« nannte, der Klan-Kommandant für Deutschland. Er stellte sich als Murray M. Kachel vor, Sergeant bei der US-Air-Force. Spitzname: »Der erhörte Zyklop«.

Der Verfassungsschutz hatte ihn bereits im Visier. Kachel

besitze unbestätigten Informationen zufolge eine umfangreiche Sammlung von Feuerwaffen und sei »sehr rassistisch eingestellt«, notierten Geheimdienstler. Seit Dezember 1980, so der Verfassungsschutz, leite Kachel eine Klangruppe namens »Local Klan Dens Forming, Rheinland-Pfalz«. Sie habe 25 bis 30 Mitglieder, die Aufnahmegebühr betrage 20 Mark, der monatliche Beitrag drei Mark, zu zahlen an das Postfach 10 in 5522 Speicher/Eifel.

Kachels Klan stehe in Konkurrenz zur Gruppe von Thomas S., vermutete der Verfassungsschutz. Es war ein Irrtum, wie das von Thomas S. arrangierte Treffen Kromschröders mit Kachel zeigte. Anders als die Behörden dachten, gab es demnach doch nicht zwei getrennte Gruppen in Deutschland, sondern eine. »Die gehörten zusammen, ganz klar«, sagt Kromschröder heute, »das war eine Gruppe.« Thomas S., Percy und Kachel machten offenbar gemeinsame Sache, zumindest zeitweise.

Eigentlich war – und ist – US-Soldaten wie Kachel politische Enthaltsamkeit auferlegt. Doch die Mitgliedschaft in Organisationen ist möglich, solange diese nicht verboten sind, und der Klan ist in den USA eine legale Vereinigung. So ließ sich Sergeant Kachel – schmächtig, Schnurrbart, Truckerbrille – sogar von Fotografen bereitwillig in seiner Kutte ablichten. Jahre später würde er schwören, niemals eine Klankutte getragen zu haben, die Fotos seien Fälschungen. Kachel ist ein junger, schlanker Mann, der auf den Reporter Georg Kromschröder schüchtern wirkte. Der damals 27-jährige Amerikaner besitzt einen deutschen Jagdschein, bläst das Jagdhorn, spricht leidlich Deutsch. In seinem Schlafzimmer hängen Urkunden von seinem US-Klanchef, dem *Grand Dragon* aus Louisiana. Sieben Gewehre liegen auf seinem Bett. Er sagt zu dem Journalisten: »Machen wir uns nichts vor, wir stehen vor einem Rassenkrieg.« Seine Aufgabe sei es, »deutsche Kameraden zu rekrutieren, um in Europa eine zweite Hauptkampflinie des Klans aufzubauen«.

Gäste in Kachels Gruppe sind laut Kromschröders Angaben ein paar junge Deutsche, einer trägt den SS-Totenkopf als Gürtelschnalle, ein anderer ist ein NPD-Aktivist und Anhänger der rechtsextremen Wiking-Jugend, die 1994 verboten wird. Der Junge mit der Gürtelschnalle schwärmt: »Die haben eine bombige Organisation, alles was recht ist. Und Geld haben die auch. Mit den Amis aus dem Klan kann man wirklich gut zusammenarbeiten.« Der Verfassungsschutz wird später vermerken, dass Kachels Klangruppe seit November 1980 auch »NS-Aktivisten« beigetreten seien, »die früher schon bei anderen deutschen NS-Gruppen aufgetreten sind«. Nach der Aufnahme einiger Deutscher habe es »weitere Interessenten aus verschiedenen Bundesländern« gegeben.

Bei dem Treffen in Speicher jedenfalls erzählte Kachel von Verbindungen zu Neonazis, von Kontakten zur englischen »League of St. George« und zum »Vlaamse Militante Orde« in Belgien. Die rechtsradikale Internationale.

Ausgaben der Klanzeitung ›Crusader‹ werden herumgereicht, Bücher bestellt, darunter auch eine Anleitung zum Bau von Menschenfallen und ein »Handbuch für selbstgebastelte Munition«. Später fahren sie gemeinsam zur alten Wasserburg von Bruch; ihre Kutten haben sie bereits an. Ein entgegenkommender GI, ausgerechnet ein Schwarzer, kommt fast von der Fahrbahn ab, berichtet der Reporter. »Dem haben wir's aber gezeigt«, soll Kachel gesagt haben. Und ein anderer: »Was meint ihr aber, wie blöd der schwarze Affe erst guckt, wenn ich ihm ein kleines Bömbchen unter seinen klapprigen Kadett gelegt habe!«

Sind es »nur« dumme Sprüche? Die Kripo in Trier hielt die Rassisten jedenfalls für harmlos: »Natürlich wissen wir, dass sich der Ku-Klux-Klan ab und zu in dem Ort trifft. Aber das ist für uns nicht beobachtungswürdig. Wir kümmern uns ja auch nicht um Versammlungen der Bäckerinnung.« Kromschröder hingegen warnt bis heute davor, die Gefahr, die von der damaligen Klangruppe ausging, zu unterschätzen: »Das waren ganz gefährliche Typen, eigentlich total gehemmt, aber sie wollten was Großes machen. Eine Tat, über die man noch Jahre später reden würde.«

◆

Im Mai 1981 erscheint Kromschröders Bericht über die düsteren Klantreffen im ›Stern‹. Er trägt die Überschrift »Die weißen Rächer aus der Eifel« und erregt bundesweit Aufsehen. In Trier, Koblenz, Mainz und Wiesbaden bilden sich nach Erscheinen des Artikels Bürgerinitiativen gegen die Umtriebe der Rassisten. Auch der Bundestag beschäftigt sich jetzt mit dem Geheimbund.

Staatssekretär Siegfried Fröhlich aus dem Bundesinnenministerium muss in einer Fragestunde Stellung nehmen. Er sagt: Es sei bekannt, dass zwei der zahlreichen Klanorganisationen aus den USA versuchen würden, Filialen in der Bundesrepublik zu gründen. Ihre Aktivitäten würden sich jedoch auf Rheinland-Pfalz beschränken. Die Bundesregierung werde die Entwicklung beobachten, sehe jedoch keine Veranlassung zu einem Protest gegenüber den amerikanischen Behörden. Ein SPD-Abgeordneter hakt nach: Was man über die Aktivitäten des Klans wisse und ob die Bundesregierung auf ein Verbot hinwirken werde? Diesmal antwortet am 30. Juni 1981 der

Parlamentarische Staatssekretär Andreas von Schoeler (damals FDP): Er verweist auf die Erkenntnisse über Thomas S. und die Gruppen im Raum Mainz-Wiesbaden. Die Regierung lehne es allerdings ab, sich an einer öffentlichen Diskussion über eventuelle Verbotsmaßnahmen zu beteiligen. Denn einerseits könnte ein Hinweis darauf, dass keine Verbotsabsichten bestehen, als »Freibrief« für weitere extremistische Aktivitäten verstanden werden. Andererseits würde ein Hinweis auf ein beabsichtigtes Verbot die Extremisten vorwarnen. Kurzum: Die Regierung wollte sich nicht in die Karten schauen lassen und sich alles offen halten. Die Strategie dahinter war offenbar die: erst mal abwarten.

Für Aktionismus sah man in den Behörden keinen Anlass. Welche große Gefahr sollte schon ausgehen von einem Klan, der sich hierzulande im Wesentlichen auf einen fehlgeleiteten Schüler und ein paar amerikanische Soldaten zu stützen schien? Allerdings: Es blieb nicht bei ein paar Propaganda-Aktionen. Schwarze in der US-Armee wurden offenbar systematisch drangsaliert – und es gab sogar den Verdacht auf rassistische Morde.

In Kachels Garnison in Spangdahlem in der Eifel wurden etwa zur selben Zeit, als sich Kromschröder beim Ku-Klux-Klan einschlich, zwei Schwarze mit Magenkrämpfen ins Krankenhaus eingeliefert. Ärzte diagnostizierten eine Strychnin-Vergiftung. Die beiden Flugzeugmechaniker hätten vergifteten Kaffee getrunken. Rassenkampf in der Eifel?

Ein Sprecher des Pentagon erklärte: »Wir begrüßen eine Mitgliedschaft von Soldaten im Ku-Klux-Klan zwar nicht ausdrücklich, aber manche Leute haben ja auch etwas gegen Pfadfinder, obwohl das auch eine legale Organisation ist.« Das Pentagon bestätigte immerhin, dass Kachel und 31 weitere

US-Soldaten in Deutschland wegen Klanmitgliedschaft überwacht würden. Außerdem ging später an alle Kommandeure der deutschen US-Garnisonen ein internes Rundschreiben, wonach »Teilnehmer an Rassenaktivitäten eingehend ins Verhör zu nehmen« seien.

◆

Die Feinde der Demokratie und der Menschenrechte in den eigenen Reihen zu bekämpfen, fiel der US-Armee nicht nur in diesem Fall schwer. Als 1980 auf dem Gelände einer US-Garnison in Bayern ein Kreuz brannte, wurde nur »wegen Zerstörung von Regierungseigentum« ermittelt. Und drei Männer und eine Frau, die im April 1981 auf dem US-Flugplatz Bitburg ein Kreuz anzündeten, wurden lediglich wegen »Trunkenheit und Störung der Nachtruhe« vorübergehend festgenommen.

Ein Soziologe, der als Sergeant in Bamberg stationiert war, untersuchte Anfang der Achtzigerjahre das Treiben des Geheimbunds an US-Stützpunkten in Deutschland und schickte an das Hauptquartier in Heidelberg sein Fazit: »In den letzten Monaten tauchen verstärkt Klanflugblätter auf, werden Schwarze durch Provokationen eingeschüchtert, brennen Klankreuze in US-Kasernen, werden Schwarze von weißen Rassisten überfallen und zusammengeschlagen – doch das Oberkommando schweigt dazu.« Einmal seien Hunderte weißer Laken verschwunden, mit denen Klangewänder hergestellt worden sein sollen.

In einem internen Untersuchungsbericht über das 52. Taktische Jagdgeschwader, dem Kachel angehörte, hieß es: »Der Ku-Klux-Klan ist gesund und munter in der Eifel.« Der Autor schätzte, die Rassisten an der Mosel hätten mehr als 300 US-Mitglieder. Das rheinland-pfälzische Innenministerium verhängte zunächst eine Nachrichtensperre, dann relativierte Minister Kurt Böckmann (CDU) bei einem Fernsehauftritt die Ergebnisse der Recherchen und beschwichtigte: Es handele sich nur um ein paar versprengte Einzelgänger, und es gebe keine organisierte Zusammenarbeit zwischen deutschen Neonazi-Gruppen und amerikanischen Rassisten. Der »Ku-Klux-Klan West-Germany« sei keine kriminelle Vereinigung. Es existierten keine »Erkenntnisse über strafrechtlich relevante Tatbestände«.

Gegen Thomas S. ermittelte die Staatsanwaltschaft Wiesbaden unter dem Aktenzeichen 21 Js 1390/81. Der ermittelnde Staatsanwalt kam zu dem Schluss, dass sich »zweifellos Parallelen zwischen den US-Aktivitäten des Klans und denen seines deutschen Ablegers feststellen« lassen.

Der Verfassungsschutz schrieb jedoch etwa zur gleichen Zeit an den Generalbundesanwalt: Es gebe »keine Anhaltspunkte dafür, dass sich im Aufbau befindliche Gruppen die Begehung von Straftaten« oder die Gründung einer terroristischen Vereinigung planen würden. Alles harmlos also. Kein Eingreifen erforderlich.

◆

Dann wurde dem Geheimdienst zugetragen, der US-Klanführer David Duke (der sich einige Jahre später vom Klan abwendete) beabsichtige, Mitte Juli 1981 nach Deutschland zu kommen. Am 7. Juli fand ein Ratsherr der Stadt Braunschweig in seinem Briefkasten einen DIN-A5-Umschlag, beidseitig beschrieben mit rotem und blauem Filzstift: »Sie sind der nächste, (...) alle ausländer raus, juden raus, es gibt terror, unterschrift K. K. K.« Der Ratsherr war in der deutsch-israelischen Gesellschaft aktiv und mit einer Jüdin verheiratet. Die Polizei stellte Fingerabdrücke sicher, fand aber keinen Täter.

Der Leitende Oberstaatsanwalt in Wiesbaden informierte das hessische Justizministerium: Am 10. Juli 1981 sei die Wohnung von Thomas S. durchsucht worden. Es sei nichts gefunden worden. Der Beschuldigte sagte, der Inhalt des Gesprächs mit dem Journalisten Kromschröder sei falsch dargestellt worden; er selbst sei ja gar nicht Mitglied im Ku-Klux-Klan. Das sah nicht nur der Reporter anders, sondern auch der Verfassungsschutz. Thomas S. soll demnach von August bis Oktober 1981 die USA bereist und Verbindung mit dem dortigen Klanführer Wilkinson aufgenommen haben. In dieser Zeit – im August 1981 – erfuhr der Verfassungsschutz auch, dass Sergeant Kachel in die USA versetzt wurde. Dies wurde einige Monate später offiziell bestätigt.

In jenem Sommer beschäftigte sich sogar die Stasi in der DDR mit den Klan-Umtrieben im Westen. Das Ministerium für Staatssicherheit meldete im Juli 1981, dass »aus dem Operationsgebiet« Hinweise kämen, »nach denen eine westdeutsche Ku-Klux-Klan-Organisation am 1. August 1981 ein Treffen im Hamburger Raum« plane, vermutlich in Lüneburg. Man erwarte »ca. 1000 Faschisten«. Was dann geschah, lässt sich leider nicht mehr rekonstruieren. Führte jemand die Stasi an der Nase herum? Wollten sich ein Agent oder eine Quelle wichtigmachen? Es wäre sogar möglich, dass die Stasi sich in die Machenschaften des Klans einmischte, um ihr eigenes Spiel zu spielen und den kapitalistischen Westen als unverbesserlichen Hort des Rassismus vorzuführen. Leider fehlen Informationen darüber, wie die Stasi auf den Klan-Hinweis reagierte. Die entsprechenden Akten sind bis heute unauffindbar.

◆

In Bonn empfängt man wenige Monate später erneut eine Botschaft des Geheimbunds. Ein auf den 9. November 1981 datierter Brief richtet sich direkt an den damaligen Bundesinnenminister Gerhart Baum. Abgebildet ist ein Reiter in Kutte und Kapuze, der eine Fackel hält und den *Imperial Wizard* Bill Wilkinson darstellen sollte. Der Absender: »Invisible Empire Knights of the Ku Klux Klan – deutsches Büro«. Und so lautet der Text:

»Sehr geehrter Herr Baum,
als deutsche Gruppe des Ku Klux Klan erlauben wir uns heute schriftlich an Sie heranzutreten, mit der Bitte uns mitzuteilen wieso wir das Interesse der Verfassungsschutzbehörden verdient haben. Wir verstehen uns ausschließlich als demokratischer Bund, der gewaltlos gegen die Überfremdung unseres Vaterlandes eintritt. Wir würdigen die Verdienste der anderen Rassen und Kulturen, sind aber der Ansicht, dass der Einwanderung in unser Land Einhalt geboten werden müsste. (…) Bitte überdenken Sie Ihre Entscheidung, den Klan zu verfolgen und in die Neonazi-Ecke zu verbannen. Denn damit würde man uns nicht gerecht. Auch das Ansehen der Bundesrepublik würde damit im Ausland sehr gefährdet. Durch die Unwahrheiten, die das Magazin ›Der Stern‹ verbreitet hatte, wurde eine Interessenberichterstattung in allen europäischen und amerikanischen Zeitungen angeregt. (…) Wir sind keine

Rassisten, aber stolz darauf, weiß und deutsch zu sein! In diesem Sinne verbleiben wir, in der Hoffnung von Ihnen zu hören mit vorzüglicher Hochachtung«.

Ein paar Wochen später bekommt der Klan eine Antwort aus dem Ministerium, adressiert an das »Deutsche Büro« in Wiesbaden, Postlagerkarte Nr. 062062A. Darin heißt es knapp, man habe das Schreiben erhalten. Es nenne aber »keine Tatsachen, die den Ausführungen über Ihre Organisation im Verfassungsschutzbericht 1980 entgegenstehen«. In dem Report des deutschen Inlandsgeheimdienstes ist auf 15 knappen Zeilen zu lesen, dass das »rassistische Engagement der amerikanischen Ku-Klux-Klan-Gruppen (...) auf deutschem Boden bereits deutlich geworden« sei.

Die Behörden beobachten die Organisation, aber strafrechtlich kommen sie nicht weit. Die Staatsanwaltschaft in Wiesbaden stellt ein Verfahren wegen Bildung einer kriminellen Vereinigung wieder ein. Die Tatsache, dass Thomas S. eine vorläufige Mitgliedskarte besaß und sogar Leiter einer Klangruppe sein sollte, »macht diese noch nicht zur kriminellen Vereinigung«. Es seien »keinerlei Aktivitäten krimineller Natur von in der Bundesrepublik ansässigen Organisationen und Untergliederungen des Ku-Klux-Klan bekannt«. Die deutschen Beamten stellen sich offensichtlich auf den Standpunkt, wenn überhaupt, handle es sich um ein Problem der USA und ihrer Armee.

◆

Zwischen den Geheimbünden in Amerika und den Rechtsextremisten in Europa entwickelt sich indes ein reger Austausch. 1982 gibt es Berichten mehrerer Nachrichtenagenturen zufolge sogar Anzeichen dafür, dass sich der Klan in deutschen Gefängnissen ausbreite oder zumindest versuchte, dort zu rekrutieren. Im Briefwechsel eines Gefangenen der Justizvollzugsanstalt Straubing mit dem Geheimbund ist laut einem bayerischen Landtagsabgeordneten sogar die Rede von einem »über 1000 Mitglieder umfassenden bundesdeutschen ›Freundeskreis‹« des amerikanischen Klans.

Ende der Achtzigerjahre reiste ein Klanführer nach Europa, um in Deutschland und England Ableger aufzubauen. In Großbritannien war er besonders erfolgreich. Dort traf er, wie auch der deutsche Auslandsgeheimdienst vermerkte, im Winter 1989 den Neonazi und Sänger der in der Szene äußerst bedeutsamen Skinhead-Band »Screwdriver«, Ian Stuart. Ihn verehren auch deutsche Neonazis noch heute (er starb 1993). Stuart trat dem Klan bei und produzierte ab diesem Zeitpunkt auch traditionelle Musik des Geheimbunds. Das brachte dem Klan einen großen Schub in Europa. Seine Symbole und Sprüche wurden nun auch unabhängig von formalisierten Klangruppen häufig eingesetzt. Sie gehörten jetzt in der Neonazi-Szene zum populären Repertoire.

In Großbritannien sollen auf das Konto des Klans, wie der BND vor einigen Jahren in einem vertraulichen Bericht notierte, »zahlreiche Gewalttaten« gegangen sein. Es seien paramilitärische Ausbildungslager organisiert worden, eines davon in Hampshire. Zudem habe es im Zusammenhang mit Waffenhandel Verbindungen zwischen Klanmitgliedern und Rockern der Hells Angels gegeben. Eine gemeine Gesellschaft, die sich da bildete: eine, die durchaus bange machen konnte.

Kapitel III
Der Besuch: Amerikas Klanführer in Königs Wusterhausen

1991 hätte ein schönes Jahr werden können. Die Mauer ist gefallen, Ost und West sind vereint, Deutschland ist seit Kurzem wieder *ein* Land. Der Kalte Krieg scheint überwunden zu sein, Europa befindet sich im Aufbruch. Eine Zeit des Friedens und der Demokratie könnte anbrechen. Doch schon wenige Monate nach dem Niedergang der Deutschen Demokratischen Republik wird die hässliche Seite der neuen Bundesrepublik sichtbar: Asylbewerberheime und Unterkünfte von Migranten brennen, Skinheads prügeln sich mit der Polizei, Menschen sterben. Mit der Wiedervereinigung eint sich auch eine Szene, die in beiden Teilen des Landes, Ost wie West, teils offen, teils im Verborgenen schon seit Jahren florierte: die Neonazi-Szene. Auf diesem rassistischen Nährboden wächst auch der Klan.

Den ersten Hinweis gibt eine Visitenkarte: »Join the White Army! The KU KLUX KLAN« steht darauf, dazu die Zeichnung eines brennenden Kreuzes und zweier Maschinengewehre, außerdem sind zwei Postfächer im US-Bundesstaat Missouri angegeben. Abgedruckt wird sie im Januar 1991 in einem Skinhead-Fanblatt namens ›Querschläger‹. Es ist eine etwas unbeholfene Art, in Deutschland Werbung für den amerikanischen Klan zu machen. Für viele Beobachter ist diese Visitenkarte aber schon damals der Beleg, dass der Ku-Klux-

Klan wieder seine Arme nach Deutschland ausstreckt. Tatsächlich hat er längst wieder Fuß gefasst. So ist bereits in der nächsten Ausgabe des ›Querschläger‹ der Leserbrief eines Essener Bundeswehrsoldaten namens Dennis W. zu lesen. Er lobt den Abdruck der Werbung und weist darauf hin, dass man nicht in die Ferne blicken müsse, um den Geheimbund zu treffen. In Deutschland gebe es schließlich schon mehrere Gruppen.

Tatsächlich registrieren in diesen Monaten verschiedene Dienststellen von Polizei und Verfassungsschutz etliche Klanableger. Da wäre beispielsweise der Kreis um einen selbst ernannten *Groß-Drachen* im schleswig-holsteinischen Elmshorn, der den Geheimbund als seine »Lebensaufgabe« bezeichnet, außerdem eine Gruppe im nordrhein-westfälischen Essen, die von ihren Mitgliedern eine Aufnahmegebühr von 35 D-Mark verlangt und deren *Grand Dragon* eben jener Leserbriefschreiber Dennis W. ist. Nach eigenen Angaben ist er Mitglied des US-Klans »Confederate White Knights«. Hinzu kommen kleine Klangruppen in Berlin, München, Rostock, Dortmund, Frankfurt, Darmstadt und Bielefeld. An mehreren Orten lodern nun wieder Holzkreuze, in der Szene kursieren entsprechende Videokassetten sowie T-Shirts mit der Aufschrift »I want YOU for the KU KLUX KLAN«. Man lehnt sich auch damit an die Amerikaner an – in den USA hatte die Armee im Ersten Weltkrieg mit dem berühmten Plakat »I want YOU for US Army!« geworben. Nun wollen die Rassisten in Deutschland mobil machen. Man könnte meinen, die Sicherheitsbehörden würden aufschrecken, doch Deutschlands Ermittler sehen stets nur die kleine Gruppe in ihrem Zuständigkeitsbereich. Sie sehen Puzzlestücke: Herford, Essen oder Berlin. Das große Ganze und dass die einzelnen Gruppen damals eng vernetzt sind, übersehen sie.

Dabei gibt es sogar schon ein eigenes Ku-Klux-Klan-Magazin in Deutschland. ›Feuerkreuz‹ heißt es, offenkundig angelehnt an ›Fiery Cross‹ – ein damals von den »United Klans of America« herausgebrachtes Rassistenblatt. Tatsächlich ähneln sich ›Feuerkreuz‹ und ›Fiery Cross‹ in ihrer billigen Aufmachung: Sie sind gestaltet aus Zeitungsschnipseln, Magazinfotos und krakeligen Zeichnungen – und das alles schlicht zusammenkopiert. In der ersten Ausgabe von ›Feuerkreuz‹ steht gleich im Vorwort ein unmissverständlicher Appell: »Kämpft für euren Glauben! Kämpft für Rasse und Nation! Kämpft mit dem Ku-Klux-Klan!« Unterschrieben ist der Kampfaufruf mit diesem Namen: »Berliner Ritter des Ku-Klux-Klan«. Als Kontaktadresse der Redaktion ist ein Berliner Postfach angegeben. Spätestens als wenige Wochen später die zweite Ausgabe des Magazins herauskommt und darin von weiteren Klangruppen die Rede ist, hätte die Polizei hellhörig werden müssen. Auf dem Titel dieser Ausgabe ist ein Klansmann abgebildet, der einen schwarzen, knieenden Mann an einer Kette hält. Darüber steht in dicken Lettern »White Survival Now«. Im Heftinneren ist das Foto einer weißen Frau und eines schwarzen Mannes in enger Umarmung abgebildet, die Bildunterschrift lautet: »Die ultimative Abnormität«. An der menschenverachtenden Gesinnung des deutschen Klans kann nach der Lektüre kein Zweifel bestehen.

◆

Eine eigene Zeitschrift, die von einer »Gesellschaft der Mörder in Weiß« schwärmt, T-Shirts, Aufkleber und regelmäßige Veranstaltungen – so entstand Anfang der Neunzigerjahre allmählich (wieder) eine Klanszene, mit all ihren Insignien. Sie speiste sich aus dem rechtsradikalen Milieu. Ob Skinhead, Altnazi, Neonazi, Ost, West, deutscher Klansmann, amerikanischer Klansman – in der Zeit nach der Wiedervereinigung wurden die Grenzen durchlässig. Wie sich Jahre später aus Akten des Bundeskriminalamtes, des Bundesverfassungsschutzes und etlicher Landesämter für Verfassungsschutz rekonstruieren lässt, ist das, was die Öffentlichkeit damals mitbekam, nur ein Hauch von dem, was sich im Verborgenen abspielte. Regelmäßig brannten in dieser Zeit Kreuze, trafen sich auf deutschem Boden amerikanische Klananhänger und ihre deutschen Nacheiferer. So schwärmte beispielsweise der Anwalt des Holocaust-Leugners Fred Leuchter nach einer Klan-Werbetour durch die deutsche Provinz in dem Neonazi-Fanzine ›Volkstreue‹ von »nützlichen Kontakte(n) für die Zukunft«, die er in Deutschland geknüpft habe. Im April 1991 trafen sich 200 Rechtsextreme im ostwestfälischen Herford, um das »102. JDF« – das »102. Jahr des Führers« – zu feiern. Angeblich, so wurde später verbreitet, war die klandestine Zusammenkunft im Ravensburger Hügelland bereits das fünfte Treffen der »Knights of the Ku Klux Klan Germany«.

◆

Während Deutschlands Behörden auf Nachfrage erklärten, sie hätten keine Informationen zu Kontakten deutscher Kapuzenritter in die USA, wurden die Bande zwischen den Rassisten beider Länder immer enger. So konfiszierte die Polizei kurz nach dem Kluxer-Treffen anlässlich des 102. Geburtstages von Adolf Hitler eine Postsendung aus den USA, die an einen Mann in Herford – der 60 000-Einwohner-Stadt zwischen

Teutoburger Wald und Wiehengebirge, in der die große Klanversammlung stattgefunden hatte – adressiert war. Das Päckchen enthielt Ernennungsurkunden der amerikanischen Gruppe »Flaming Swords – Knights of the Ku Klux Klan«, die vor allem im US-Bundesstaat New Jersey aktiv war. Der Empfänger des Päckchens wurde den Dokumenten zufolge zum *Grand Dragon* ernannt, also zum Präsidenten des deutschen Klanablegers. Einer seiner Kumpane übernahm die Funktion eines *Kleagle*, eines Rekrutierungsoffiziers.

Die beschlagnahmten Papiere waren der Beweis für einen weiteren Ableger in Deutschland. Später bestätigen einige der Herforder Anhänger, dass der KKK Herford als »nachgeordnete Organisation« der »Flaming Swords« gegründet und »direkt von Amerika aus gesteuert« worden sei. Die Anhänger, die nach eigenen Angaben »gegen Zionismus, Judentum, Umweltverschmutzung und Drogen« kämpften, erwarben in der Szene schnell einen Ruf. Mal besudelten sie eine Anne-Frank-Ausstellung und hinterließen Klan-Flugblätter, ein anderes Mal verteilten sie an einer Realschule Zettel mit der Aufschrift »Vorwärts im Kampf für die arische Rasse«. Auch zwei neue Zeitschriften brachte die Gruppe heraus: die eine hieß ›Schlageter‹ und kostete zwei D-Mark, die andere, von der mindestens fünf Ausgaben erschienen sind, war benannt nach dem Hitlerjugend-Slogan »Blut und Ehre«. Die Verfasser riefen unverhohlen zur Rassentrennung und zum Kampf gegen Ausländer auf. Schon bald sollten einige diesem Aufruf folgen.

An einem lauen Septemberabend des Jahres 1991 fuhren drei Männer mit ihrem Opel Manta zu zwei Asylbewerberheimen im sauerländischen Neuenrade, etwa 150 Kilometer von Herford entfernt. Aus dem Auto heraus gaben sie mehrere Schüsse ab, warfen Steine auf die Häuser und braustest davon.

Als die Polizei die Männer wenige Stunden später festnahm, fand sie bei ihnen mehrere Molotowcocktails sowie Aufkleber: Sie zeigten einen Kapuzenmann, dazu die Aufschrift »KKK Herford« und eine Adresse: Postfach 1747, Bielefeld. Es war Werbematerial des Bielefelder Klans.

Die örtliche Polizei spielte die Sache zunächst herunter: Von lediglich 20 Mitgliedern sprach die Bielefelder Polizei. Klanmitglieder gaben dem BKA hingegen später zu Protokoll, in Herford und Bielefeld hätte zu diesem Zeitpunkt eine »Stammgruppe des Klan« mit etwa 100 Mitgliedern bestanden, und der damalige *Grand Dragon* sprach immerhin von etwa 30 Mitgliedern. Viele von ihnen waren bereits wegen rechtsextremistisch motivierter Straftaten aufgefallen.

Rassisten und Rechtsextremisten machen sich oft stärker und wichtiger, als sie sind. Aber allzu oft werden sie von den Behörden auch unterschätzt. Der Klan, der sich zu Beginn der Neunzigerjahre in der Bundesrepublik formierte, war größer und gefährlicher, als sich die Beamten eingestehen wollten. Die »Stammgruppe« in Westdeutschland bildete einen zentralen Knoten im immer dichter werdenden Netz von Klangruppierungen.

◆

Als der deutsche Klan wächst, nimmt gleichzeitig die Zahl der Straftaten mit rechtsextremistischem Hintergrund zu. In Dresden stirbt ein Mosambikaner, nachdem ihn eine Horde Skinheads vor eine Straßenbahn gejagt hat. Im niedersächsischen Gifhorn stoßen Skinheads einen Punk vor ein Auto, in München schießt ein Bundeswehrsoldat auf fünf Ausländer. Im niedersächsischen Kästorf erstechen Skinheads einen

Obdachlosen, in Friedrichshafen einen Angolaner. Die Täter werden in der Szene als die »Helden von Friedrichshafen« gefeiert. Im September 1991 belagern Rassisten in Hoyerswerda tagelang Wohnheime von ausländischen Arbeitern und Flüchtlingen und bombardieren sie regelrecht mit Pflastersteinen und Molotow-Cocktails. Etwa 200 Ausländer müssen fliehen. Die sächsische Stadt wird damit zum Schauplatz der größten ausländerfeindlichen Krawalle nach der deutschen Wiedervereinigung. Erstmals macht der Begriff von »national befreiten Zonen« die Runde. Zwei Jahre später, im Mai 1993, verüben Rechtsextremisten einen Brandanschlag auf ein von Deutsch-Türken bewohntes Haus in Solingen. Fünf Menschen sterben.

◆

In den Tagen, als grölende Massen unter den Augen der Polizei in Hoyerswerda Jagd auf Vietnamesen machen, landet am Flughafen Frankfurt einer der radikalsten Rassisten Amerikas: Dennis Mahon. Er wurde in Illinois als Sohn eines Farmers geboren, in den Siebzigerjahren trat er den »Knights of the Ku Klux Klan« von David Duke bei und stieg bis in den Rang eines *Imperial Dragons* auf. Außerdem war er Mitglied der sogenannten National Alliance um den Autor des Rassenkampf-Romans ›The Turner Diaries‹, William L. Pierce (den Roman schrieb dieser unter dem Pseudonym Andrew Macdonald). 1988 löste sich Mahon von Duke und rief die »Oklahoma White Knights of the Ku Klux Klan« ins Leben; auch in Kansas City gründete er einen Ableger. Aber sogar der Klan erschien ihm bald als zu lasch, er wurde Mitglied der Miliz »White Aryan Resistance« und Absender tödlicher Briefbomben.

Zu Beginn der Neunzigerjahre will Mahon, dessen Mutter angeblich deutschstämmig war, ins »Land seiner Vorfahren« reisen, wie es in amerikanischen Klankreisen heißt. Auf seinem Reiseplan stehen der KZ-Ort Sachsenhausen, Nürnberg als Stadt der Reichsparteitage sowie Dresden. In Berlin trifft er einen Mann namens Carsten Szczepanski.

◆

Carsten Szczepanski ist in Berlin-Neukölln aufgewachsen, schon in jungen Jahren schor er sich die Haare kurz, wurde ein Skin. Im Wendejahr 1989 verurteilte ihn das Amtsgericht Berlin-Tiergarten wegen öffentlichen Tragens eines Keltenkreuzes, Sachbeschädigung und Hausfriedensbruch. Er war Feuer und Flamme für die rechte Szene – und für den Ku-Klux-Klan. Angeblich, so wird Szczepanski es später erzählen, ist er durch eine Anzeige in einem Szeneblatt auf Mahon gestoßen und habe ihn angerufen. Der habe ihn ermutigt, eine eigene Gruppe aufzubauen und ein Magazin zu veröffentlichen – die Idee des ›Feuerkreuzes‹ war geboren und auch der Berliner Klan.

Szczepanski verteilte an einige seiner Skinhead-Freunde Mitgliedskarten mit Fotos, Blutgruppe sowie Personalausweisnummer und erklärte sich selbst nach Mahons Plazet zum *Grand Dragon* der »White Knights of the Ku Klux Klan, The Realm of Germany«. An einen Interessenten schrieb der *Große Drache* aus Berlin, seine Gruppe sei die einzig wahre »Außenstelle der White Knights in den U. S. A.«.

Für den jungen Neonazi ist Mahon, der sich gerne mit Barett auf dem Kopf und White-Power-T-Shirt und Lederjacke samt SS-Runen am Körper zeigt, eine Legende. Szczepanski blickt zu dem US-Rassisten auf, fragt ihn regelmäßig um Rat, nennt ihn »Chef« beziehungsweise »Meister«. Entsprechend groß ist die Freude, als sich der Meister Ende 1991 in Deutschland ankündigt. Mahon, der mit allerlei Rassistenlektüre und einer Klanrobe im Gepäck eintrifft, soll in Germany etwas geboten werden: eine Kreuzverbrennung auf deutschem Boden, mit den Vertretern möglichst vieler deutscher Klans, dazu am besten noch die Presse, die den Spuk in die Wohnzimmer aller Bürger, Biedermänner und Brandstifter tragen soll. Carsten Szczepanski und einer seiner Mitstreiter, Norman Z., rufen bei dem damals noch jungen Privatsender RTL plus in Köln an und erklären, dass ein Imperiums-Drache aus den USA in Deutschland sei und es die Möglichkeit gebe, an einer geheimen Zeremonie teilzunehmen. Der Redakteur am anderen Ende der Leitung ist offenkundig interessiert.

Und so kommt es, dass sich am 20. September 1991 in einem Waldgebiet nahe Königs Wusterhausen südlich von Berlin etwa 50 Klansmänner auf dem Gelände eines ehemaligen Stasi-Ausbildungslagers treffen. Außer Carsten Szczepanski und einer Handvoll seiner Anhänger, die sich Kutten geschneidert haben, soll auch eine Abordnung des Herforder Klans sowie eine Gruppe aus Elmshorn dabei gewesen sein. Vier Teilnehmer tragen Klankutten, mindestens einer ist mit einer Pistole bewaffnet. Eine Südstaatenflagge, eine Hakenkreuzfahne und eine sogenannte Ur-Klansflagge wehen im Wind. Wie vereinbart ist auch ein Team von RTL plus (Sendung »Explosiv«) angereist.

Die Journalisten filmen, wie der stämmige US-Rassist Mahon – in grünem Kapuzenanzug mit roten Streifen – die Menge mit einem kräftigen »Sieg Heil, I come to you from America« begrüßt und von seinem Klan schwärmt, der mit deutschen Neonazis zusammenarbeite und eine »Terrorfront« aufbaue. Zu sehen und zu hören ist auch, wie Mahon dem Erbe »von den teutonischen Rittern bis zur Waffen-SS« huldigt. Auf die Anschläge von Hoyerswerda angesprochen, bei denen auch Kinder regelrecht gejagt worden sind, erklärt Mahon, dass er dieses Ereignis leider versäumt habe, es sei aber »ein großer Sieg für Deutschland« gewesen. »Ich bin direkt glücklich, das zu sehen, weil das deutsche Volk zu wissen scheint, dass es durch die vielen Ausländer seine Zukunft verliert. Denn sie haben eine hohe Geburtenrate und zerstören das deutsche Volk. Jedes Mittel ist recht, jedes, um eure Nation zu retten.« Einer von Mahons deutschen Anhängern ruft seine militanten Kameraden in der Bundesrepublik zu weiterer Gewalt auf – aber auch zur Vorsicht: »Passt auf, dass man euch nicht kriegt.« Später brennt das Kreuz, Mahon zeigt den Hitlergruß und fertig ist das TV-Spektakel.

Dem Blatt ›Tulsa Tribune‹ erzählt Mahon nach seiner Rückkehr in die USA, er habe den Jungs in Deutschland »ein bisschen Grundausbildung beigebracht, wie man einen Guerillakampf führt«. Tatsächlich wird später während einer Durchsuchung bei einem der Teilnehmer des Treffens außer Fotos, die Mahon mit etlichen deutschen Klansmännern zeigen, auch das Buch ›The Poor Man's James Bond‹ – eine Art Anleitung für improvisierte Kriegsführung – gefunden, das er seinen deutschen Kameraden zur Weiterverbreitung überlassen hatte.

Dem US-Korrespondenten des deutschen Magazins ›Tempo‹ schwärmt Mahon in einem Interview wenig später vor, dass er in Deutschland »mindestens 1000 Skinheads« getroffen habe. »Überall gibt es Zellen von fünf bis zehn Leuten, die sehr schnell Skins und Rechte mobilisieren können.« Neben der zivilen Front wolle er eine »Terrorfront im Untergrund« aufbauen. Das alles ist natürlich auch Maulheldentum und die großsprecherische Art eines Mannes, der seine rassistischen Kumpane beeindrucken und die Öffentlichkeit erschrecken will. Doch lediglich harmloses Geschwätz ist es eben leider auch nicht. Die rechtsextreme Szene wird immer militanter. Der brandenburgische Verfassungsschutz kommt später zu der Einschätzung, dass mindestens einer der Besucher der Königs Wusterhauser Kreuzverbrennung bereits im Besitz einer Panzerfaust gewesen sei und »eventuell« beabsichtigt habe, diese einzusetzen.

◆

Es gibt erschütternde Beispiele dafür, wie die Rassisten ihren Hass auslebten. In den Wochen nach Mahons Deutschlandbesuch reißt die Kette der Anschläge nicht ab. Überfälle auf Ausländer und auf Wohnheime von Asylbewerbern werden zur grausamen Routine in Deutschland. In Saarlouis stirbt ein Ghanaer nach einem Brandanschlag auf ein Asylbewerberheim, in München prügeln Rechtsextreme einen Rumänen zu Tode, in Berlin einen Türken, in Brandenburg erschießt ein Angehöriger einer Wehrsportgruppe einen Polizisten in Zivil. Ein Skinhead aus Buxtehude erschlägt einen arbeitslosen Kapitän mit einer leeren Bierflasche und einem Holzstück, nachdem sich dieser abfällig über Adolf Hitler geäußert hatte. Bei einer anschließenden Durchsuchung seines Zimmers in der elterlichen Wohnung findet die Polizei Informationsmaterial von sechs verschiedenen amerikanischen Klangruppen, dazu eine gerahmte Mitgliedsurkunde der »Knights of the Ku Klux Klan«. Später entdeckt die Polizei einen handschriftlichen

Brief, den der Täter verfasst hat. Der Skin erklärte darin, seit einem halben Jahr den Rang eines *Pagen* des amerikanischen Ku Klux Klan zu bekleiden. Sein Ziel sei es, schon bald zum *Squire*, also zum Knappen, aufzusteigen.

Das amerikanische Klanmagazin ›The White Beret‹ jubelt kurz nach der Kreuzverbrennung von Königs Wusterhausen: »Victory in Germany«. Sieg in Deutschland. Auf drei Seiten ist von Mahons Deutschlandreise zu lesen. Für den Klan ist das abendliche Spektakel ein voller Erfolg. Der Sender RTL plus strahlt den Beitrag zur besten Sendezeit aus, die Aufregung ist groß. Der Rassistenbund macht ordentlich Werbung für sich, während die Behörden ahnungslos tun. Zwar befasst sich der Bundestag mit dem Treffen der Kapuzenmänner, aber die Regierung weiß angeblich nichts: »Der Bundesregierung liegen außer Medienberichten zu einer Veranstaltung, an der der amerikanische Ku-Klux-Klan-Führer Dennis Mahon am 20. September 1991 im Kreis Königs Wusterhausen teilgenommen hat, weder Hinweise auf weitere, von Mahon initiierte Aktivitäten noch konkrete Kenntnisse über das Bestehen von Organisationsstrukturen des Ku-Klux-Klan (KKK) in der Bundesrepublik Deutschland vor«, antwortet damals ein Staatssekretär auf die Fragen der Abgeordneten.

Wie man heute weiß, war es nicht die ganze Wahrheit. Der Polizei und dem Verfassungsschutz lagen durchaus Informationen über einzelne Gruppen vor, und der Generalbundesanwalt führte unter Nummer 2 ARP 278/81-2 und 2 ARP 363/91-2 bereits seit etwa zehn Jahren sogenannte Beobachtungsverfahren. In einem Lagebericht des Bundesamts für Verfassungsschutz hieß es 1991, in Skinhead-Publikationen werde schon seit Längerem immer wieder für den Ku-Klux-Klan geworben. Den Eindruck entsprechender Kontakte würden zudem rechte Bands wecken, die den Klan oder dessen Ideologie in ihren Liedtexten glorifizieren, beispielsweise die Stuttgarter Gruppe »Noie Werte«, deren Songs später von der Terrorgruppe NSU für Vorläuferversionen ihres Bekennervideos verwendet wurden. Entweder wurden all diese Informationen nicht an die Bundesregierung weitergegeben – oder die Regierung in Bonn hat einfach nicht danach gefragt.

◆

Bereits im September 1991 hat die Berliner Innenbehörde eine Ausgabe von Szczepanskis ›Feuerkreuz‹ an das Polizeipräsidium geschickt. Etwa zur gleichen Zeit ermittelte die Polizei in Königs Wusterhausen wegen Verdachts der Bildung einer kriminellen Vereinigung – die Beamten hatten die RTL-Sendung über das abendliche Mahon-Spektakel gesehen. Kurz darauf fand die Polizei in einer Wohnung von Carsten Szczepanski im Berliner Stadtteil Prenzlauer Berg vier Rohrbomben, Pläne zum Bau einer Stielhandgranate, allerlei chemische Substanzen, darunter den Sprengstoff Nitro-Methan und Flugblätter des Ku-Klux-Klans. Nun leitete auch die Staatsanwaltschaft Berlin ein Ermittlungsverfahren wegen Verdachts des Verstoßes gegen das Sprengstoffgesetz, Volksverhetzung und öffentlicher Aufforderung zu Straftaten ein.

◆

An mehreren Stellen in der Bundesrepublik wird also zu dieser Zeit gegen den Ku-Klux-Klan und seine Anhänger ermittelt, am Ende werden sogar der Generalbundesanwalt und seine Bundesanwaltschaft in Karlsruhe eingeschaltet, Deutschlands oberste Strafverfolgungsbehörde. Die Juristen dort sind zuständig, wenn es um Terror und um bedeutende politische Straftaten geht. Im Februar 1992 übernimmt der Generalbundesanwalt die Ermittlungen »wegen Verdachts der Gründung einer Teilorganisation des amerikanischen Ku Klux Klan (KKK) auf deutschem Boden bzw. der mitgliedschaftlichen Beteiligung an einer solchen Vereinigung«. Zunächst richtet sich das Verfahren gegen Mahon und den mutmaßlichen deutschen Rädelsführer Carsten Szczepanski, von dem sogar andere Klanmitglieder später sagen werden, er sei ihnen »zu militant und aggressiv«.

In einer Vernehmung stellt sich der Beschuldigte als angeblich kleines Licht dar. »Ich wurde auf einmal als eine Größe betrachtet, die ich nicht war.« Er habe sich in etwas hineinmanövriert, das ihm über den Kopf gewachsen sei. Plötzlich zeigt er sich auch enttäuscht über sein Vorbild Mahon: Der betreibe »Geschäftemacherei« und habe Runen und andere Devotionalien weit über dem tatsächlichen Wert verkauft. Auch drei US-Südstaatenfahnen habe der Amerikaner dabeigehabt, die er für 20 D-Mark das Stück habe an den Mann bringen wollen. Als er mit Mahon durch die Gegend gefahren sei, habe immer er, Szczepanski, alles bezahlen müssen. Für den Amerikaner sei es eine billige Urlaubsreise gewesen. Die Tour mit Mahon sei peinlich gewesen. Und überhaupt: Er und seine deutschen Kumpel seien ja gar keine Nazis, behauptet Szczepanski. Schon wenige Wochen später sollte sich erweisen, wie tief der Rassenhass in dem jungen Rechtsextremisten in Wahrheit saß. Und wie sehr er weiterhin beseelt war vom Ku-Klux-Klan.

Das Verfahren des Generalbundesanwalts gegen den deutschen Ku-Klux-Klan wird bald auf insgesamt 34 Personen ausgeweitet, Häuser und Wohnungen in Hessen, Nordrhein-Westfalen, Niedersachsen und Berlin werden durchsucht. Es sieht so aus, als würde der Staat zum ersten Mal richtig massiv gegen die Klanumtriebe auf deutschem Boden vorgehen.

In dieser Zeit, als die Ermittler mehrmals Carsten Szczepanski vernehmen, erhält dieser eine neue Einladung zu einem Geheimbund-Treffen in Herford. Ende April 1992 sollte die Versammlung stattfinden, berichtet er den Beamten. Als das BKA den Herforder Klanchef vorlädt, erklärt der gelernte Gebäudereiniger, ihm seien noch weitere Gruppen in Essen, Berlin und Hamburg bekannt. Die Ziele seiner Gruppe in Herford seien: »die Erhaltung des deutschen Kulturgutes« und »Schutz der arischen oder weißen Rasse«.

Bei einer Durchsuchung in Schleswig-Holstein findet die Polizei ein paar Monate später etliche Materialien des deutschen Klanablegers. In einer Schrift heißt es: Der Klan ziehe seine Daseinsberechtigung nicht etwa aus dem Andenken an vergangene Taten, sondern er »sieht sich als lebendes Instrument«, das für die weiße Rasse kämpfe. Zu den Unterlagen gehören auch »zehn Gebote eines Klansmanns«. Gebot eins: »Verraten Sie niemals den Namen eines anderen Klanmitgliedes ohne dessen Zustimmung.« Dagegen hatte nun Carsten Szczepanski in seiner Vernehmung bereits verstoßen. Und wie sich noch zeigen sollte, hatte er auch sonst das Zeug zum Verräter.

Bei ihren Ermittlungen wird den Bundesanwälten schnell klar: Es gibt nicht einen oder zwei Klans in Deutschland, sondern gleich ein halbes Dutzend Gruppierungen, die miteinander in Kontakt stehen. Landauf, landab finden sich Hinweise. Ende des Jahres 1991 berichtet die Polizei in Mainz-Gonsenheim, Zeugen hätten beobachtet, wie vier Personen in langen, weißen Kutten und weißen Kapuzen mit brennenden Kerzen durch die Gegend marschiert seien. Die Beamten konnten die Kapuzenträger nicht mehr antreffen. In der Nähe fanden sie jedoch an einem Baum ein aufgemaltes Kreuz und den Namen »Ku-Klux-Klan«.

Eine der bundesweit zentralen Figuren ist trotz seiner gegenteiligen Beteuerungen offenkundig Carsten Szczepanski, der zeitweise auch vom BKA observiert wird. Er verteilt »KKK-Identitätskarten«, spricht sich mit Dennis Mahon ab und schreibt sich Briefe mit Klanmitgliedern in Herford und Essen. Auch mit jenem *Pagen*, der in Buxtehude einen Kapitän totschlug, war er in Kontakt. In Unterlagen des Generalbundesanwalts finden sich zudem Hinweise auf »wehrsportähnliche Übungen« und den »Besitz scharfer Waffen«.

Den Ermittlungen zufolge stammen viele Mitglieder deutscher Klangruppen aus der Skinhead-Szene, sie stehen in Kontakt mit den US-Klans »White Knights«, »Flaming Swords«, »Invisible Empire Knights of the KKK«, den »Knights of the KKK« und den »Confederate White Knights«. Die Ermittler kommen in einem internen Memo 1992 sogar zu dem Schluss, dass es neben diversen deutschen Klanablegern im hessischen Raum weiterhin eine Gruppe gebe, die sich einzig aus US-Soldaten rekrutiere.

Die Terrorfahnder wirkten in dieser Phase durchaus alarmiert: Bereits aus der Zeitschrift ›Feuerkreuz‹ gehe hervor, dass die »White Knights« um Carsten Szczepanski »aus Gründen des Rassismus Tötungsdelikte begehen wollen«. In einem Rundbrief, den Fahnder fanden, rief Szczepanski seine Anhänger dazu auf, sich darauf vorzubereiten, in den Untergrund zu gehen. Waffen und Munition müssten versteckt und der Umgang damit eingeübt werden.

Etwa zur gleichen Zeit ging beim Bundeskanzleramt ein

nicht nur sprachlich kruder Brief ein, der offenbar in Hamburg abgeschickt worden war. Adressiert war er an Bundeskanzler Helmut Kohl, erwähnt wurde zudem der langjährige Außenminister Hans-Dietrich Genscher: »Hiermit wird das Todesurteil gegen Helmut Kohl und Hans Dieter (sic!) Genscher bestätigt. Die Verurteilten haben sich wegen Verletzungen des Völkerrechtes, Volksverrat, Volkseigentum und Eigentum verschleudert hat, 15 Mill. Deutsche verschachert hat. (sic!) (…) Die Todesurteile werden ausgeführt.« Unterzeichnet war der Brief mit: »Der CLAN«.

Kapitel IV
Der kriminelle V-Mann: Fall »Piatto«

In »Ollis Disco« tobt der Mob. Eine Gruppe von 18 Neonazis bedrängt Steve Erenhi, einen Lehrer aus Nigeria, der sich an diesem Abend ein bisschen amüsieren und tanzen wollte. »Den Neger mache ich platt«, kündigt einer der Angreifer an. Er nimmt Steve Erenhi in den Schwitzkasten und prügelt auf ihn ein. Die Menge johlt, während das Opfer nach draußen gezerrt wird. Der Nigerianer, der in Deutschland Asyl beantragt hat, klammert sich verzweifelt an einem Eisengitter im Vorraum fest, umringt von einer Traube rechter Täter. Wie ein Gericht später rekonstruieren wird, schwingt sich ein Mann zum Führer der Meute auf und ruft laut und rhythmisch immer wieder: »Ku-Klux-Klan! Ku-Klux-Klan!« Die Menge stimmt lauthals mit ein.

Der Antreiber ist Carsten Szczepanski – jener Neonazi, der in Königs Wusterhausen das Klanspektakel mit dem US-Kapuzenträger Dennis Mahon organisierte und in der Zeitschrift ›Feuerkreuz‹ von einer »Gesellschaft der Mörder in Weiß« geschwärmt hatte. Ein Jahr später, in der Nacht vom 8. auf den 9. Mai 1992, lebt er in der Diskothek im brandenburgischen Wendisch Rietz seinen Rassenhass aus. Jemand brüllt: »Warum hat denn niemand einen Strick? Aufhängen, das Schwein!« Zeugen, die dem Opfer helfen wollen, werden weggestoßen. Carsten Szczepanski peitscht den Mob weiter auf, ruft unermüdlich »Ku-Klux-Klan« und »White Power«.

Ein Mittäter reißt Steve Erenhi vom Gitter los, und die Neonazis schleifen das mittlerweile bewusstlose oder schwer benommene Opfer »wie ein Stück Fleisch in Richtung Ausgang«, während Szczepanski das Geschehen »jubelnd umtanzt«. So steht es im Gerichtsurteil.

Nach wiederholten Tritten gegen den Kopf und den Körper verliert der Asylbewerber endgültig das Bewusstsein. Einer der Haupttäter schleppt ihn zum nahe gelegenen Scharmützelsee, und der Rassisten-Chor verlangt weitere Grausamkeiten. Ein Skingirl fragt, ob jemand Benzin dabeihat, um »die Kohle« anzuzünden. Als der Versuch misslingt, die Jacke mit einem Feuerzeug in Brand zu setzen, folgt ein neuer Vorschlag: »Ertränken, das Schwein!« Steve Erenhi wird ans Ufer gezogen und bäuchlings ins Wasser gestoßen.

Weil Zeugen gerade noch rechtzeitig Hilfe holen, überlebt Steve Erenhi das Martyrium. Der Türsteher der Disco zieht den geschundenen und völlig entstellten Mann aus dem Wasser, ein Notarzt rettet ihm durch einen Luftröhrenschnitt das Leben. Steve Erenhi ist schwer verletzt und tief traumatisiert. Anhänger des Ku-Klux-Klan haben hemmungslos zugeschlagen – mitten in Deutschland.

◆

Die Tat fällt in die Zeit, als der Generalbundesanwalt bereits gegen Szczepanski und 33 weitere Beschuldigte ermittelt – wegen des Verdachts, eine terroristische Vereinigung gebildet zu haben. Eine Terrorzelle des Ku-Klux-Klans auf deutschem Boden? Dafür sieht die Behörde am Ende keine Belege. Anfangs hatte sie noch recht energisch die unterschiedlichen Klangruppen untersucht, irgendwann aber erlahmte der Eifer der obersten Strafverfolger in Karlsruhe. Sie hielten das Terrorverfahren nicht mehr für aussichtsreich. Einzelne Straftaten ja, aber kein organisierter Klan.

Der Mordanschlag am Scharmützelsee hätte die Bundesanwälte zu einer anderen Bewertung führen können. Sie hätten erkennen können, dass der Klan in Berlin und Brandenburg mehr war als eine fixe Idee. Der Rassistenbund bildete den Hintergrund, der die Gruppe um Carsten Szczepanski anspornte, ihren Hass auf Schwarze durch einen Mordanschlag zu beglaubigen. Doch die Bundesanwälte hielten an der Linie fest, die sie zu diesem Zeitpunkt entwickelt hatten. Sie wollten keinen Terrorprozess führen, weil sie keinen entsprechenden Hintergrund sahen oder weil sie befürchteten, damit vor Gericht zu scheitern. In einem Bericht an das Justizministerium vertraten sie den Standpunkt, das Verbrechen sei nicht wegen der Zugehörigkeit der Täter zum Ku-Klux-Klan und nicht in Erfüllung eines »Vereinszwecks« begangen worden.

◆

Vier Monate später, im Mai 1993, beendete der Generalbundesanwalt seine gesamten Ermittlungen gegen den Klan und gab das Verfahren an die lokale Staatsanwaltschaft ab. Der Vorgang ähnelt den Reaktionen von Staatsanwälten in früheren Jahrzehnten. Man nahm den Rassisten-Klub nicht ernst.

Die Behörde in Karlsruhe betrachtete die Ereignisse aus einem verengten juristischen Blickwinkel. Der deutsche Klan, den Carsten Szczepanski heraufbeschwor, besaß in der Tat (noch) keine gefestigte Organisationsstruktur und, soweit man das von außen beurteilen konnte, keine erkennbare Kommandozentrale. Es war ein im Aufbau befindliches, loses Netzwerk mehrerer Klangruppierungen mit Kontakten in die USA. Die Anhänger konnte man allgemein als Angehörige der rechten Szene beschreiben. Vermutlich wäre der Generalbundesanwalt heute schneller und konsequenter eingeschritten. Seine Befugnisse und seine Bereitschaft, bei Attacken von Rechtsextremisten die Ermittlungen an sich zu ziehen, sind in den vergangenen Jahren gestiegen, nicht zuletzt unter dem Eindruck des NSU-Terrors und der vielen Anschläge auf Asylunterkünfte in den Jahren 2015/16. Seine Behörde werde einschreiten, wenn bei Anschlägen »pogromartige« Szenen ablaufen oder wenn Schwerverletzte oder Tote zu beklagen sind, kündigte Generalbundesanwalt Peter Frank in einem 2016 geführten Interview an. Für Steve Erenhi kam diese Entschlossenheit zu spät.

Der Mordanschlag am Scharmützelsee wurde damals von den Juristen in Karlsruhe als spontane Aktion abgetan. Sie übersahen geflissentlich den Hintergrund der Tat. Das Magazin ›Feuerkreuz‹, das Szczepanski zu Beginn der Neunzigerjahre produzierte, hatte den Klan-Gedanken systematisch in die rechte Szene getragen: »Die Kapuzenmänner träumen von einer reinen arischen Nation«, schrieb er darin. An anderer Stelle propagierte seine Zeitschrift unverhohlen den Mord auch an minderjährigen Schwarzen. Diese seien keine Menschen. »Wenn ich losgehe, um Klapperschlangen zu töten, mache ich ja auch keinen Unterschied zwischen kleinen und großen Klapperschlangen.« Was muss man eigentlich noch schreiben, damit der Generalbundesanwalt eine Verabredung zum Ausüben rassistischen Terrors erkennt?

Schon in der ersten ›Feuerkreuz‹-Ausgabe hatte Carsten

Szczepanski die Adressen »von Leuten, die sich dem Erwachen des weißen Mannes entgegenstellen wollen« veröffentlicht. Leuten, die sich beispielsweise öffentlich gegen Rassismus ausgesprochen hatten. Versehen waren die Adressen mit dem Zusatz »Phantasie ist gefragt!« – ein unverhohlener Aufruf zu Besuchen. Alles nur Maulheldentum? Der tobende Mob am Scharmützelsee bewies, wie furchtbar ernst der Kreis um Szczepanski die Parolen nahm.

◆

Wenige Monate nach der Attacke am Scharmützelsee schlug in Berlin ein anderer Klanbruder zu: Am 28. August 1992 prügelte Norman Z. mit einem Baseballschläger auf zwei Obdachlose ein. Einer der beiden erlag seinen schweren Verletzungen: Günter Schwannecke ist das Opfer eines Gewaltausbruchs, der sich nicht vom Wahn des Klans trennen lässt. Gemeinsam mit Carsten Szczepanski hatte Norman Z. ein Jahr zuvor das Kreuz-Spektakel in Königs Wusterhausen inszeniert. In der abstrusen Klanhierarchie firmierte Norman Z. als *Groß-Zyklop*. Nun zog er mit einem Kumpel durch Berlin, das Blut voller Alkohol, das Herz voller Hass. Auf einem Spielplatz in Charlottenburg sahen sie vier dunkelhäutige Männer und pöbelten sie an. Die Männer konnten fliehen, aber der wohnungslose Künstler Günter Schwannecke und ein weiterer Mann, der zusammen mit ihm gegen die Pöbelei aufbegehrt hatte, saßen noch dort. Norman Z. schlug zu. Eines der Opfer konnte schwer verletzt gerettet werden. Günter Schwannecke nicht. Eine Woche nach der Tat starb er an den Folgen des Angriffs. Norman Z. wurde wegen Körperverletzung mit Todesfolge zu sechs Jahren Haft verurteilt.

[handwritten margin note: racist systems won't die]

Auch Jahre später wollte der Berliner Senat in der Tat keinen rechtsextremen Hintergrund erkennen.

◆

Für junge Neonazis im wiedervereinigten Deutschland, die wenig wussten über die Klantraditionen und den Rassismus in Amerika, schufen Leute wie Szczepanski und Norman Z. neue Vorbilder für ihren Hass. Die zweite Ausgabe ihres ›Feuerkreuz‹-Magazins schwadronierte von einer »weißen Revolution«, deren Zeit nun gekommen sei. Gemeinsam werde man die Feinde Deutschlands besiegen.

In Königs Wusterhausen hatte sich der Klan mit Kutte und Kreuz in Szene gesetzt – in »Ollis Disco« und auf einem Spielplatz in Berlin zeigten die deutschen Rassisten nun, dass sie mehr liefern wollten als eine Show, die ein bisschen Grusel und Schauder erzeugte. Sie waren bereit, nicht allein mit Worten zu kämpfen. Sie waren bereit, der Enthemmung militanter US-Kapuzenmänner zu folgen. Sie waren bereit zu töten.

Nachdem sich der Generalbundesanwalt für nicht zuständig erklärt hatte, ermittelte die lokale Staatsanwaltschaft gegen die Täter vom Scharmützelsee. Es dauerte lange, bis Carsten S. der Prozess gemacht wurde. Zwar hat ihn 1993 das Amtsgericht Berlin-Tiergarten verurteilt – jedoch nicht wegen der Geschehnisse vor »Ollis Disco«, sondern weil er einen VW-Bus der Sozialistischen Jugend »Die Falken« angezündet hatte. Wegen des Beinahe-Lynchmords an Steve Erenhi verurteilte ihn das Landgericht Frankfurt/Oder erst im Jahr 1995: acht Jahre Haft wegen versuchten Mordes. Im Urteil ließ das Gericht keinen Zweifel daran, dass die Tat direkt mit dem Ku-Klux-Klan zusammenhing. In der erhofften Tötung von Steve

Erenhi habe Szczepanski »die Verwirklichung der von ihm tief verinnerlichten Ziele des ›Ku-Klux-Klans‹« gesehen – und die Gelegenheit, »dessen Methoden exemplarisch zu vollziehen«. Er habe die Meute in einen »Tötungsrausch« hineingetrieben.

◆

Beim Mordanschlag auf den Nigerianer ist Carsten Szczepanski 21 Jahre alt. Seine Tat und die Kreuzverbrennung lassen viele Rechtsextremisten aufhorchen, sie begegnen dem jungen Mann, in dessen Berliner Wohnung die Polizei die Grundstoffe zum Bombenbau gefunden hatte, in den folgenden Jahren mit Ehrfurcht und Hochachtung. Er ist für sie eine Art Held oder Märtyrer, den die Justiz angeblich zu Unrecht oder jedenfalls zu hart bestraft habe und mit dem sie sich solidarisch zeigen wollen. Freimütig teilen Neonazis aus dem ganzen Bundesgebiet und aus dem Ausland mit ihm ihre Ideen und Informationen. Während seiner Haftzeit genießt Carsten Szczepanski den Status eines »politischen Gefangenen«, an dem der Staat im Kampf gegen die Rechten ein Exempel statuiert habe. Was die Rechten damals nicht wissen: Der Staat hatte sich mit Szczepanski verbündet.

Angeblich ging die Initiative von dem jungen Neonazi aus. Während seiner Untersuchungshaft kritzelte er ein paar Zeilen auf ein Blatt Papier und schickte sie an Brandenburgs Verfassungsschutz. Man möge ihm doch bitte die Verfassungsschutzberichte zusenden. Er bekam viel mehr: Besuch von den Beamten. Die sogenannten Beschaffer des Inlandsgeheimdiensts kamen zu Szczepanski ins Gefängnis und es entwickelte sich eine langjährige Zusammenarbeit. Er wurde Informant des Verfassungsschutzes und einer der wichtigsten, wenn nicht der wichtigste V-Mann, den die Brandenburger in den Neunzigerjahren in der Neonazi-Szene führten. V-Männer sind freie Mitarbeiter des Geheimdiensts, die auf Honorarbasis Informationen liefern. Das »V« steht offiziell für »Vertrauen«. Doch es geht um Verrat. Szczepanskis Deckname im Amt war »Piatto«, seine Nummer als Quelle 370 004.

Statt ihm zu helfen, sich aus der Szene zu lösen, schubsten die Agenten den Klananhänger weiter hinein in das rechtsextreme Milieu – ein Vorgang, der sich, wie noch zu erzählen sein wird, auch bei anderen V-Leuten ähnlich abspielte. Vielleicht wäre es dem jungen Mann unter anderen Umständen gelungen, ein neues Leben zu beginnen und sich unbelastete Freunde zu suchen. Carsten Szczepanski war in Westberlin aufgewachsen, während seiner Kindheit soll das Familienleben harmonisch gewesen sein. Bei der Post war er in die Lehre gegangen, er schaffte die mittlere Reife und einen Abschluss als Dienstleistungsfachkraft. Doch bereits als Jugendlicher mit etwa 15 Jahren hatte sich Szczepanski einer rechtsextremen Clique angeschlossen. Mit den Eltern gab es deshalb heftige Auseinandersetzungen, und bald ging er seine eigenen Wege. Er schlief mal hier, mal dort und angeblich sogar bei Minusgraden im Auto. Nach der Wende zog er schließlich von Berlin nach Brandenburg. Am rechten Oberarm ließ er sich als Tattoo ein Keltenkreuz stechen.

Wegen seiner Gesinnung durfte Szczepanski nicht mehr im öffentlichen Dienst arbeiten. Nach der Lehre war er noch zwei Jahre bei der Post beschäftigt, dann setzte man ihn 1991 vor die Tür, weil er als politisch untragbar galt. Fortan konzentrierte er sich auf Geschäfte in der rechten Szene. Musik, Magazine, Waffen – sein Name tauchte in vielen Zusammenhängen auf. Und nun würde er diese Aktivitäten sogar aus dem Gefängnis heraus fortsetzen. Der Verfassungsschutz unterstützte ihn nach Kräften darin, die alten Kontakte zu seinen Kameraden zu halten und neue zu schließen. So begann Szczepanski in der Zelle einen regen Briefwechsel. Er empfing Besuch, bekam viel Post. Obwohl er hinter Gittern saß, gelang es ihm, weiter sein Netzwerk zu knüpfen und der Behörde jede Menge Material zu liefern.

Der Verfassungsschutz setzte sich dafür ein, dass die Postkontrolle bei dem V-Mann nicht so scharf gehandhabt wurde wie bei anderen Gefangenen. Auch Telefonwünsche sollten, wie es in einem Vermerk heißt, »so unbürokratisch wie möglich behandelt werden«. Der Verfassungsschutz zog alle Register, um auf das Justizministerium und auf die Gefängnisleitung einzuwirken. Er verwies auf den angeblich »hohen Wert der Zusammenarbeit« mit der Quelle »für die Sicherheit des Landes Brandenburg und der Bundesrepublik Deutschland«.

Als im Laufe der Jahre seine Haftbedingungen gelockert wurden, konnte der V-Mann »Piatto« im offenen Vollzug und als Freigänger noch besser Anschluss zur rechten Szene halten und zu Treffen und Konzerten fahren. Der Verfassungsschutz half ihm auch hierbei nach Kräften. Die Agenten betätigten sich als Chauffeure, holten Piatto von der Justizvollzugsanstalt ab und kutschierten ihn durch die Gegend. Das Amt stattete ihn mit Geld und mindestens einem Handy aus und bezahlte das Porto für seine umfangreiche Korrespondenz mit anderen Neonazis. Insgesamt soll Carsten Szczepanski alias Piatto über die Jahre zwischen 50 000 und 80 000 D-Mark erhalten haben. Manchmal hat er seine Honorare gleich im Beisein seiner V-Mann-Führer ausgegeben, zum Beispiel für Videospiele oder für Fußball-Fanartikel von Hertha BSC Berlin – manchmal lieferte er auch Informationen über rechte Hooligans.

In der Zeit von August 1994 bis Juli 2000 schrieben die Agenten des Brandenburger Verfassungsschutzes 264 Vermerke über ihre regelmäßigen Treffen mit Piatto. In Potsdam war man stolz darauf, über einen so emsigen Informanten zu verfügen. Man bemühte sich sehr um den ehemaligen Klansmann. Man traf sich, man duzte sich, man aß zusammen in Restaurants. Speisen und Spesen für den Straftäter, alles auf Staatskosten.

◆

Der Verfassungsschutz war in Ostdeutschland erst im Aufbau, und die in kurzer Zeit stark angewachsene rechte Szene stellte die Behörden in den Neunzigerjahren vor Herausforderungen, denen diese kaum gewachsen waren. Der Beamte Gordian Meyer-Plath, der seine Karriere 1994 beim Verfassungsschutz in Brandenburg begann (später wurde er Chef des Amtes in Sachsen), schildert die Lage, die er vorfand, so: »Alles steckte noch in den Kinderschuhen: die Technik, die Vernetzung mit unseren Partnern bei der Polizei, bei den Kommunen und in der Zivilgesellschaft, die Personalausstattung und die Analysefähigkeit. Unsere Erkenntnisse waren zum größten Teil Nebenprodukte anderer Behörden.« Kurzum: Es fehlte noch an fast allem – vor allem an eigenen Zugängen zu Informationen. Carsten Szczepanski kam für die Behörde wie gerufen. Man war froh über jede Information, die man kriegen konnte – auch wenn sie aus einer trüben Quelle floss.

So wurde geflissentlich darüber hinweggesehen, dass man mit Carsten Szczepanski einen Mann angeheuert hatte, der wegen versuchten Mordes verurteilt war und dem die Richter bescheinigt hatten, dass seine »kriminelle Energie erschreckend hoch« gewesen sei. Zwar gab es zunächst durchaus Bedenken im Potsdamer Innenministerium, ob das Amt mit diesem Neonazi ins Geschäft kommen sollte. Letztlich überwog dann aber die Hoffnung, mithilfe von Piatto einen Beitrag leisten zu können, die rechte Szene zu kontrollieren und einzugrenzen.

Nach den heutigen Vorschriften dürfte der Inlandsgeheimdienst so eine Person nicht anheuern. Doch damals konnte Szczepanski auf Staatskosten weiter im braunen Sumpf waten. Man ließ ihn sogar ein Praktikum in einem Geschäft in Chemnitz machen, das von Rechtsextremisten betrieben wurde und in dem Neonazis sich mit Kleidung und Musik eindecken konnten. So gelang es dem V-Mann, bereits nach zwei Dritteln seiner Haftzeit aus dem Gefängnis entlassen zu werden. Am 15. Dezember 1999, 23 Uhr 55, ist es so weit: Der Kapuzenmann ist frei.

◆

Die Leitung der Justizvollzugsanstalt Brandenburg an der Havel hatte ihm ein sehr gutes Zeugnis ausgestellt: Er falle durch Fleiß und Zielstrebigkeit auf, in einem Fernstudium hole er sein Abitur nach. Szczepanski sei »ordentlich, pünktlich und freundlich«. Die selbständigen Ausgänge, die Szczepanski seit Januar 1998 erhalte, seien beanstandungsfrei verlaufen, und von der rechten Szene habe er sich gelöst.

In naiver Ahnungslosigkeit spricht die Strafvollstreckungskammer des Landgerichts Potsdam, die Szczepanskis Reststrafe zur Bewährung aussetzt, von einer »deutlichen Nachreifung« des Verurteilten. Sie ergebe sich aus der Tatsache, dass er sich erfolgreich fortgebildet und nun bei einer Firma eine

Festanstellung erhalten habe. Von Szczepanskis Doppelleben weiß die zuständige Richterin offenbar nichts – und auch nicht, dass die genannte Firma ein Hort des Rechtsextremismus ist, mit Verbindungen zu der ein Jahr später vom Bundesinnenminister verbotenen Neonazi-Organisation »Blood & Honour«, deren 1993 verstorbener Anführer Ian Stuart ebenfalls Klanmitglied war.

Im Brandenburger Justizministerium war man, mindestens zeitweise, zu einem anderen Ergebnis gekommen als die Strafvollstreckungskammer. Zwei Jahre vor deren Entscheidung wies man im Ministerium darauf hin, dass sich Szczepanski von seinen ehemaligen Kameraden nicht distanziert habe. Das Argument, dass er den Kontakt ja nur im Dienste des Staates aufrechterhalte, könne keine Rechtfertigung dafür sein, ihn früher aus dem Gefängnis zu entlassen. Das Wirken als Spitzel erlaube »keine günstige Sozialprognose«.

Tatsächlich konnte sich Szczepanski alias Piatto wie eh und je mit Rassisten und Nationalsozialisten umgeben, auch wenn er später sagt, durch die Zusammenarbeit mit dem Verfassungsschutz habe er mit der Szene brechen wollen. Er war dort überall »gern gesehen, jeder vertraute ihm«, berichtet einer der Verfassungsschutzbeamten, die den V-Mann betreuten. Der sogenannte V-Mann-Führer sagt, Piatto habe alles aufgesogen wie ein Schwamm und anschließend ausführlich darüber berichtet. Dank seiner Hilfe hätten etliche rechtsextremistische Konzerte aufgelöst werden können. Für die Szene sei dadurch auch ein großer finanzieller Schaden entstanden.

◆

Was Carsten Szczepanski dazu bewogen hat, für den Geheimdienst zu arbeiten, ist schwer zu ermessen. Er lebt mittlerweile unter einer neuen Identität an einem unbekannten Ort und ist für Presseanfragen nicht erreichbar. So viel steht fest: Das Geld und die Aussicht, schnell aus dem Gefängnis zu kommen, waren sicherlich starke Anreize. Später beteuerte Szczepanski, für ihn sei es ein Weg gewesen auszusteigen. Ein seltsamer Weg, der ihn zunächst immer weiter in die rechte Szene hineinführte und ihm ein Doppelleben mit Lügen und Täuschungen abverlangte. Wie bei vielen anderen V-Leuten fällt es auch bei Carsten Szczepanski alias Piatto schwer zu glauben, dass er von seiner extremen Gesinnung über Nacht abgerückt war. Die Zusammenarbeit mit der Behörde erschien ihm offenkundig vorteilhaft, und vermutlich konnte er auch nicht absehen, worauf er sich einließ. Die Agenten des Inlandsgeheimdiensts durften jedenfalls nicht darauf vertrauen, dass ihr V-Mann ihnen immer wahrheitsgemäß erzählte, was er dachte, was er wusste und was er tat.

Piattos Faible für den Ku-Klux-Klan schien in den folgenden Jahren nachzulassen. Zumindest sind keine eigenständigen Aktivitäten mehr in diese Richtung bekannt geworden, auch wenn sich der V-Mann weiterhin in Kreisen bewegte, in denen viele von einer Vorherrschaft der »weißen Rasse« träumten. Piatto schleppte nicht nur zahlreiche Szene-Zeitschriften an, er gab dem Verfassungsschutz in Brandenburg auch mehrere Hinweise auf drei untergetauchte Neonazis, die sich in Sachsen aufhielten und dort vom »Blood & Honour«-Netzwerk unterstützt wurden. Die Rede war von Überfällen und sogar von Waffen, die für das Trio beschafft werden sollten.

◆

Die Informationen waren höchst brisant: Sie betrafen Beate Zschäpe, Uwe Mundlos und Uwe Böhnhardt, die 1998 in den Untergrund gegangen waren. Sie hatten sich zunächst in Chemnitz versteckt – und sind dort von Kameraden unterstützt worden, zu denen auch Carsten Szczepanski Kontakt hatte. Wäre man seinen Hinweisen entschiedener nachgegangen, hätten die Behörden möglicherweise die Bildung des »Nationalsozialistischen Untergrunds« (NSU) und den Mord an zehn Menschen verhindern können. Vielleicht hätte Piatto auch noch mehr Hinweise über das Trio liefern können, wenn er das gewollt hätte oder wenn das Amt ihn entsprechend gelenkt hätte.

Stattdessen war die Behörde in Potsdam vor allem darüber besorgt, dass ihr V-Mann enttarnt werden und als Quelle versiegen könnte. Deshalb wurden Informationen mit den Fahndern, die das Trio suchten, nur widerwillig, unvollständig oder gar nicht geteilt. Der Verfassungsschutz agiert oft selbst wie ein Geheimbund. Und seine Mitarbeiter verstehen sich aufs Schweigen, aufs Tarnen und Täuschen. Das bewahrt sie allerdings nicht vor Fehlern. Manchmal fliegt die Tarnung auf: Im Falle von Piatto wäre dies beinahe schon im August 1998 passiert. Der V-Mann hatte Kontakt zu einer sächsischen Neonazi-Größe, dessen Telefone von der Polizei abgehört wurden. So geriet auch Piattos Handynummer ins Visier, und die war dilettantischerweise auf das Innenministerium in Potsdam angemeldet. Der Verfassungsschutz tauschte das Telefon schnell aus.

Was und mit wem Piatto zu dieser Zeit Kontakt hielt, lässt sich bisher nur in Bruchstücken rekonstruieren. Er pflegte nicht nur Bekanntschaften im Umfeld des NSU, sondern auch mit Anhängern der militanten Neonazi-Gruppe »Combat 18«, in der manche eine englische Version des Ku-Klux-Klans sahen. Die Zahl 18 steht für den ersten und den achten Buchstaben des Alphabets: A. H., die Initialen von Adolf Hitler. Zu den Anführern von »Combat 18« gehörte Wilf Browning, Spitzname: »The Beast«. Er war in Anschlagspläne mit Briefbomben verwickelt. Die Engländer verfügten über rege Kontakte zur »Aryan Nation« und weiteren rassistischen Gruppierungen in den USA, die sich oft mit dem Ku-Klux-Klan überlappen. Sogar der BND, der deutsche Auslandsgeheimdienst, vermerkte in einem internen Dossier, dass die »Combat-18«-Truppe über »gute Kontakte zum Ku-Klux-Klan in den USA« verfügte.

Carsten Szczepanski alias Piatto korrespondierte mit den Scharfmachern der Szene. In der Zeitschrift ›United Skins‹, die auf Betreiben Szczepanskis erschien, wurde sogar ein Polizistenmord, begangen durch einen Rechtsextremisten, gerechtfertigt: Als Polizist müsse man immer mit Gegenwehr durch die »Staatsfeinde« rechnen. Denn das »System« führe ja einen Krieg gegen die Rechten.

Man weiß nicht, wie weit Carsten Szczepanski noch gegangen wäre und ob er irgendwann an seine alte Klan-Begeisterung wieder angeknüpft hätte, wenn er noch länger in dieser Szene unterwegs gewesen wäre. Ein Kamerad aus dieser Zeit behauptet später, Szczepanski sei der Initiator für viele Aktionen gewesen und wäre auch in der Lage gewesen, Waffen zu besorgen. Er habe politisierend und anstachelnd auf andere eingewirkt. Szczepanski bestreitet das. Weil sie ihm die Bespitzelung übel genommen hätten, würden die früheren Kameraden heute so über ihn reden und ihn in ein schlechtes Licht stellen. Viele würden ihn heute zum Sündenbock machen wollen.

Tatsache ist, dass der V-Mann zur Jahrtausendwende als

NPD-Mann sowie als Betreiber eines Szene-Ladens in Königs Wusterhausen hervortrat. Er provozierte die Linken, indem er mit seinen Kumpanen in die Geschäftsstelle der PDS marschierte. Offenbar in Absprache mit dem Verfassungsschutz schaffte es Piatto, in den Landesvorstand der NPD zu kommen und seine Bekanntheit in der Szene durch die Organisation von Demonstrationen, Liederabenden und anderen Veranstaltungen zu vergrößern. Doch dann wurden seine Aktivitäten jäh gebremst, weil seine Spitzeltätigkeit aufflog.

Ein Zeuge hatte angegeben, Szczepanski hätte geplant, Rache an Antifa-Aktivisten für die Zerstörung seines Autos zu nehmen und deshalb einen Sprengstoffanschlag zu verüben. Das klang nicht unglaubwürdig, da bei Szczepanski ja bereits in dessen Ku-Klux-Klan-Phase vier Rohrbomben-Bausätze gefunden worden waren. Das Innenministerium in Potsdam entschied im Juni 2000, die Zusammenarbeit mit dem V-Mann lieber zu beenden. Wenige Wochen später enttarnte der ›Spiegel‹ den Spitzel. Offenbar hatte eine Quelle dem Magazin etwas gesteckt. Es berichtete auch, dass fast 50 000 D-Mark an Schmerzensgeldforderungen von Steve Erenhi, dem Klanopfer vom Scharmützelsee, noch nicht beglichen worden seien – eine Summe in ungefähr der Höhe, in der Szczepanski Honorare vom Verfassungsschutz kassiert hatte. Unverdrossen behauptet Sczepanski später, er habe seine Spitzeltätigkeit als »eine Art Wiedergutmachung« für seine Taten verstanden.

◆

Das Opfer schien in diesem Fall niemanden weiter zu kümmern, die Fürsorge des Geheimdiensts galt dem V-Mann. Weil man nach der Enttarnung eine Gefahr für Leib und Leben des

Verräters befürchtete, wurde er in ein Zeugenschutzprogramm aufgenommen. Nachdem der Fall in den Medien gelandet war, gab es ein unwürdiges Gezerre um die offene Entschädigung für Steve Erenhi – bis sich das Innenministerium in Potsdam im Oktober 2000 endlich dazu durchrang, das Schmerzensgeld zu übernehmen. Lange Zeit hatte sich dort niemand kümmern wollen, nun lenkte Innenmister Jörg Schönbohm plötzlich ein und sprach von einem »Gebot von Humanität und Anstand«. Für ihren V-Mann hat die Landesregierung in Brandenburg in jeder Hinsicht einen hohen Preis gezahlt.

Der Fall ließ sich nicht mehr unter der Decke halten. Dennoch informierten die Behörden ungern und unvollständig über den kriminellen V-Mann. Nach der Enttarnung stellte die PDS-Politikerin Petra Pau (heute Linkspartei) eine Anfrage bei der Bundesregierung und erkundigte sich nach Erkenntnissen der Bundesbehörden. Sie wollte auch wissen, ob jemals das Bundeskriminalamt (BKA) gegen Szczepanski ermittelt habe. »Nein«, lautete die kurze Antwort, und auch in weiteren Auskünften beließ es die Regierung bei wenigen Sätzen. Die Angaben waren nicht korrekt: 13 Jahre später musste das Innenministerium kleinlaut einräumen, dass das BKA sehr wohl gegen Szczepanski ermittelt hatte – in den Neunzigerjahren wegen der Ku-Klux-Klan-Umtriebe.

Nun, nach seiner Enttarnung, sollte Piatto alias Szczepanski sein Leben in Ruhe neu ordnen. In einem Neonazi-Forum schworen ehemalige Kameraden, den Verräter »unschädlich zu machen und zu ächten«. Piatto hielt sich versteckt. Im Jahr 2002 dann ein Auftritt vor vertrauter Kulisse: im Gericht. Verkleidet mit einer Perücke wird er zur Rechenschaft gezogen, weil er drei Jahre zuvor an einem Waffendeal beteiligt gewesen sein soll. Wegen Verstoßes gegen das Waffengesetz wird er zu einer Geldstrafe verurteilt. Ins Gefängnis muss er diesmal nicht. Das Landeskriminalamt, das die Betreuung übernommen hat, stellt eine positive Sozialprognose für den Ex-V-Mann. Er hat eine Familie gegründet und pflegt nach Einschätzung der Beamten keine Kontakte mehr in rechtsextreme Kreise. Die Familie sei am Wohnort gut integriert, und Szczepanski betrachte sich mittlerweile als »unpolitischen Menschen«, konstatiert das Amt.

◆

Jahrelang war es still um den früheren Klanorganisator – bis ihn nach dem Auffliegen des NSU im Jahr 2011 seine alten Hinweise auf die untergetauchten Neonazis wieder in den Fokus der Ermittler rücken. Zweimal tritt er als Zeuge im NSU-Prozess vor dem Oberlandesgericht München auf, wiederum in Maskerade. Im Dezember 2014 trägt er erneut eine Perücke, und er wirkt viel breiter und beleibter als auf alten Bildern. Hat er über die Jahre so viel zugenommen? Eher scheint es, als habe man seine Kleidung mit Füllmasse ausstaffiert, um ihm ein anderes Aussehen zu verpassen. Einen Monat später, im Januar 2015, wirkt er etwas schmaler, aber wieder sitzt eine Perücke auf dem Kopf. Der Kapuzenmann trägt einen weiten Kapuzenpulli und eine unnatürlich große Brille. Das Brandenburger Innenministerium drängte ursprünglich sogar darauf, die Öffentlichkeit von der Vernehmung im Gericht auszuschließen und Szczepanskis Stimme verfremden zu lassen. Doch da spielten die Richter nicht mit.

Der Zeuge spricht bedächtig. Früher, als Quelle, sollen die Informationen förmlich aus ihm herausgesprudelt sein. Jetzt, vor Gericht, hält er sich auffallend zurück und wirkt wenig redselig. Carsten Szczepanski ist diesmal nicht Angeklagter, und in erster Linie geht es darum, was er früher über das untergetauchte Trio und den NSU in Erfahrung gebracht hat. Seine alten Meldungen an den Verfassungsschutz also. Zschäpe, Mundlos und Böhnhardt habe er persönlich nicht gekannt, sagt er. Kontakte hätten aber bestanden zu einigen der führenden Figuren von »Blood & Honour«, eines »absoluten Hardliner-Verbands«, wie er sagt. In Berlin hängten die »Blood & Honour«-Nazis, wie Ermittler einmal feststellten, an ihrem Treffpunkt ein großes Bild vom Ku-Klux-Klan auf – man sah sich auf derselben Linie.

Eigentlich wäre der ehemalige V-Mann ein guter Zeuge, dieses radikale Milieu genau zu beschreiben. An viele Einzelheiten kann oder will sich der Zeuge Szczepanski allerdings nicht mehr erinnern. Und man kann nicht sicher sein, ob der Ex-Spitzel, der so eng mit »Blood & Honour« verbunden war, womöglich viel dichter am NSU dran war, als er heute zugibt und als er damals dem Verfassungsschutz anvertraute. Angeblich schnappte er lediglich etwas auf, das ihm sächsische Szene-Mitglieder erzählten. Doch warum weihten diese ihn überhaupt ein? Was versprachen sie sich davon? Diese Fragen konnten im Gericht nicht beantwortet werden.

Zur Sprache kommt auch seine Vergangenheit als Klansmann. Ein Anwalt, der die NSU-Opfer vertritt, erkundigt sich allgemein nach Szczepanskis Mitgliedschaft im Ku-Klux-Klan. Der Zeuge versucht, die Frage abzublocken. Das Verfahren sei damals eingestellt worden, »weil festgestellt wurde, dass es keine Organisation war«, sagt er. Die alte, streitbare Entscheidung des Generalbundesanwalts ist dem Zeugen also noch präsent. Er habe damals zum »Sympathisantenumfeld« des Klans gehört, spielt er seine Rolle herunter.

Die Ideologie des deutschen Klans habe sich nicht von der in den USA unterschieden, sagt der Zeuge. Es sei um die »Vorherrschaft der weißen Rasse« gegangen, und er habe sich sein persönliches Umfeld entsprechend ausgesucht. Der Anwalt hakt nach: »Sollten Nichtdeutsche damals vertrieben werden?« – »Der Ansicht war ich damals. Ja.« – »Sollten die Kreuzverbrennungen Angst verbreiten?« – »Das waren eigentlich keine Kreuzverbrennungen – das Kreuz wurde erleuchtet.« – »Sollte das Angst bei Nichtdeutschen verbreiten?« – »Davon kann man ausgehen, ja.«

Seine Faszination für den Ku-Klux-Klan sei relativ schnell wieder verflogen, beteuert Szczepanski. Immerhin legt er aber vor Gericht, etliche Jahre nach dem Feuer-Spektakel in Königs Wusterhausen, immer noch Wert auf eine korrekte Klansprache: Dass man ein Kreuz nicht etwa verbrenne, sondern »erleuchte«, hatte Carsten Szczepanski seinen Kameraden ja schon Anfang der Neunzigerjahre beizubringen versucht. Im zweiten Heft seines Magazins ›Feuerkreuz‹ gab es eine kleine Lektion dazu. Dort wurde auch vermerkt, dass das Ritual, ein Kreuz in Flammen zu setzen, ursprünglich aus Schottland stamme und dort als Zeichen gegen die Tyrannei verwendet worden sei.

◆

Selbst wenn es zutreffen sollte, dass bei Carsten Szczepanski die Begeisterung für den Geheimbund und seine Rituale im Laufe der Zeit nachließ: Andere Rechtsextremisten ließen den Mythos des Geheimbundes in Deutschland immer wieder aufleben. Partys mit Bier und Neonazi-Musik vor »erleuchteten« Kreuzen wurden für Teile der rechten Szene zum Kult.

Die Neonazi-Band »Landser«, die in der Szene bis heute sehr populär ist, widmete dem Ku-Klux-Klan Songs, die massenhaft verbreitet wurden, obwohl oder gerade weil die Behörden gegen die Musiker vorgingen. Ein Gericht stufte die Gruppe, die sich selbst als »Terroristen mit E-Gitarren« feierte und in Tarnanzügen auftrat, als kriminelle Vereinigung ein. Auch der V-Mann Piatto wurde von den Behörden in den Kampf gegen die Nazi-Musik eingespannt: Durch ihn erfuhr der Verfassungsschutz, dass Tausende indizierte »Landser«-CDs aus dem Ausland nach Deutschland geschleust werden sollten. Die Polizei konnte die Tonträger im Oktober 1998 beschlagnahmen. Später machte Szczepanski weitere Aussagen, die den Behörden halfen, den »Terroristen mit E-Gitarren« beizukommen.

Aus welchen Beweggründen Carsten Szczepanski zum Behördenspitzel geworden ist, lässt sich nicht mit Gewissheit sagen. Dass es in erster Linie edle Motive waren, ist wenig wahrscheinlich. Und dass sich der Staat überhaupt mit dem verurteilten Straftäter einließ, verstößt zutiefst gegen rechtsstaatliches Empfinden. Gleichwohl waren einige der Hinweise, die er als V-Mann dem Verfassungsschutz lieferte, nützlich. Sie hatten negative Folgen für die rechte Szene. Der Verräter hat für sechs Strafverfahren Angaben gemacht, die Rechtsextremisten belastet haben.

Mit seinen Angaben zur Band »Landser« schadete der ehemalige Klansmann einer Band, die auch Hymnen über den Ku-Klux-Klan produzierte. »Der Ku-Klux-Klan besteht ewiglich«, sangen die Rassisten-Rocker. In einem anderen Stück skandierten sie: »Afrika für Affen, Europa für Weiße.« Im sogenannten »Klan-Song« versuchten sie sich in Poesie: »In dem guten alten Süden brennen Kreuze in der Nacht. Und ein Reiter in weißer Robe hält auf dem Hügel Wacht. Der Mond zieht seine Bahn über'm Reich des Ku-Klux-Klan. Und die Männer in den Kapuzen schwören im Fackelschein: Lasst uns tot oder die Ersten eines weißen Südens sein.«

Andere Bands der rechten Szene ließen sich ebenfalls vom Mythos des Geheimbunds inspirieren. Mitglieder der Gruppe »Kraftschlag« sollen die spitzen, weißen Hauben des Klans getragen haben, wenn sie ihr bereits Anfang der Neunzigerjahre produziertes Lied »Klansmen« spielten: »Ein brennendes Kreuz in der rechten Hand, so säubern wir zusammen unser Vaterland. Wir sind stolz, stark, arisch und rein und absolut stolz, weiß zu sein. Wir sind Klansmen, weiße Rasse und reines Blut. Wir sind Klansmen. Watch out, black man und sei auf der Hut – Hahaha! Ein brennendes Kreuz erhellt die Nacht, White Power, weiße Macht, wir stehen um die Flammen, dann werden wir es sehen. Unsere Rasse wird niemals untergehen.«

Im Internet kursieren, auch ganz offen bei Youtube, bis heute die Songs dieser und anderer deutscher Bands, in denen die deutschen Rassisten den US-Klan zum Vorbild erheben. Die Musik wird unterlegt mit Bildern der amerikanischen Südstaatenflagge und Fotos von Aufmärschen der Kapuzenmänner. Internetnutzer hinterlassen begeisterte Kommentare: »Very best group – Sieg Heil!« Oder kurz und schrecklich: »White Power!«

Der Klan war und bleibt eine Referenz für die Rassisten des Landes. Durch ihn haben sie ihr kulturelles und ideologisches Repertoire erweitert und Anschluss an eine mächtige amerikanische Bewegung gefunden, ohne deshalb auf die eigenen Traditionslinien und die notorischen Bezüge zum Nationalsozialismus verzichten zu müssen. Viele Kapuzenmänner jenseits des Atlantiks hatten und haben ja auch kein Problem damit, den Arm zum Hitlergruß zu heben und den Holocaust zu leugnen.

Und so wundert es gar nicht, dass die Spuren des Ku-Klux-Klans auch zum NSU führen – zu den Neonazis aus Jena, über die der V-Mann Piatto, der früher selbst ein Kapuzenmann war, dem Verfassungsschutz mehrmals Meldung gemacht hatte.

Kapitel V
Feiern vor dem Feuer: Die Kreise des NSU

Die Vorladung ist knapp und förmlich: »Sehr geehrte Frau Zschäpe...« So beginnt das Schreiben, das ein Kriminalobermeister des Thüringer Landeskriminalamts am 1. August 1996 aufsetzt, ohne zu ahnen, dass die geehrte Frau Zschäpe Jahre später die Hauptangeklagte in einem der größten Terrorprozesse in der Geschichte der Bundesrepublik werden würde. Im Januar 1998 flieht sie mit ihren Neonazi-Freunden Uwe Mundlos und Uwe Böhnhardt vor der Polizei. Erst im November 2011 werden sie entdeckt – und mit ihnen der »Nationalsozialistische Untergrund« (NSU), dem zehn Morde, drei Sprengstoffanschläge und 15 Raubüberfälle zugeschrieben werden.

Damals, im Sommer 1996, ging es zunächst nur um Propaganda-Straftaten: Ermittelt wurde wegen des »Verwendens von Kennzeichen verfassungswidriger Organisationen«. Die Polizei hatte Fotos beschlagnahmt, auf denen Mitglieder der rechten Szene vor einem brennenden Kreuz posierten, Bier tranken und den rechten Arm in die Höhe streckten. Eine Party nach Art des Ku-Klux-Klans, wenngleich die Teilnehmer keine Kutten trugen.

Beate Zschäpe sollte als Zeugin aussagen. Denn sie war dabei, als ihre Kameraden ein großes Holzkreuz in Brand steckten. Auf ein paar Bildern ist sie auch selbst zu sehen, in ausgelassener Stimmung. Beamte hatten die Fotos gefunden, als sie wegen eines anderen Vorfalls Zschäpes Wohnung durchsuchten. Und nun wollten die Ermittler wissen, wer diese Leute auf den Aufnahmen waren und wann und wo die Feier vor dem Feuer stattgefunden hatte.

Wenn Polizisten versuchten, Mundlos oder Böhnhardt zu vernehmen, mühten sie sich vergeblich. Die beiden schweigen konsequent. Null Kooperation. Doch die Zeugin Beate Zschäpe redete. Während sie rauchte und einen Kaffee trank, schaute sie sich die Fotos an und identifizierte die abgebildeten Freunde und Bekannten. Sie nannte der Polizei mehrere Namen, darunter den ihres Freundes Uwe Böhnhardt und weiterer Rechtsextremisten, die später zum Umfeld oder den Unterstützern des NSU gezählt wurden.

Aus Jenas berüchtigter Neonazi-Clique waren Ralf Wohlleben, Holger G. und André K. zu sehen. Sie gehörten zur Kameradschaft in Jena, Ralf Wohlleben stieg später bis in den Landesvorstand der NPD auf. Auf einem Foto präsentierten die Rechtsextremisten den Hitlergruß beziehungsweise eine Abwandlung davon: den sogenannten Kühnengruß, bei dem Daumen, Zeige- und Mittelfinger abgespreizt werden und den Buchstaben »W« formen. W wie Widerstand.

Der Name »Kühnengruß« erinnert an den einflussreichen deutschen Neonazi Michael Kühnen, der 1991 starb. Kühnen hatte bereits einen Schulterschluss mit den amerikanischen Kapuzenmännern propagiert. In seiner Ende der Siebzigerjahre verfassten Kampfschrift »Die Zweite Revolution« bezeichnete er die Klansleute als »unsere Brüder«. Kühnen hoffte auf ein internationales Bündnis. Es sei notwendig, schrieb er, »die rassisch wertvollen und damit kampfwilligen Teile der Weltbevölkerung unter einem Zeichen zu vereinen«.

Zurück zu Zschäpe: Im Protokoll ihrer Vernehmung ließ sie

zwar die Namen ihrer Freunde stehen, strich aber den Zusatz »mit Kühnengruß«. Das Signal war klar: Die Teilnehmer der Party am Kreuz zu benennen, war okay für sie, zumal die Polizei die abgebildeten Personen vermutlich auch ohne ihre Hilfe früher oder später identifiziert hätte. Doch wirklich belasten wollte sie niemanden. Reden, doch möglichst wenig sagen – diesem unausgesprochenen Motto bleibt Zschäpe auch im NSU-Prozess treu. Dort erklärt sie, dass sie von den Morden, die Böhnhardt und Mundlos begingen, immer erst im Nachhinein erfahren habe. Angeblich habe sie die Taten missbilligt, aber nicht die Kraft gefunden, sich von ihren Freunden zu trennen.

Ob das so stimmt, mag dahingestellt sein. Was unstrittig ist: die enge Bindung, die das Trio hatte. Sie hatte sich schon vor dem Untertauchen entwickelt, damals in Jena, als sich die rechte Szene auf der Straße, in einem Jugendklub – oder vor brennenden Kreuzen versammelte. Offenbar gab es mehrere Partys im Stile des Klans. Zschäpe erwähnte damals bei der Polizei zumindest zwei: eine, die angeblich in Tschechien stattfand, und eine weitere an einem Ort, den sie nicht verraten wollte. »Das möchte ich einfach für mich behalten«, sagte sie. Beate Zschäpe war keine einfache Zeugin.

◆

Zwei Tage nach ihrer Vernehmung mietet sie in Jena eine Garage an, in der ihre Freunde in den folgenden Monaten Rohrbomben basteln, TNT lagern und jede Menge rechtsextreme Schriften deponieren. Vor Gericht, im NSU-Prozess, wird sie die Anmietung viele Jahre später als Liebesbeweis für Uwe Böhnhardt darstellen. Er habe sich zuvor von ihr getrennt, und durch die Garage habe sie ihn wieder an sich binden können. Als Beamte die Garage 1998 durchsuchten, tauchten Zschäpe, Böhnhardt und Mundlos unter. Das Trio will keine Verhöre, keine Strafe, keine Haft.

Zwei Jahre zuvor war Beate Zschäpe noch bereit, mit der Polizei zusammenzuarbeiten, heißt es in einem von ihr unterschriebenen Protokoll. Allerdings ging diese Bereitschaft nicht allzu weit. Einer der Kommissare wird später von einer »gewissen Bauernschläue« sprechen, die für die junge Frau typisch gewesen sei.

Am 20. September 1996 erschien sie erneut bei der Polizei in Jena, um ihre Aussagen zu ergänzen: Ihre Freunde und Bekannten würden regelmäßig zusammen feiern. »Oft waren wir in einem Waldgebiet bei Jena und auch in der Tschechei.« Die Fotos mit den brennenden Kreuzen seien aber nicht etwa bei rechtsradikalen Veranstaltungen aufgenommen worden, »es handelte sich um normale Feten«. Alle Teilnehmer seien ziemlich betrunken gewesen. Ein Kreuz in Flammen, davor grölende Skinheads mit gereckten Armen – für die Zeugin alles ganz normal.

Das »Nachgeäffe« des Ku-Klux-Klans, wie ein Ermittler es nennt, war für die rechte Szene in Deutschland tatsächlich nichts Ungewöhnliches mehr, sondern ein Teil der rassistischen Folklore.

Die braune Truppe aus Jena traf sich, wie Zschäpe korrekt angab, obwohl sie es ja eigentlich nicht verraten wollte, in einem Waldstück bei Jena, in der Nähe des Ortes Oßmaritz. Von dort stammen die Fotos des Kreuzes. Auf dem Gelände steht eine alte Fliegerscheune, die früher von der Hitlerjugend genutzt worden sein soll. Die Ermittler entdeckten den Flecken, als sie die Waldgebiete rund um Jena abklapperten. Auf einer Lichtung fanden sie sogar noch verkohlte Holzscheite und Reste von Feuerstellen. Mit großem Aufwand führten sie den Nachweis, dass sich die Kreuzverbrennungen hier zugetragen haben mussten und nicht etwa in Tschechien, wie mehrere Beschuldigte behauptet hatten. Die Ermittler zogen einen Biologen zurate, verglichen die Topografie und die Flora an der Fliegerscheune mit den beschlagnahmten Fotos und waren sich am Ende sicher, den Ort des Feuerspuks bestimmt zu haben. Ein Experte der Landesanstalt für Landwirtschaft erkannte auf den Bildern Waldkiefern, die in Thüringen auf Muschelkalkböden vorkommen. Der Botaniker bestimmte Weidel- und Knaulgras, Beifuß und Berufskraut.

Die Ermittler gaben sich in diesem Fall wirklich große Mühe. Um den Tatzeitraum festzulegen, bat das LKA sogar eine Mitarbeiterin des Planetariums in Jena um eine Expertise. Auf den Fotos war ein abnehmender Mond zu erkennen. In Kombination mit dem Pflanzenwuchs ließ sich der Zeitpunkt auf wenige Tage im Sommer 1995 eingrenzen.

Dank der Fotos richteten sich die Ermittlungen bald nicht mehr gegen unbekannt, sondern gegen ein gutes Dutzend Angehörige der rechten Szene. Unter ihnen nicht nur Böhnhardt, Ralf Wohlleben, Holger G. und André K., sondern auch Zschäpes Cousin sowie Frank L., der in Jena den rechten Szene-Laden »Madley« betrieb. Er versorgte die Skinheads der Region mit Klamotten und Musik – und der NSU soll in dem Laden nach der Jahrtausendwende auch eine Ceska-Pistole mit Schalldämpfer bekommen haben. Mit dieser Pistole ermordeten die Terroristen in den Jahren 2000 bis 2006 neun Migranten (den Mord an einer Polizistin im Jahr 2007 begingen sie mit anderen Waffen). Frank L. will damit natürlich nichts zu tun gehabt haben.

Die Ermittler befragten der Reihe nach die Feuerkreuz-Nazis. Einer von ihnen sagte, er sei auch schon mal nach Belgien zu einem Treffen von Kriegsveteranen gefahren, bei dem »ebenfalls der Ku-Klux-Klan« zugegen gewesen sei. Ein anderer gab unumwunden zu, dass es der Clique in Thüringen darum gegangen sei, den Klan nachzuahmen. Er datierte die Kreuzverbrennungen auf den Sommer 1995 und stützte damit die aufwendige Beweisführung der Ermittler. Andere kamen den Vorladungen nicht nach und erschienen einfach nicht bei der Polizei. Ralf Wohlleben und Holger G. äußerten sich nicht. Auch Uwe Böhnhardt verweigerte die Aussage, behauptete aber außerhalb des Protokolls, die Party vor dem Kreuz habe in Tschechien stattgefunden.

Bei Böhnhardt in der Wohnung fanden die Ermittler im Dezember 1996 unter anderem einen Schlagstock, einen Aufkleber mit abgebildeter Faust und Keltenkreuz sowie eine Liste mit Autokennzeichen. Böhnhardt und seine Kumpane hatten sich angewöhnt, die Kennzeichen der Dienstfahrzeuge von Staatsschutz-Beamten zu notieren, die auf die rechte Szene angesetzt waren – eine Art Gegenspionage. Wenige Wochen zuvor hatte die Polizei Böhnhardts Wagen kontrolliert und dabei eine Vielzahl von Waffen gefunden, zudem zwei schwarze Sturmhauben. Uwe Böhnhardt und Uwe Mundlos trugen zwar keine Klankutte, dafür aber des Öfteren eine braune Uniform mit Koppel, wie einst die SA der Nationalsozialisten. Der Weg in den Terror war früh erkennbar, doch die Ermittler in Thüringen wirkten ohnmächtig. Immer wieder mussten sie die Neonazis laufen lassen.

Auch der Feuerspuk auf der Lichtung bei Oßmaritz blieb ohne strafrechtliche Konsequenzen. Das Verfahren zog sich hin. Die Anklageschrift, die die Staatsanwaltschaft im Sommer 1997 erstellt hatte, setzte Staub an. Erst im Januar 2000, als Zschäpe, Mundlos und Böhnhardt längst untergetaucht waren, fällte das zuständige Amtsgericht in Jena seine Entscheidung: Es lehnte es ab, ein Hauptverfahren zu eröffnen. Also gab es keinen Prozess. Denn: »Das Verbrennen von Kreuzen ist nicht tatbestandsmäßig im Sinne der §§ 86, 86c StGB.« Mit anderen Worten: Eine Party nach Art des Ku-Klux-Klans sei nicht verboten.

Und der Hitlergruß? Dazu bemerkte der Richter, »nur das öffentliche Verwenden« sei strafbar. Die Tathandlung habe ja aber unter Ausschluss der Öffentlichkeit in einem Waldgebiet stattgefunden. Abgesehen von den allesamt der rechten Szene zugehörigen Teilnehmern sei niemand sonst dort gewesen. Die Logik eines Schreibtisch-Juristen. Glücklicherweise ist tatsächlich nichts »passiert«. Man möchte sich aber lieber nicht ausmalen, was hätte geschehen können, wenn jemand, womöglich ein Mensch mit einer aus Sicht der Rassisten falschen Hautfarbe, die Feier im Feuerschein gestört hätte.

◆

Die Kreuzverbrennung war ein Fanal. Sie zeigte, wie die rechte Szene den öffentlichen Raum belegen und mit ihren Symbolen in Beschlag nehmen konnte. Die deutschen Neonazis hörten brutale Songs, besorgten sich Waffen und bedienten sich im kulturellen Repertoire unverbesserlicher Rassisten und Mörder. Niemand schien sie aufhalten zu können oder aufhalten zu wollen.

Die Versammlungen an der Fliegerscheune fanden offenbar regelmäßig statt, mit oder ohne Klansymbolik. Eine Zeugin aus dem Ort bestätigt, dass sich die rechte Szene dort jeden

Sommer traf. Die jungen Leute hätten sogar Schilder aufgestellt, damit alle den Weg zu der Lichtung und zu dem alten Schuppen finden konnten. In der Nähe seien auch Schießübungen abgehalten worden.

Der Ort an der Fliegerscheune wurde übrigens auch der Schauplatz einer konspirativen Papierverbrennung: Nach dem Untertauchen des Trios brach ein Unterstützer der drei auftragsgemäß in Zschäpes kleine Wohnung in Jena ein und holte dort Ordner und Unterlagen heraus. Er verbrannte sie in der Nähe des Schuppens.

Bei genauer Betrachtung von Zschäpes Fotoalbum fällt auf, dass einige Bilder eine weitere Kreuzverbrennung zeigen. Wo sie stattfand, ist bis heute nicht geklärt. Der Verweis auf Tschechien war vielleicht doch nicht ganz falsch. Einer der im Ermittlungsverfahren befragten Szene-Mitglieder erwähnte allerdings auch ein Industriegebiet südlich der Autobahn A 4, wiederum in der Nähe von Jena. Und es gab definitiv Mitte der Neunzigerjahre und in der folgenden Zeit auch andernorts in Deutschland ein »Nachgeäffe« des Klans.

Eine Hochburg der Neonazis war und ist Sachsen. Dort – erst in Chemnitz, dann in Zwickau – suchten Zschäpe, Böhnhardt und Mundlos Zuflucht, als sie in den Untergrund gingen. Sie trafen in Sachsen auf Kameraden, die ähnlich radikal und militant waren. Einige von ihnen hatten offenbar Erfahrungen in der Geheimbündelei und im Zelebrieren des Klankults.

Zum Beispiel Matthias D., der für das untergetauchte Trio eine Wohnung in Zwickau anmietete und die drei dort regelmäßig besuchte. Angeblich, so beteuerte der Fernfahrer bei der Polizei, kannte er die drei nur unter falschen Namen und hatte keinerlei näheren Kontakt. Allerdings übernachtete er, nach seiner Aussage allein arbeitsbedingt, immer wieder in Zwickau. Es existiert ein Video aus einer Überwachungskamera, auf dem Matthias D. zu sehen ist, wie er von Beate Zschäpe herzlich begrüßt wird. Am Eingang ihrer Wohnung hatten die Untergetauchten selbst Kameras installiert – offenbar, um jederzeit im Blick zu haben, ob womöglich die Polizei anrückte. Die Aufnahme mit Matthias D. stammt mutmaßlich vom Dezember 2010, Zschäpe und er wirken vertraut. Sie benutzte seinen Nachnamen als Alias-Namen. Auch am Klingelschild der Wohnung, die er als Nebenwohnsitz angemeldet hatte, stand sein Name. Bei einer Vernehmung beteuerte er, sein Verhältnis zu den dreien habe sich auf kurze Gespräche und mal eine Tasse Kaffee beschränkt. Auch von den zahlreichen Waffen, die der NSU in der Wohnung hortete, will er nichts mitbekommen haben. Und er habe ja auch gar keine rechtsextreme Einstellung.

Allerdings zählten die Behörden ihn in den Neunzigerjahren sehr wohl zur rechten Szene in Sachsen. Der Verfassungsschutz wurde im August 1996 auf Matthias D. aufmerksam, weil er und eine Gruppe Gleichgesinnter auf einem Berg bei Johanngeorgenstadt in »Ku-Klux-Klan ähnlicher Kleidung (weiße Kapuze)« aufmarschiert sein sollen. Im Bericht des Amtes heißt es, die Gruppe habe ein cirka fünf Meter hohes Holzkreuz verbrannt. Das muss ein imposantes Feuer abgegeben haben.

Von Johanngeorgenstadt ist es nicht weit bis zur tschechischen Grenze. Vielleicht fand die Feier der Kapuzenmänner sogar auf tschechischer Seite statt, das ist nicht auszuschließen. Jedenfalls sollen damals auch die Behörden des Nachbarlandes aktiv geworden und mit dem deutschen Bundesgrenzschutz, der zu der Zeit noch existierte (bevor er in die »Bundespolizei«

überführt wurde), in Verbindung getreten sein. Den sächsischen Behörden war der Kreis der Kapuzenmänner bereits im Zusammenhang mit Brandstiftungen in der Region aufgefallen. Über Matthias D. hieß es in der amtlichen Notiz, er sei nach Angaben einer Quelle ein überzeugter Rechtsextremist und sehr gewalttätig. Das sieht er selbst offenbar nicht so.

◆

Matthias D. ist nicht der einzige Mann aus dem Erzgebirge, den die NSU-Terroristen für sich einspannten. Auch André E., der in Zwickau in regem Kontakt zum Trio stand und als besonders enger Vertrauter der drei gilt, kam ursprünglich aus Johanngeorgenstadt. Und, wenig überraschend: André E. und Matthias D. kennen sich seit Jahren. Er sei quasi mit André aufgewachsen, gab Matthias D. den NSU-Ermittlern zu Protokoll.

André E. traf die Untergetauchten, als sie sich noch in Chemnitz versteckten. Und wie später Matthias D. half er ihnen, eine Bleibe zu finden. Der gelernte Maurer unterschrieb im Mai 1999 einen Mietvertrag für eine Wohnung in der Wolgograder Allee. In den Plattenbau zog dann übergangsweise das Trio ein. Als die drei schließlich nach Zwickau wechselten, kam schon bald Matthias D. als offizieller Hauptmieter einer Wohnung ins Spiel. Im NSU-Verfahren gab er an, dass André E. ihn um diesen Dienst gebeten habe. Auch die letzte Wohnung des Trios, in der Frühlingsstraße in Zwickau, lief auf den Namen von Matthias D. Die Bundesanwaltschaft leitete ein Verfahren gegen ihn wegen Unterstützung einer terroristischen Vereinigung ein. Doch zur Anklage kam es (bisher) nicht.

Anders bei André E.: Er musste im NSU-Prozess als Angeklagter im Oberlandesgericht München Platz nehmen. Als einziger Angeklagter in diesem Mammutverfahren schwieg er beharrlich. Im Gerichtssaal erweckte er oft den Eindruck, als ginge ihn das ganze Verfahren überhaupt nichts an. Seelenruhig blätterte er in Biker-Zeitschriften und mied den Blickkontakt zu Zschäpe und den anderen. Einmal trat André E., der sich auch auf Anfrage der Autoren dieses Buches nicht äußern wollte, im Gerichtssaal auf mit einem Pullover, bedruckt mit der Parole: »Brüder schweigen – bis in den Tod«. Sie erinnert an ein Motto, das die rechte US-Terrorgruppe »The Order« vertreten hat.

Auch wenn er schweigt, auf seinem Bauch trägt André E. ein vielsagendes Tattoo: »Die Jew die«. Und in seinem Wohnzimmer entdeckten die Beamten bei einer Wohnungsdurchsuchung eine Art Schrein zum Andenken an die toten Freunde Uwe Mundlos und Uwe Böhnhardt: gezeichnete Porträts der beiden, umrankt von Runen.

Auf den Computern und Datenträgern, die bei der Durchsuchung beschlagnahmt wurden, fand die Polizei jede Menge rechtsextremes Material, darunter auch Zeichnungen, die Ku-Klux-Klan-Anhänger zeigen – und auf einer DVD 22 Fotos, die wieder einmal eine Kreuzverbrennung dokumentieren.

Auf einigen Bildern ist das präparierte Kreuz zu sehen und ein Scheiterhaufen. Auf anderen steht es bereits in Flammen. Die Qualität der Fotos ist schlecht, der genaue Ort, an dem die Aufnahmen gemacht wurden, nicht bekannt. Einiges spricht jedoch dafür, dass sie aus dem Landkreis Zwickau herrühren. Auf den ersten Fotos der Serie ist eine Anschlagtafel zu erkennen, auf der das Werbeblatt einer Fahrschule angebracht ist. Die Fahrschule liegt in Wilkau-Haßlau, südlich von Zwickau. Ein anderes Werbeblatt betrifft einen Lehrgang in einem kleinen Ort, der ebenfalls südlich von Zwickau liegt.

Die Personen auf den Fotos sind kaum zu erkennen, der Kleidung nach aber Mitglieder der rechten Szene. Einer trägt eine Kapuzenjacke mit dem Aufdruck: »Hatecore is more than music«.

◆

Ob Uwe Mundlos, Uwe Böhnhardt oder Beate Zschäpe nach ihrem Untertauchen noch an Kreuzverbrennungen teilgenommen haben, ist nicht bekannt. Gelegenheit dazu hätten sie jedenfalls gehabt. Die Fotos, die bei André E. gefunden wurden, tragen einen Zeitstempel vom 21. Dezember 2003. Sollte diese Angabe stimmen, hätte der Feuerspuk zu einem Zeitpunkt in der Nähe von Zwickau stattgefunden, als das Trio bereits seit drei Jahren in der ostsächsischen Stadt wohnte – und dort Kontakt zu André E. und dessen Familie hatte.

Ein Skinhead aus Zwickau erinnert sich, nachdem der NSU aufgeflogen ist, an eine Schulung in Rassenkunde, die Ende des Jahres 2005 in Zwickau stattgefunden haben soll. Außer André E. soll nach seiner Überzeugung auch das untergetauchte Trio daran teilgenommen haben, was allerdings bisher nicht bestätigt werden konnte. Es erscheint eigentlich wenig wahrscheinlich, dass die Terroristen ein so großes Risiko eingegangen sein sollten. Denn bei solchen Veranstaltungen musste jeder damit rechnen, dass die Polizei auftauchte oder die Behörden die Versammlung insgeheim überwachten. Wie auch immer: Das Thema »Rassenkunde« trieb die Szene weiter um.

Schon als Jugendlicher in Johanngeorgenstadt hatte sich

André E. der rechten Szene angeschlossen; dort könnte er auch gemeinsam mit Matthias D. unterwegs gewesen sein. Es wäre sogar naheliegend, dass sie sich bei Kreuzverbrennungen getroffen haben, belegt ist das allerdings nicht. Während seiner Ausbildung Ende der Neunzigerjahre soll André E. rechte Parolen in seine Berufsschulhefte gekritzelt haben. Bei der Durchsuchung seiner Wohnung entdeckte die Polizei in einem Heft auch eine Zeichnung, die einen Kapuzenmann mit Kutte und Kreuz zeigt.

Um die Jahrtausendwende gehörten André E., dessen Zwillingsbruder und weitere Rechtsextremisten der Region einem rassistischen Bund an: der »Weißen Bruderschaft Erzgebirge« (WBE). Diese Kameradschaft bestand ein oder zwei Jahre lang und soll bis zu 20 Mitglieder gehabt haben. Auch Matthias D. soll an mindestens einer WBE-Veranstaltung teilgenommen haben. Zudem weitere Unterstützer und Personen aus dem Umfeld des NSU, wie Thomas S., der gestanden hat, für Uwe Mundlos vor dessen Untertauchen TNT besorgt zu haben. Als Ermittler 2012 die Wohnung von Thomas S. durchsuchten, fanden sie dort noch eine alte Urkunde der WBE. Thomas S. war früher eine wichtige Kontaktperson für viele Mitglieder der rechten Szene. Nachdem das Trio aus Jena geflohen war, standen die drei bei ihm vor der Tür. Er war die erste Anlaufstation. Thomas S. vermittelte ihnen eine Unterkunft in Chemnitz. Spätestens dort lernten sie dann auch André E. kennen.

Die Mitglieder der WBE versuchten später, den rassistischen Hintergrund ihrer Organisation herunterzuspielen, doch das Bekenntnis der Bruderschaft war unmissverständlich: »White Pride heißt unsere Religion.« Der Stolz der Weißen, die sich um die »Reinheit der wundervollen Rasse« sorgten, wie es in einer Zeitschrift der WBE hieß. Die Postille, die als »Rundbrief« für Mitglieder angekündigt wurde und deshalb nicht unter das Presserecht fallen sollte, trug den Namen ›The Aryan Law & Order‹.

◆

Das Ariertum war und ist auch die Religion vieler Rassisten in den USA. Der amerikanische Klanführer Tom Metzger hat einmal auf die Frage einer Reporterin, wie er es denn mit dem Glauben halte, genau das geantwortet: Arier zu sein, das sei seine Religion.

Wie die US-Kapuzenmänner orientierten sich die deutschen Neonazis im Erzgebirge an den »14 Words« – einer Art Glaubenssatz aller Rassisten, der von dem Amerikaner David Lane geprägt wurde: »We must secure the existence of our people and a future for white children.«

Die Zeitschrift der Weißen Bruderschaft Erzgebirge ist zweimal erschienen, als Logo verwendeten die Mitglieder zwei gekreuzte Hämmer mit einem Adler und einer weißen Faust. Die Hämmer sind eine Anleihe an die Neonazi-Organisation »Hammerskins«. WBE-Mitglieder hatten aber auch Kontakte zu Angehörigen des »Blood & Honour«-Netzwerks, das wiederum teilweise in Konkurrenz zu den »Hammerskins« stand. In der rechten Szene bestehen zwischen verschiedenen Kameradschaften oft vielfältige personelle und organisatorische Verbindungen und Überlappungen. Vieles hängt an einzelnen Personen und daran, ob und wie diese miteinander klarkommen. Zum Glück gibt es oft Streit durch Konkurrenz, Neid, Missgunst und wechselseitige Verdächtigungen. Das schwächt die Szene.

Typisch ist, dass Neonazis ihre Ideen und ihren Fanatismus

aus unterschiedlichen Quellen wild zusammenrühren. Sie bedienen sich mal hier, mal dort – und dabei eben immer wieder auch bei der Ideologie, den Symbolen und Ritualen des Ku-Klux-Klans.

Wohl um sich rechtlich abzusichern, behaupteten die WBE-Brüder im Impressum ihres »Rundbriefs«, dieser habe einen rein informatorischen Charakter, das Heft solle weder zu Rassenhass noch zu Gewalt aufrufen. Es handle sich bei den Texten und Illustrationen ausschließlich um Satire.

Gleich auf der nächsten Seite teilte die Redaktion freilich unverhohlen mit, der Name ›The Aryan Law & Order‹ drücke die Gefühle und Wünsche, die man habe, am besten aus. Und wiederum eine Seite weiter heißt es, dieser Rundbrief möge »den wei...n Brüdern und Schwestern in der ganzen Welt die verlorene Liebe zu unserer Ra... zurückgeben«. Und: »Den STOLZ darauf we... zu sein. Denn es ist ein Privileg weiß sein zu dürfen.« An dieser Stelle hat die Redaktion die alberne Tarnung mit dem Lückentext nicht durchgehalten und »weiß« tatsächlich ausgeschrieben. Dieser Stolz, so führen die Rassisten aus dem Erzgebirge fort, werde »von vielen wei...n Menschen verdrängt.« Die Zugehörigkeit zur Rasse sei wichtiger als die Staatsangehörigkeit. Man strebe eine Zusammenarbeit mit allen Organisationen an, die das Ziel hätten, die weiße Rasse zu schützen. Man wolle als »Weiße Bruderschaft« eine Anlaufstelle sein für alle, die nicht nur zusehen möchten, »sondern auch einen Teil zu unserer Sache beitragen wollen«. Am Schluss werden die »14 Words« in großer Schrift zitiert.

Satire klingt anders.

Wie ein früheres WBE-Mitglied erzählt, wurden in der Bruderschaft nur Männer aufgenommen. Ein anderer Ehemaliger meint dagegen, auch Frauen hätten sich beteiligen können.

Nur weiße Frauen natürlich. Aber nicht nur die Hautfarbe war den weißen Brüdern wichtig. Auf die Frage des Richters im NSU-Prozess, ob Juden ein Thema in der WBE waren, antwortet einer der früheren WBE-Männer: »Ja. Alles böse. Alles muss weg.«

Für ein Bündnis mit anderen antisemitischen und rassistischen Organisationen lieferte das erste Heft der Bruderschaft, die sich als »arische« Elite verstand, auf Seite acht gleich einen möglichen Kandidaten: den Ku-Klux-Klan. Unter der Überschrift »Yesterday, Today, Forever!« werden die Geschichte und die Symbole der Kapuzenmänner beschrieben. Das Kreuz werde angezündet, um die bösen Mächte zu vertreiben, das Feuer stehe für die Reinheit der Rasse. Das Ziel des Klans, so heißt es da, sei bis heute gleich geblieben: die weiße Vorherrschaft.

Der anonyme Autor des Artikels fügt am Ende die Bemerkung hinzu, der Klan sei »eine gute Sache für unser aller Glaube, die Realisierung der 14 Words«. Denn der Klan kämpfe für die Interessen der weißen Rasse. »Auch wenn der Klan christlich ist. Ich denke, unsere Ra…e kann nur überleben, wenn sich Christen und Heiden die Hand geben und Frieden schließen.« Ein paar Seiten weiter stellt der WBE-Rundbrief »heidnische Götter« vor; berichtet wird von Thor und Odin und vom germanischen Kriegsgott Tyr. In der zweiten Ausgabe des Rundbriefs machen die Erzgebirge-Rassisten dann auch noch Werbung für die berüchtigten ›Turner Tagebücher‹ – den Roman eines Amerikaners, der in rassistischen und terroristischen Fantasien schwelgt und jenseits wie diesseits des Atlantiks von Rechtsextremisten gelesen und gefeiert wird. Eine elektronische Version des Buches wurde später auf einer Festplatte bei André E. sichergestellt.

Dieses Nebeneinander unterschiedlicher Bezüge ist keineswegs ungewöhnlich für die rechte Szene. Der Autor des Klan-Beitrags hat indirekt auch einen Grund benannt, weshalb es zwar fortlaufend Versuche gibt, den Geheimbund hierzulande zu etablieren, diese Bemühungen jedoch bei einigen deutschen Neonazis auf Vorbehalte stoßen. Denn auch wenn die christliche Religion vom Ku-Klux-Klan völlig verdreht und auf krude Weise instrumentalisiert wird, wirken die entsprechenden Anleihen auf atheistische Rechtsextremisten doch eher fremd, wenn nicht sogar befremdlich. Viele Neonazis, zumal in Ostdeutschland, sind ohne jeden kirchlichen Hintergrund aufgewachsen. Mit Jesus Christus, dem Kreuz und den Kreuzrittern verbinden sie wenig. Diese Distanz erklärt, warum die Klansymbolik zwar in der Szene immer wieder aufgegriffen, oft aber mit anderen Bezügen vermischt wird. Vor allem der Germanen-Kult ist in diesen Kreisen bis heute populär, bis hin zu Weihnachtsfeiern nach angeblich altgermanischem Brauch.

◆

Auch Zschäpes guter Bekannter André E., zu dem sie nach ihrer eigenen Darstellung als Erstes ging, nachdem sie am 4. November 2011 ihre Wohnung in Zwickau in Brand gesteckt hatte, ist offenbar vernarrt ins Germanentum. Seinen Körper bedecken mehrere Runen, die alten Schriftzeichen der vermeintlichen Vorfahren. Ein Beamter des BKA hatte die Aufgabe, die Tattoos zu entziffern. Auf einem Arm steht demnach das Wort »Stolz«. Und rund um den Bauchnabel ein Lieblingsspruch der Nationalsozialisten: »Du bist nichts, dein Volk ist alles«.

Der NSU hat in seinem Bekennervideo nicht an solche Traditionen angeknüpft, sondern ist einen anderen, scheinbar moderneren, popkulturellen Weg gegangen: Der Film kommt locker, flockig daher, indem er die Comic-Figur des rosaroten Panthers – »Paulchen Panther« – einsetzt und die ursprünglich humorvollen Reime des Erzählers der Zeichentrickserie auf die eigenen Taten münzt. Dadurch wirkt der Film besonders zynisch. Von Kapuzen, Kreuzen, Feuerspielen ist hier nichts zu sehen oder zu hören. Doch auch wenn der NSU selbst keine Klangemeinschaft war, ist auffällig, wie viele Verbindungen zu Anhängern der Kapuzenmänner bei Recherchen auftauchen. Der Rassismus, der die Szene eint, macht sie zumindest in diesem Punkt tolerant: vom Klankult, über das altgermanische Brauchtum bis zum modernen Cartoon, alles ist erlaubt. Es ist im Übrigen auch für den Ku-Klux-Klan nicht untypisch, Hass und Humor zu verbinden. Wie der britische Sozialwissenschaftler Michael Billig in einer Studie herausgearbeitet hat, bedient sich der Geheimbund auch auf seinen Internetseiten rassistischer Witze.

Schon Anfang der Neunzigerjahre haben sich die Importeure des Klans in Deutschland um eine Synthese bemüht. Die Kampfschrift ›Feuerkreuz‹ brachte die Symbole der Kapuzenmänner und der deutschen Skinheads zusammen: das Feuer- und das Keltenkreuz. Andererseits finden sich immer wieder Anleihen an die Populärkultur – zum Beispiel in einer Ausgabe des Neonazi-Magazins ›Der Weisse Wolf‹. In der Ausgabe Nummer 18 vom September 2002 erschien nicht nur ein mysteriöser Dank an den NSU, vermutlich nach Erhalt einer Geldspende durch die Terroristen. In einer Kleinanzeige stand dort, ohne dass die Behörden darauf aufmerksam wurden: »Vielen Dank an den NSU, es hat Früchte getragen ;-) Der

Kampf geht weiter...« Auf Seite 21 des Heftes behandelte dann ein offenbar lustig gemeinter Artikel diese Frage: »Schlümpfe: Arische Puppen oder harmloses Spielzeug?« Papa Schlumpf mit seiner roten Kapuze sei einem *Grand Dragon* gleichzusetzen, einem Anführer des Klans. Und die anderen Schlümpfe würden ja weiße Mützen tragen – so wie die gewöhnlichen Kapuzenmänner des Geheimbunds. In einer Folge der Zeichentrickserie laste ein Fluch auf den kleinen Gestalten: Alle Schlümpfe seien in dieser Episode plötzlich schwarz – und böse. Rassisten-Humor. Der Stil erinnert durchaus an den des NSU.

Immer wieder stößt man in der Neonazi-Szene auf dieselben Namen und Personen. Zwischen ihren unterschiedlichen Gruppen gibt es einen regen Austausch. Deshalb ist es gar nicht so überraschend, dass im Umfeld des NSU auch Mitglieder und Sympathisanten des Ku-Klux-Klans auftauchten. Ein Jugendfreund von Uwe Mundlos erinnerte sich als Zeuge im NSU-Verfahren daran, dass Mundlos den Klan selbst erwähnt habe. In welchem konkreten Zusammenhang, konnte er leider nicht mehr sagen.

In Jena, der Stadt, in der die NSU-Terroristen aufgewachsen waren, grassierte der Rassismus auch nach dem Untertauchen des Trios. Im Jahr 2002 betrieb der Soziologe Andreas Klärner Feldstudien in der dortigen rechten Szene. Ein gewaltbereiter Rechtsextremist, der sich als Akteur in einem »Rassenkrieg« betrachtete, breitete vor dem Wissenschaftler seine Gewaltfantasien aus: »ein Nigger ist für mich nur [...] ein Sklave«, ein »Gebrauchsgegenstand« – ein »Ding«, das man an die Anhängerkupplung hänge.

Der Klan und seine lange Geschichte der Militanz regt die Fantasie vieler Neonazis an und kann sie zur Gewalt und zum

Terror anstacheln. Er ist eine Macht, die immer wieder auftaucht und, Kapuze hin oder her, ihre hässliche Fratze zeigt. Auch die personellen Verbindungen, die sich dabei zeigen, sind erschreckend. In der Garage, die Beate Zschäpe angemietet hatte, fand die Polizei 1998 eine Liste mit Namen und Telefonnummern. Uwe Mundlos hatte sie erstellt. Auf dieser Liste stand auch Thomas Richter, ein bundesweit umtriebiger Neonazi, der viele Jahre lang, ohne dass Mundlos dies gewusst haben dürfte, als V-Mann für den Verfassungsschutz spioniert hat. Sein Deckname war »Corelli«. Thomas Richter alias Corelli bewegte sich in vielen Neonazigruppen – und seit Ende der Neunzigerjahre auch in deutschen Ablegern des Ku-Klux-Klans. Er selbst stammte aus Halle, aber der Hort der Kapuzenmänner, denen er sich anschloss, lag tief im Südwesten: in Schwaben.

Kapitel VI
Der Schwaben-Klan: Umtriebe in Baden-Württemberg

Ein barockes Rathaus, ein malerischer Marktplatz – Schwäbisch Hall ist ein Ort, den man seinen amerikanischen Freunden zeigt, um sie zu beeindrucken. Good old Germany. Eine »moderne Stadt mit mittelalterlichem Flair«, so wirbt der Tourismusverband. Hier in der schwäbisch-fränkischen Idylle lebte zur Jahrtausendwende Achim Schmid, ein etwas stämmiger Deutscher mit einem Faible für Amerika. Vor allem für bestimmte Seiten Amerikas. Er reiste in die USA, ließ sich vom Ku-Klux-Klan zum *Grand Dragon* ernennen und baute in Deutschland einen eigenen Geheimbund auf. In Klankreisen nannte er sich Ryan Davis. So viel Englisch musste sein. Man gab sich weltgewandt.

Die Kapuzenmänner, die Ryan Davis um sich scharte, kamen teils aus der näheren Umgebung, teils von weiter her. Ryan Davis alias Achim Schmid war kein unbeschriebenes Blatt, als er seine Klangruppe gründete. Als Jugendlicher war er Anfang der Neunzigerjahre in extreme Kreise geraten. Er wurde Skinhead, sang in schlechten Bands, tourte durch die Republik. Er trat unter dem Namen »Wolfsrudel« auf, gründete die »Höllenhunde« und »Celtic Moon«. Einer der Songs der »Höllenhunde« hetzte gegen Linke und trug den Titel »Zerschlagt die Zecken«. Ein anderer Song hieß »Pride«, und in deutscher Übersetzung findet sich darin die Zeile: »Wir

tanzen auf den Straßen für unsere stolze Rasse. Wir wollen saubere Heimatländer, weil wir stolz sind, weiß zu sein.«

Bei einem »Kameradschaftsabend« der NPD-Jugendorganisation »Junge Nationaldemokraten« (JN) soll er 1999 in Herbertingen das Publikum »mit seinen systemkritischen Balladen« begeistert haben, so die Veranstalter. Durch seine Konzerte kam der rechte Liedermacher herum im Land und knüpfte Kontakte weit über Schwaben hinaus. Wie er selbst in einem »biografischen Bericht«, den er 2016 veröffentlichte, erzählt, stimmte er bei einem Konzert auch schon mal den »Klan-Song« der Gruppe »Landser« an. Einige besoffene Skins sollen daraufhin gleich zur Tat geschritten sein. Sie sollen Holz gesammelt, ein Kreuz gebastelt und es angezündet haben.

Zeitweise war Schmid sehr aktiv in der NPD, dort wurde er, wie er schreibt, eine Art »Haus- und Hofsänger« der Jugendorganisation JN. Der baden-württembergische NSU-Untersuchungsausschuss bezeichnet ihn als »Aktivposten« der rechten Szene. Er selbst sagte 2015 in einer ARD-Dokumentation, er sei auf dem Weg gewesen, »einer der absolut führenden Köpfe zu werden«. In der dänischen Sektion der internationalen Neonazi-Organisation »Blood & Honour«, die Berührungspunkte zum Ku-Klux-Klan und zu Rechtsterroristen hatte, sei er Ehrenmitglied gewesen.

Mittlerweile hat sich Achim Schmid von dieser Szene gelöst. Er lebt jetzt in den USA, arbeitet nach eigenen Angaben als »selbstständiger Marketingmanager« und Vertriebsleiter eines »Finanzdienstleisters«. Was er früher gemacht hat, sieht er nach eigenen Angaben heute kritisch. Er distanziere sich »von jeglichem Rassismus« und vom kompletten rechten Spektrum. Er sei nun ein toleranter Mensch, er habe Freunde in »allen Hautfarben« und engagiere sich gegen Rassismus, etwa im Aktionskreis ehemaliger Extremisten in der Aussteigerorganisation »Exit«.

Er wolle eine »zweite Chance« bekommen. So schreibt es Schmid in seiner Biografie, die etliche, kaum nachprüfbare Anekdoten und Dialoge ausbreitet; das Buch lasse den Leser die Ereignisse in der rechten Szene »undifferenziert miterleben«, heißt es sehr bezeichnend auf dem Buchrücken.

In einem Interview mit den ›Stuttgarter Nachrichten‹ sprach Schmid mit Blick auf seine Vergangenheit von einer »Facette meines Lebens, die mich heute erschreckt: Dieser Mensch bin nicht mehr ich.« Wer er wirklich war und ist, lässt sich nicht leicht entwirren. Vielleicht hat Achim Schmid tatsächlich ein neues Leben angefangen, ein Leben ohne Klan und ohne Rassenhass. Auch eines ohne Lügen und ohne Märchen? Jeder Mensch kann sich ändern. Dass man bei einigen skeptischer ist als bei anderen, hängt mit der Vorgeschichte zusammen.

Vom Täuschen versteht der ehemalige Kapuzenmann etwas, so viel ist sicher. In seinem Leben hat er schon viele Rollen gespielt: als Musiker die Rolle des radikalen Barden, dann die eines soliden Country-Sängers. Im Klan, bei den »European White Knights«, mimte er den weißen Ritter, nannte sich Ryan Davis und unterschrieb mit »Reverend« – als sei er ein Pfarrer. Und auch für den Staat spielte er mehrere Jahre eine dubiose Rolle: als Spitzel, der aus der Szene plauderte, wenn man ihn dafür bezahlte. Beim Verfassungsschutz hatte Achim Schmid alias Ryan Davis noch einen weiteren Namen. Dort nannten sie ihn »Radler«.

◆

Früh war der Geheimdienst auf Achim Schmid aufmerksam geworden. Die Agenten bemühten sich um Zugänge in die rechte Szene. Aus geheimen Akten, die von den Autoren eingesehen werden konnten, geht hervor, dass der baden-württembergische Verfassungsschutz den jungen Skinhead im Jahr 1994 angeworben hat. Es war die Zeit, als sich die rechte Szene nach der Wiedervereinigung neu formierte und die Extremisten nicht nur im Osten, sondern auch in Westdeutschland Morgenluft witterten. Im Südwesten wuchs die Zahl der Skinheads, Rechtsrock-Bands fanden starken Anklang.

Anfang der Neunzigerjahre organisierte eine in Baden-Württemberg beheimatete Skinhead-Organisation, die den klantauglichen Namen »Kreuzritter für Deutschland« trug, zahlreiche Konzerte. Eines gilt unter Neonazis bis heute als legendär: Im Juli 1993 trat der britische Star der Szene, Ian Stuart, mit seiner Band »Skrewdriver« in Waiblingen auf, unweit von Stuttgart. Es war sein letztes Konzert, bevor er wenige Wochen später bei einem Autounfall ums Leben kam.

Mehrere Hundert Besucher waren nach Waiblingen gereist, um ihre Galionsfigur zu sehen und zu hören – jenen Mann, der seinen Rassismus im Song »White Power« herausschrie: »Multi-racial society is a mess. We ain't gonna take much more of this. What do we need? White Power!«

Ian Stuart hetzte unverhohlen, und seine Anhänger folgten ihm voller Bewunderung. In der musikalisch aufgeheizten Stimmung dieser Jahre wuchsen viele junge Skinheads auf, und Achim Schmid war einer von ihnen. Angeblich hat er Ian Stuart sogar mehrmals persönlich getroffen. Da er selbst Musik machte, war Achim Schmid für die Behörden besonders interessant. Zunächst wurde er Informant und schließlich formal als V-Mann verpflichtet, Deckname im Amt: »Radler«.

Im Status eines nebenberuflichen Spions sollte Schmid dem Geheimdienst in Stuttgart Informationen aus der rechten Szene stecken. Auch in der NPD tat er sich um. Mehrere Jahre war er in der Partei Mitglied, bis es zum Bruch kam.

Achim Schmid sagt, den Decknamen »Radler« kenne er nur aus den Medien. Der Geheimdienst habe ihn lediglich abgeschöpft. Seine Verbindung zum Verfassungsschutz lässt Schmid im ersten (und bis zum Redaktionsschluss dieses Buches einzigen) Teil seines angekündigten dreibändigen »biografischen Berichts« unerwähnt. V-Leute sind, sofern das Amt sie nicht davon entbindet, zur Verschwiegenheit verpflichtet – auch nach Beendigung ihrer Tätigkeit.

Achim Schmid war das jüngste von vier Kindern und im Leben noch nicht weit gekommen. Aufgewachsen war er bei einer alleinerziehenden Mutter in einem badischen Dorf, einem »konservativen ›Bauernkaff‹«, wie Schmid selbst sagt. Er hatte zunächst die Realschule, dann die Hauptschule besucht und eine Ausbildung zum Straßenbauer begonnen, jedoch nicht abgeschlossen. Später versuchte er es mit einer Metzgerlehre, doch nach einem Arbeitsunfall beendete er auch diese ohne Abschluss. Mit Sozialhilfe und Gelegenheitsjobs hielt er sich über Wasser. Er hatte Schulden, das Geld des Verfassungsschutzes konnte er offensichtlich gut gebrauchen.

Wenn Radler seinen V-Mann-Führer traf und Honorare einstrich, soll er seiner Frau gesagt haben, er gehe »einen Onkel« besuchen. Das habe sie ihm nicht geglaubt, wird sie später berichten. Auf ihre Nachfragen habe er ihr seine Tätigkeit für den Verfassungsschutz schließlich offenbart. Achim Schmid widerspricht. Er habe in Schwäbisch Hall keinen Onkel gehabt und auch nicht erfinden können.

Wie andere V-Leute, die gerne das Geld des Staates kassieren, aber keineswegs ihre extreme Gesinnung aufgeben, ließ sich Achim Schmid alias Ryan Davis alias Radler schwer steuern. Im Amt galt er als wenig zuverlässig. Angeblich informierte er den Verfassungsschutz auch nicht über seine Gründung eines neuen deutschen Klanablegers. So jedenfalls beteuern es später einhellig die Beamten und Ryan Davis selbst.

◆

Wie kann dem Geheimdienst entgangen sein, dass der Rechtsextremist längst einer anderen Klangruppe angehört hatte, bevor er seine eigene ins Leben rief? Im Raum Stuttgart/Heilbronn gab es seit etwa 1992 (bis vermutlich 2007) die »International Knights of the Ku Klux Klan« unter Führung eines US-Amerikaners, denen sich Davis nach eigenen Angaben im Jahr 1998 anschloss und die sich als bundesweite Vereinigung verstanden. Erst zwei Jahre später, im Oktober 2000, hob er mit Rückendeckung aus Amerika seinen eigenen Bund aus der Taufe: die etwa 20 Mann starken »European White Knights of the Ku-Klux-Klan« (EWK KKK). Die Mitglieder des Schwaben-Klans stammten aus der ganzen Republik, unter anderem aus Bayern, Hessen, Sachsen-Anhalt, Sachsen, Thüringen, Nordrhein-Westfalen und Mecklenburg-Vorpommern. Weitere Sektionen (*Realms*) der EWK sollen in Österreich, Schweden, Irland, Frankreich und Belgien existiert haben.

Zu Europas »weißen Rittern« stieß auch Thomas Richter – der Rechtsextremist aus Halle, der unter dem Decknamen »Corelli« für den Verfassungsschutz spionierte. So saß der

Staat, ob er wollte oder nicht, von Anfang an mit im Sattel. Wie Ryan Davis soll Corelli schon bei den »International Knights« erste Klanerfahrung gesammelt haben (wobei er dies später bestritt). Später wechselte er zu den »European White Knights«. In einer Vernehmung gab er an, er habe Achim Schmid alias Ryan Davis in einem Internet-Chat kennengelernt, der unter dem Titel »Holocaust« gelaufen sei. Mehrmals sei er dann zu ihm nach Schwäbisch Hall gefahren, wo der *Grand Dragon* in den folgenden Jahren regelmäßig seine Anhänger versammelte.

Corelli berichtete dem Bundesamt für Verfassungsschutz in Köln ausführlich von den Umtrieben des Schwaben-Klans, und auch im Landesamt in Stuttgart wurde man irgendwann hellhörig. Ein Beamter stellte Ryan Davis zur Rede. Der soll seine Klanaktivitäten zunächst abgestritten haben. Das Amt fühlte sich betrogen und belogen. So geht es aus amtlichen Vermerken und den Aussagen der Beteiligten hervor. Auf einem Vermerk fügt Helmut Rannacher, der damalige Präsident des baden-württembergischen Landesamts, hinzu: »Mir gefällt die Sache überhaupt nicht!« Er wolle sich nicht damit abfinden, vom V-Mann angelogen zu werden. Der Geheimdienst begann, an seinem V-Mann zu zweifeln, und im November 2000 wurde die Zusammenarbeit beendet.

Vor dem NSU-Untersuchungsausschuss in Stuttgart bekräftigte Rannacher später, er halte es für »unerträglich«, einen V-Mann zu beschäftigen, »bei dem wir nicht einigermaßen sicher sein können, dass er wahrheitsgemäß berichtet«. Das freilich ist das grundlegende Risiko, wenn man sich überhaupt auf solche Zuträger aus der rechten Szene einlässt.

Und wie wahrheitsgemäß berichtete eigentlich das Amt

selbst? Als sich die Polizei im September 2000 und erneut im Oktober 2001 beim Verfassungsschutz in Stuttgart erkundigte, was man dort über den Klan wusste, reagierte der Geheimdienst kühl: Es lägen keine Erkenntnisse vor. Das stimmte so nicht.

Längst hatte das Amt von den Kollegen in Köln, die durch Corelli gut informiert waren, davon erfahren, dass die Kapuzenmänner in der Region aktiv waren. Der Klan war 2001 sogar offiziell zum sogenannten »Beobachtungsobjekt« des Verfassungsschutzes erhoben worden. Doch die Quelle des Bundesamts sollte auf keinen Fall auffliegen. Es war wie so oft in der Arbeit der Nachrichtendienste: Weil strikter Quellenschutz galt, behielt man brisante Informationen lieber für sich und log, statt sie mit der Polizei zu teilen.

Dabei hatte die Polizei in Schwäbisch Hall ihrerseits schon Monate zuvor den Agenten etwas Verdächtiges gemeldet. Im März 1999 faxte sie dem Inlandsgeheimdienst einen Hinweis zum Klan. Hintergrund war eine Strafanzeige, in der ein früheres Mitglied der rechten Szene angab, er führe eine Beziehung mit einer Frau, die ein Kind von einem Türken habe. Und nun würden er und seine Familie bedroht und wegen vermeintlicher »Rassenschande« beschimpft. Der Mann nannte explizit den Ku-Klux-Klan und zitierte aus telefonischen Nachrichten, die bei ihm eingegangen seien. In einer habe es geheißen: »Der Ku-Klux-Klan macht keine Witze.« Der Zeuge sagte, er vermute, dass Achim Schmid bereits Mitglied des Klans sei, denn dieser habe die ganze Zeit davon »gelabert«. Seine Freundin habe Angst, dass irgendwann bei ihnen im Garten ein brennendes Kreuz aufgestellt werde. Den Leuten um Achim Schmid traue er »alles« zu.

Der Vorfall hätte den Geheimdienst veranlassen kön-

Mitgliedskarte von »Heimdahl« bei den *Rittern zum Feurigen Kreuz*

Mitgliedskarte der *Flaming Swords* (Name geschwärzt)

Mitgliedsantrag der *Knights of the Ku Klux Klan* in Herford

Flagge einer Klangruppe in Nordrhein-Westfalen

Klanführer Murray M. Kachel, 1981

Klangruppe von M. Kachel, fotografiert von dem
Undercover-Journalisten Gerhard Kromschröder

Titelblatt der Publikation ›Feuerkreuz‹

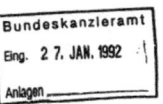

An das
Bundeskanzleramt
Bundeskanzler H.Kohl
Adenauerallee 141
5300 Bonn 1

Bundeskanzleramt
Eing. 2 7. JAN. 1992
Anlagen

Hiermit wird das Todesurteil gegen Helmut Kohl und Hans Dieter Genscher bestätigt.
Die Verurteilten haben sich wegen Verletzung des Völkerrechtes, Volksverrat, Volks-
eigentum und Eigentum verschleudert hat, 15 Mill. Deutsche verschachert hat.
In den USA wird sein Sohn vom Ku-Kux Clan gefedert und geteert.
Die Todesurteile werden ausgeführt.

Der CLAN

Brief an das Bundeskanzleramt aus dem Jahr 1992

Waldstück bei Jena, 1995:
Mit dabei sind Neonazis,
die später die Terrorgruppe
NSU gegründet oder unterstützt haben sollen

»Normale Feten«: Beate Zschäpe bei
einer Kreuzverbrennung

Titelblatt der Publikation ›The Aryan Law and Order‹

Unterschrift des Schwaben-Klan-Chefs Ryan Davis

Mitglieder des Berliner Klans um Peter B.

Der Berliner Klan bei einer Kreuzverbrennung
in Mecklenburg-Vorpommern

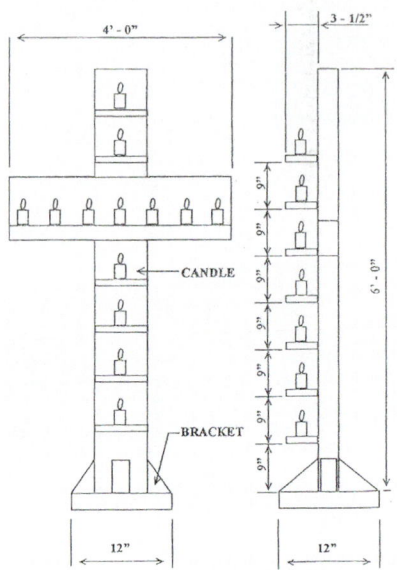

Anleitung zum Bau eines »Teelichtkreuzes«

Pegida-Kundgebung in Dresden im Dezember 2014

nen, sich näher mit dem Klan und mit Achim Schmid, dem eigenen V-Mann, auseinanderzusetzen. Doch zunächst geschah nur eines: Die Informationen wurden im Amt verschlampt.

◆

Radlers V-Mann-Führer will erst Jahre später aus der Presse von dem Hinweis der Polizei erfahren haben. Der pensionierte Beamte schien konsterniert zu sein. Offenbar hakte es bei der Weitergabe von Informationen innerhalb seiner Behörde. Dazu muss man wissen, dass im Geheimdienst die Kommunikation zwischen sogenannten Beschaffern, die den Kontakt zu V-Leuten halten, und sogenannten Auswertern, die im Amt die eingehenden Hinweise analysieren und weiterleiten, traditionell eine Problemzone ist. Die einen wissen oft nicht, was die anderen tun und wissen. Manchmal ist das eine gute Ausrede – oder eben eine schlechte.

Irgendwo sei die Information aus Schwäbisch Hall auf der Strecke hängen geblieben, sagt der frühere V-Mann-Führer. Er sei zur fraglichen Zeit auf einer Dienstreise gewesen, und auch nach seiner Rückkehr sei ihm nichts vorgelegt worden. Stattdessen landete der Hinweis auf den Ku-Klux-Klan »z. d. A.« – zu den Akten. Dort lag er dann.

Wie konnte das passieren? Sie könne sich das auch nicht erklären, sagt eine Auswerterin des Amtes vor dem Untersuchungsausschuss in Stuttgart. Eigentlich sei der Laufweg für solche Papiere ja vorgegeben. Normalerweise hätte es Besprechungen geben müssen, wie man weiter vorgehe. Das habe bedauerlicherweise nicht stattgefunden. Und: Es sei ja nur ein Fall von vielen gewesen, es gebe zahlreiche Hinweise auf alles

Mögliche, vielleicht sei irgendwo etwas untergegangen. Man müsse Prioritäten setzen und könne sich nicht um alles gleichzeitig kümmern.

◆

Im Sommer 2000 folgte eine weitere wichtige Mitteilung, diesmal offenbar von einer eigenen Quelle des Landesamts für Verfassungsschutz: In Winterbach, zwischen Stuttgart und Schwäbisch Hall, habe am 1. Juli während einer Geburtstagsparty eine Kreuzverbrennung stattgefunden. Während das Kreuz in Flammen aufging, sei dem Kampf für den Erhalt der weißen Rasse gehuldigt und allen nicht-arischen Feinden der Kampf angesagt worden. Viele hätten den Hitlergruß gezeigt.

An dem Feuerspuk sollen mehrere Mitglieder der Neonazi-Organisation »Furchtlos & Treu« beteiligt gewesen sein. Auch Achim Schmid soll an der Party teilgenommen haben. Womöglich war er sogar die Quelle, von der die Information stammte. Gab er den Tipp? Er könne sich nicht erinnern, meine jedoch »nein«, teilt er recht vage auf eine Anfrage mit.

Der Verfassungsschutz schien sich wenig darum zu kümmern, dass sein V-Mann schon seit zwei Jahren Klanmitglied war. Schmid erzählt die Geschichte seines Einstiegs in den Geheimbund so: Nach einem Grillfest der NPD habe ihn ein Bekannter in breitem Schwäbisch gefragt: »Willsch' bei de Zipfelmütze mitmache?« In der NPD hätten viele den Ku-Klux-Klan als christliche Spinnerei abgetan, aber Achim Schmid soll begeistert gewesen sein. Es habe sich »so elitär« angefühlt, zum Geheimbund zu gehören. Und die »weiße Rasse« sei ihm wichtiger gewesen als die in der NPD übliche »Deutschtümelei«.

Im Jahr 2000, noch vor der Gründung seiner eigenen Klangruppe, reiste Schmid in die USA, als Musiker eingeladen von der Neonazi-Organisation »Blood & Honour« zu einem Treffen der »Imperial Klans of America« (IKA). In Kentucky spielte er ein paar Songs auf dem Klantreffen, Holzkreuz- und Hakenkreuz-»Erleuchtung« inklusive. Noch immer ließ der deutsche Geheimdienst ihn gewähren.

Doch Achim Schmid geriet zunehmend ins Visier der Polizei. Bei einer Wohnungsdurchsuchung am 14. Dezember 2000 fand die Polizei jede Menge rechtsextreme CDs und Schriften sowie Hinweise auf den Ku-Klux-Klan. Einen Tag später wurde der Rechtsextremist wegen eines anderen Vorfalls vom Amtsgericht Ellwangen zu fünf Monaten auf Bewährung verurteilt, unter anderem wegen Volksverhetzung.

Doch der Klan existierte weiter, die Behörden warteten ab und beobachteten. Es gab ja noch einen weiteren Spitzel, der aus Sicht der Behörden zuverlässiger war als Ryan Davis. Und Davis wusste damals wohl noch nicht, dass auch Thomas Richter alias Corelli geübt darin war, ein doppeltes Spiel zu spielen. Corelli lieferte dem Bundesamt für Verfassungsschutz ausführliche Berichte, Fotos und Skizzen über die Treffen der seltsamen Ritter.

◆

Ryan Davis bemühte sich, dem Klan einen irgendwie religiösen Anstrich zu geben. In einer Burgruine in der Nähe von Schwäbisch Hall sollen er und seine Klansleute im Jahr 2002 ein Holzkreuz entzündet haben, dessen Überreste sie später in ein Lagerfeuer warfen. Davis ließ die Kapuzenmänner im Schein der Flammen beten: »Allmächtiger Herr! Wir sind deine ergebenen Diener. Wir schwören, deine Gesetze zu achten und unsere Rasse zu beschützen. Amen.« Wie die Vorbilder in Amerika ummäntelte der Schwaben-Klan seinen Rassismus mit pseudo-christlichen Ritualen und Zitaten.

Damit wollten sich die weißen Ritter von den »International Knights« absetzen, die Ryan Davis später in einem Interview der ›Stuttgarter Nachrichten‹ als »heidnisch« und »keltisch ausgerichtet« beschrieb. Die Konkurrenz habe sich oftmals nur »zum Saufen« verabredet, die Kutten der »International Knights« seien dilettantisch gewesen: »Skinheads in Bettlaken«. Bei den weißen Rittern sollte es nach seinen Vorstellungen authentischer zugehen. Und sie sollten eine echte Agenda haben.

»Sei ein Mann – komm zum Klan!«, lautete einer der Slogans, mit denen Ryan Davis neue Mitglieder warb. Bewerber, die nicht weiß seien oder die jüdische Vorfahren hätten, könnten den »European White Knights« allerdings nicht beitreten. Man sei zwar für Völkerverständigung, eine »Rassenvermischung« lehne man aber strikt ab. Und man stehe »patriotisch zu unserem jeweiligen Vaterland«. Auf einem Pamphlet ist vorne ein Foto zu sehen, das eine weiße Frau neben einem lachenden schwarzen Mann zeigt – das Bild ist dick durchgestrichen.

Corelli übermittelte dem Geheimdienst eine antisemitische Hetzrede, die ein Kapuzenmann während einer Zeremonie gehalten haben soll: Noch immer werde ihnen der Völkermord vorgeworfen, von »kleinen, gegelten Rabbinern« müsse man sich beschimpfen lassen. »Untermenschen« würden die Kultur zerstören. Und so weiter.

Rassismus, Antisemitismus, Nationalismus – für die deutschen Klansleute gehört alles zusammen. Hauptsache extrem rechts. So versuchen sie anschlussfähig zu sein für den braunen Mob, dem Gebete und weiße Roben eigentlich fremd sind.

In Baden-Württemberg hatten sich Teile dieses Mobs, ohne von den Behörden gehindert zu werden, schon zu Beginn der Neunzigerjahre bei einer Versammlung der »International Knights« getroffen. Mehr als ein Dutzend Rechtsextremisten sollen dazugehört haben. Ihr Anführer war mutmaßlich Paul E., ein US-Staatsbürger. Er hat seine Rolle im Klan später bestritten, andere Mitglieder benannten ihn jedoch als Chef der Truppe, und es wirkte ziemlich glaubhaft. An mindestens 20 Kreuzverbrennzungen soll E. beteiligt gewesen sein. Angeblich kümmerte er sich auch um die Maskierung seiner Leute: Er habe die Klankutten selbst genäht.

◆

Kapuzenmänner und lodernde Kreuze – beim Verfassungsschutz in Stuttgart schaute man lange Zeit nicht richtig hin, wirkte ahnungslos. Als die Polizei 1999 ihren Hinweis auf Klanaktivitäten schickte, notierte ein Abteilungsleiter des Landesamts: »Wenn sich der Sachverhalt bestätigt, wäre das meines Erachtens der erste Nachweis einer KKK-Gliederung im Bundesgebiet.« Offenbar kannte er weder die »International Knights« im eigenen Bundesland noch die vielfältigen Klangeschichten aus Königs Wusterhausen, Herford und anderen Orten in Deutschland.

Und offenbar war dem Beamten auch nicht bewusst, dass seine Behörde in früheren Jahren bereits mehrere interessante Hinweise erhalten hatte, die in den Tiefen des Archivs Staub ansetzten: Am 14. September 1994 hatte das Landesamt für Verfassungsschutz den Kollegen des Bundesamts mitgeteilt, dass Herr E. während einer Veranstaltung Visitenkarten des Ku-Klux-Klans verteilte. Zwei Jahre später bringt das Landesamt eine weitere Person mit dem Geheimbund in Verbindung. Der Mann habe in vergangenen Jahren regelmäßig ein Kiesgrubenfest für Skinheads veranstaltet. Bei einer dreitägigen Party zum Vatertag 1995 sei auch ein amerikanisches Klanmitglied aufgetaucht und in polizeilichen Gewahrsam genommen worden. Der Maßnahme seien Ausschreitungen und Sachbeschädigungen durch 25 bis 30 Skinheads in einer Gaststätte bei Cleebronn im Landkreis Heilbronn vorausgegangen. Es sei zudem bekannt, dass deutsche Szene-Angehörige planten, im Dezember 1995 befreundete Skinheads in Chicago zu besuchen.

In einem weiteren Schreiben des Landesamts notierte ein Agent, einer der Männer aus der rechten Szene habe im Februar 1996 eine Luftpostsendung aus Chicago erhalten. Dem Zoll war etwas aufgefallen. Der Inhalt des Pakets: Propagandamaterial sowie Aufkleber und Aufnäher des Ku-Klux-Klans. Im Jahr 1996 wandte sich außerdem der Verfassungsschutz von Mecklenburg-Vorpommern an die Kollegen in Baden-Württemberg und warnte vor einem Ableger des Ku-Klux-Klans in Stuttgart, die ein umtriebiger Neonazi aus der »Blood & Honour«-Bewegung betreibe.

Mit diesen frühen Hinweisen konfrontiert, gab sich Helmut Rannacher, der ehemalige Chef des Landesamts in Stuttgart, im Jahr 2015 ziemlich unbedarft, um nicht zu sagen ahnungslos. Es sei nur um »Einzelkontakte« gegangen, die man »nicht systematisch weiterverfolgt habe«. Erst im Jahr 2001 sei der Klan in Deutschland offiziell zu einem Beobachtungsobjekt des Verfassungsschutzes erhoben worden, zuvor habe der Geheimdienst gar nicht tiefer graben dürfen. Was Rannacher verschweigt: Hätte das Amt schon früher Alarm geschlagen, wäre es durchaus möglich gewesen, den Klan auch früher in den Status eines Beobachtungsobjekts zu stellen.

Immer wieder ist es das gleiche Phänomen: Die Behörden nehmen den Klan kaum wahr, und wenn sie ihn wahrnehmen, nehmen sie ihn nicht ernst. Völlig unverständlich ist das natürlich nicht, betrachtet man die alberne Kostümierung und die oft dilettantischen Flugschriften und Verlautbarungen der deutschen Kapuzenmänner. Nur: Immer wieder haben diese Rassisten, ob in den USA oder in Deutschland, unter Beweis gestellt, zu welchen Taten sie noch fähig sind.

Jahrelang existierten in Baden-Württemberg Hinweise auf Kontakte und Strukturen des Ku-Klux-Klans – und die Behörden kümmerte es kaum. Was die Kapuzenmänner alles anstellten, lässt sich heute nicht mehr in allen Einzelheiten rekonstruieren. Vielleicht erschöpften sich ihre Aktivitäten, wie es Zeugen später bekundeten, tatsächlich darin, Grillabende und Trinkgelage zu veranstalten und ein bisschen Grusel im Feuerschein zu erzeugen. Ein Ex-Mitglied bezeichnete die »International Knights« als »Alkoholiker- und Sozialfallclique«. Ein anderer spricht von einem »Kindergarten«. Eine Horde saufender, unreifer Rassisten mit übelsten Gewaltfantasien? Wie beruhigend.

◆

Gewiss ist, dass es schon bald mindestens zwei Klangruppen in Baden-Württemberg gab. Da waren die »International Knights« (IK KKK), deren US-Pendant in South Carolina gemeinsame Treffen mit der »American Nazi Party« abhielt. Und schließlich, nach der Abspaltung, die »European White Knights« (EWK KKK), die Ryan Davis anführte. Mit ihm wechselten mehrere IK-Mitglieder die Gruppe. Die weißen Ritter lockten durch eine Internetseite weitere Interessenten an. Ein Ehemaliger spricht von 15 bis 20 Mitgliedern, Ermittler des Landeskriminalamts (LKA) zählten später 23 Anhänger. Ryan Davis nannte im Herbst 2012 in einer Vernehmung des BKA sogar eine Zahl von bis zu 30 Personen, was übertrieben gewesen sein mag. Auf Anfrage für dieses Buch spricht er von 20 bis 25 Personen. Der Klan habe sich in vier bis sechs Ortsgruppen unterteilt, sogenannte *Klaverns*. Es soll sie in Halle, Essen, Mainz/Gießen und Ansbach gegeben haben. Corelli berichtete dem Verfassungsschutz, der Anführer habe den Klan als »Sammelbecken für enttäuschte Neonazis« bezeichnet. So jedenfalls notierte es ein Beamter in einem vertraulichen Vermerk.

Es gab nur wenige Versuche, öffentlich auf das Problem aufmerksam zu machen. Im Mai 2001 brachte der ›Spiegel‹ einen Bericht über die rechte Szene von Schwäbisch Hall. Darin ist von fünf lokalen Ku-Klux-Klan-Männern die Rede. Wenige Monate später, im Oktober, informierte das LKA den Verfassungsschutz und teilte mit, auch im Raum Nürnberg solle sich eine Gruppe des Ku-Klux-Klans gebildet haben, mit dem Namen »National Knights«. Im Wald würden die Kapuzenmänner gemeinsam mit Nürnberger Skinheads »immer wieder neonazistische Veranstaltungen« organisieren. Laut dem Hinweisgeber sei nicht auszuschließen, dass die Gruppe »mit gravierenden Straftaten in Erscheinung tritt«.

Die Agenten schickten den Hinweis weiter nach Köln und München. Dort hatte man, wie es hieß, »keine Erkenntnisse« über eine Nürnberger Gruppe. Ohnehin sei das Interesse der übergeordneten Dienststellen dürftig gewesen, sagt ein Staatsschutz-Beamter aus Schwäbisch Hall.

Bis heute ist unklar, was dran war an den Hinweisen auf Nürnberg, die jemand vertraulich der Polizei gesteckt hatte. Und auch, wer der Tippgeber war. Eines jedoch entdeckten die Autoren in geheimen Akten, die sie einsehen konnten: Der Spitzel Corelli berichtete dem Verfassungsschutz im Frühjahr 2002 ebenfalls von einem »eigenständigen« Geheimbund im »Raum Nürnberg«. Im Bericht des Amtes ist die Rede von einem »NS-Klan«, der auch Kontakte nach Schwäbisch Hall gehabt habe. Und schon im Oktober 1999 soll, wie der Verfassungsschutz notierte, ein wichtiger fränkischer Neonazi bei einer Grillfeier in einer Klankutte aufgetreten sein.

Ausgerechnet Franken, ausgerechnet Nürnberg: Dort wurden drei der zehn NSU-Morde verübt. Die untergetauchten Terroristen aus Thüringen hatten verschiedene Bezüge nach Franken. Ein Kontakt zwischen ihnen und einem mutmaßlichen Nürnberger Klan oder auch zu Ryan Davis und dessen weißen Rittern in Baden-Württemberg ließ sich bisher aber nicht nachweisen. Allerdings gab es seltsame Querverbindungen. Doch dazu später.

◆

Der Geheimbund in Baden-Württemberg folgte obskuren Regeln und Ritualen. Wie die »International Knights« legten auch die »European White Knights« Wert auf eine bis in Details festgelegte Hierarchie mit verschiedenen Rängen und Ämtern. Außer dem *Grand Dragon* gab es zum Beispiel den Rang eines *Grand Nighthawk*. Das war eine Art Sicherheitsoffizier. Sein Markenzeichen: eine schwarze Robe. Bei den weißen Rittern durfte Steffen B. sie tragen, ein Tätowierer, der mit Ryan Davis befreundet war. Auf die Frage, warum sie den

Geheimbund gegründet hätten, antwortet B. im Jahr 2015 lapidar: »Man war halt jung.«

Mehrere Kapuzenmänner, darunter Corelli, hatten die Funktion eines *Kleagle*. So werden im Ku-Klux-Klan die Anwerber genannt, die sich darum kümmern sollen, neue Mitglieder zu rekrutieren. Corelli berichtete dem Verfassungsschutz, Ryan Davis habe von jedem Neuen verlangt, dass er jedes Jahr ein weiteres Mitglied aus seinem Wohnumfeld werbe.

Organisatorische Fragen waren in einem »Blauen Buch« geregelt. Daneben gab es noch das »Weiße Buch«, den sogenannten *Kloran* – eine Art Bibel, Gesetz- und Handbuch des Klans, das die Rituale beschreibt und das auch in den amerikanischen Geheimbünden verbreitet ist.

Als *Grand Dragon* gerierte sich Ryan Davis als großer Zampano, dem die anderen zu gehorchen hatten. »Nennt mich Gott!«, soll er gesagt haben. So erinnert sich zumindest seine Ex-Frau, die generell wenig Erbauliches über diese Phase ihres Lebens zu berichten weiß. Zeitweise lebte sie in einem Frauenhaus.

Auch sie gehörte dem Klan an und bekleidete darin das Amt einer Schriftführerin, auch wenn am Ende der *Grand Dragon* höchstpersönlich alles aufgeschrieben und geregelt haben soll. Dem Untersuchungsausschuss in Stuttgart hat die Frau erzählt, wie sie in den Geheimbund aufgenommen wurde: Ihr und anderen Anwärtern seien die Augen verbunden worden. Als die Binden abgenommen wurden, hätten die Mitglieder in Kutten und Fackeln um sie herum gestanden. An den Fackeln habe sie sich mal die Hand angesengt. Dann wurde ein Blutschwur geleistet: Mit einem blutigen Daumenabdruck habe sie ihren Mitgliedsantrag unterschreiben müssen.

Im Laufe der Zeit soll Ryan Davis immer sonderbarer geworden sein. Er habe einen »christlichen Wahn« entwickelt und überall in der Wohnung Kruzifixe platziert, sagt seine Ex-Frau. Eines der Kinder habe sehr unter dem Zinnober gelitten und wegen Angst vor Geistern psychologisch behandelt werden müssen.

Hört man den abgeklärt und gewieft wirkenden Achim Schmid heute, kann man sich kaum vorstellen, dass er sich damals so in seine Rolle als Klanritter hineinsteigern konnte. Aber vieles hört oder sieht man einem Menschen nicht unbedingt an.

Bei einer Vernehmung durch das BKA beteuerte Achim Schmid, innerhalb der Klangruppe sei es wegen seiner eigenen, angeblich »weichgespülten« politischen Ansichten zu Unstimmigkeiten gekommen. Andere Mitglieder hätten eine härtere politische Linie vertreten. In einem Pamphlet grenzte sich Ryan Davis tatsächlich von der Skinhead-Kultur ab und betonte, man habe in Deutschland ein »relativ gutes Grundgesetz«, das man nicht abzuschaffen brauche. Der Klan sei keine politische Partei, sondern eine religiöse Vereinigung. In seinem »biografischen Bericht« schreibt Achim Schmid, er sei damals, als er seine Klangruppe führte, überzeugt gewesen, dem braunen Sumpf entkommen zu sein. »Doch in Wirklichkeit hatte ich die Pest gegen die Cholera eingetauscht.« Den Ausstieg aus der rassistischen Gedankenwelt habe er zu dem Zeitpunkt noch nicht geschafft.

Es sei ein längerer Prozess gewesen. Er habe sich, so Schmid in einem Interview, »in sehr intensive Geschichts- und Bibelrecherchen vertieft, um einen ›christlichen‹ Ku-Klux-Klan in einem Land zu rechtfertigen, in dem die extreme Rechte das Christentum eigentlich zum Feindbild hat«. Es klingt fast so, als hätte er ein Gelehrter werden wollen. Das aber war dieser obskure Prediger ganz gewiss nicht.

In wirren Abhandlungen wurden Übereinstimmungen gesucht zwischen dem christlichen Monotheismus und dem germanischen Polytheismus. Als verbindende Klammer blieb stets der Rassismus. Man verstand sich als »patriotische weiße brüderliche Geheimorganisation«. Wer nicht »weiß« war, sollte gemieden werden. Mit denen müsse man nicht verkehren, »niemand kann uns dazu zwingen«.

Einige Treffen des Klans fanden bei Ryan Davis zu Hause statt. Manchmal soll er das Wohnzimmer oder den Keller abgedunkelt haben, und die Mitglieder liefen angeblich im Schein von Teelichtern in ihren Kapuzen herum. Bei anderer Gelegenheit inszenierte der Geheimbund seine Zeremonien vor einer etwas beeindruckenderen Kulisse. Dann bestellte Ryan Davis die weißen Ritter zu einer Burgruine. Dort, auf der Geyersburg oder der Limpurg (manche sagen, an beiden Orten), sollen sie große Kreuze abgefackelt haben. Die Ex-Frau des *Grand Dragon* schildert, wie ihr Mann ein »Riesenkreuz« zusammennagelte, es mit Jutesäcken umwickelte und mit Benzin übergoss, bevor er es anzündete. In ihren Kutten hätten sich die Klansleute um das Kreuz versammelt, und der Anführer habe eine Ansprache gehalten. Nach Angaben seiner Ex-Frau spannte Achim Schmid auch seine Mutter ein – sie soll die Kutten genäht haben. Er sagt, die Mutter habe Stoffe vorbereitet, ohne zu wissen, worum es ging. Ein anderer Zeuge glaubt, die Kutten habe man in den USA bestellt, für etwa 100 Mark das Stück.

◆

Ob sich das Treiben des Klans darin erschöpfte, sich zu verkleiden und rassistische Reden zu schwingen, ist nicht klar. Angeblich hatte man sich vorgenommen, Drogendealer und Kinderschänder auszukundschaften und sie der Polizei oder der Presse zu melden. In die Tat wurde dieser Plan offenbar nicht umgesetzt.

Und der leidenschaftliche Rassismus? Genügte es dem Schwaben-Klan, intern Hetzreden zu halten und über alle Nicht-Weißen herzuziehen? Verabredungen zu Straftaten habe es nicht gegeben, beteuern ehemalige Mitglieder. Für Achim Schmid wäre das auch sehr riskant gewesen, immerhin hatte er noch eine Bewährungsstrafe zu verbüßen und hätte schnell im Gefängnis landen können. Und angeblich war er, entgegen den drastischen Texten seiner alten Songs, auf keinen Fall auf Gewalt aus. Die habe sein Klan abgelehnt, sagt er. Das kann man glauben oder auch nicht.

Helmut Rannacher will es offenbar glauben. Vor dem Untersuchungsausschuss in Stuttgart hat der damalige Präsident des baden-württembergischen Landesamts sich darüber beklagt, die Menschen hätten stets die martialischen Bilder amerikanischer Klans im Kopf. Das, was sich in Schwäbisch Hall abgespielt habe, könne er damit überhaupt nicht in Einklang bringen. »Das waren zumeist Saufabende.« Das Abfackeln eines Kreuzes sei »eine klägliche Geschichte« gewesen. Er wolle das Ganze ja nicht kleinreden, sagte Rannacher – und tat es doch.

Sicherlich: Man darf sich den Schwaben-Klan nicht als eine paramilitärische, professionelle Truppe vorstellen. Doch naiv wäre es, würde man diese Leute für harmlos halten. Der Aufzug der deutschen Kapuzenmänner mag lachhaft wirken. Aber was heißt das schon? Schnell kann in solchen Gruppen eine Dynamik entstehen, die ihre Mitglieder dazu bringt, ihren Kreuzzug nicht mehr nur verbal oder in der Fantasie zu führen.

Im Frühjahr 2000 soll Achim Schmid, der in diesem Jahr angeblich seinen Bruch mit der Szene begonnen haben will, wegen Waffenbesitzes in den Niederlanden kurzfristig festgenommen worden sein. Darüber soll er sich anschließend mehrmals im Chat mit Thomas Richter ausgetauscht haben. So steht es in einem vertraulichen Ermittlungsbericht über die Tätigkeit des Spitzels Corelli. In einem Blog-Beitrag entgegnet Schmid, es dürfe nicht schwer festzustellen sein, »dass ich in den Niederlanden nicht in U-Haft wegen einer Waffensache oder anderen Straftat gesessen habe«. Von Untersuchungshaft war freilich auch keine Rede. Und bedeutet das Dementi wirklich, dass es nie Ärger wegen Waffen gab? Auf Anfrage für dieses Buch teilt Achim Schmid mit, die Geschichte mit den Waffen sei »als Ente«, also als Falschmeldung, in Umlauf gebracht worden, um eine Ausrede dafür zu haben, dass er ein wichtiges Treffen ausfallen ließ. Es klingt als Erklärung alles andere als seriös.

Waffen beim Klan? Abwegig ist das nicht, in den US-Klans gehören Pistolen und Gewehre vielerorts zur Grundausstattung. Dass es in dem schwäbischen Ableger auch so gewesen sein könnte, dafür fehlen bislang die Beweise. Seltsame Funde und Indizien aber gibt es. Im Herbst 2015 geht beispielsweise in der Redaktion der ›Stuttgarter Nachrichten‹ ein anonymer, auf kariertem Papier verfasster Brief ein mit Hinweisen auf den Ku-Klux-Klan, einer Skizze und einer Ortsbeschreibung: An der Plochinger Bühleiche, einem imposanten, jahrhundertealten Baum sollte etwas versteckt sein. Und in der Tat: Dort fand man zahlreiche Patronen des Kalibers 9 mm – etwa

160 Schuss. Patronen dieses Kalibers werden aus Maschinenpistolen verschossen.

Die Munition steckte in einem mit Klebeband verschnürten Paket mit der Aufschrift »KKK«. War es ein Versteck des Ku-Klux-Klans? Oder wollte sich jemand einen Scherz erlauben oder bewusst eine falsche Spur legen? Seit in Baden-Württemberg öffentlich über den Klan diskutiert wird, ruft das auch Spinner und Verschwörungstheoretiker aller Art auf den Plan. Bis heute ist unklar, wer und was hinter dem seltsamen Munitionsfund steckt. Im Frühjahr 2016 wurden in der Nähe der Bühleiche weitere Patronen entdeckt. Diesmal lagen sie – etwa 250 Stück – verstreut in der Gegend herum, und die Polizei fand später noch weitere. Ebenso ein Spaziergänger, der etwas abseits der Bühleiche auf rund 1000 Patronen stößt. Das Landeskriminalamt übernahm die Ermittlungen und stellte sie bald wieder ein. Ohne Ergebnis.

Man durfte den Schwaben-Klan nicht überschätzen, ihn zu unterschätzen wäre jedoch genauso falsch gewesen. Der Geheimbund im Südwesten war unheimlich, mochte er auf den ersten Blick auch wie ein kruder Karnevalsverein erscheinen. Die Gefährlichkeit der deutschen Klanableger liegt gerade darin, dass man sie nicht für real hält und nicht für voll nimmt. Die Ex-Frau von Ryan Davis sagt, sie habe mit niemandem in der Familie oder der Nachbarschaft darüber reden können, weil sie sonst alle für verrückt gehalten hätten. So sei auch die Reaktion ihrer Anwältin gewesen, als sie sich von ihrem Mann trennte und sie der Juristin vom Klan erzählte. Die Anwältin habe sie angeschaut, als wäre sie im falschen Film.

◆

Das Treiben der Klangruppen wirkt in der Tat oft surreal. Corelli lieferte dem Verfassungsschutz im Frühjahr 2002 die Beschreibung einer Klanzeremonie, die wenig stimmungsvoll war: Zunächst traf man sich an einer Raststätte in der Nähe von Darmstadt. Dann fuhr man gemeinsam in ein Waldgebiet und lief zu einer abgelegenen Hütte. Sie wurde mit Klansymbolen und zwei Deutschland-Fahnen »geschmückt«. Unter den Kuttenträgern soll schlechte Laune geherrscht haben, weil man den Weg zur Hütte mühsam suchen musste. Das Areal sei »sehr schlammig« gewesen, »alle Teilnehmer verdreckten sich ihre Kleidung«. Die gesellige Runde im Anschluss sei ebenfalls misslungen, denn das ausgesuchte Lokal hatte bereits geschlossen. Daraufhin habe die Klangemeinde schnöde in der Autobahn-Raststätte essen müssen.

Der Spuk geht anschließend noch ein paar Monate weiter, dann ist endlich Schluss – zumindest mit diesem Zweig des Schwaben-Klans. Ryan Davis hatte seine Gruppe nicht mehr im Griff. Die Mitglieder stritten um den Kurs und um Geld. Vorwürfe machten die Runde, der Anführer habe Mittel veruntreut. Er bestreitet das. Doch die Ritter rebellierten, und auf die Rebellion folgte der Sturz: Ende des Jahres 2002 gab Ryan Davis auf. Damals meldete Corelli dem Amt, der Anführer sei aus dem Geheimbund ausgeschlossen worden. Ryan Davis stellt den Ablauf etwas anders dar. Die Auflösung sei stufenweise erfolgt, es sei einiges zusammengekommen: die Beobachtung durch den Verfassungsschutz, interne Streitigkeiten und familiäre Probleme. Er habe schließlich den Rang des *Grand Dragon* abgelegt und einen Nachfolger ernannt.

Wie dem auch sei, die Tage der Gruppe waren gezählt, ihre Strukturen lösten sich allmählich auf. Im Frühjahr 2003 soll es noch ein paar Treffen gegeben haben, aber Ende des Jahres lagen die weißen Ritter am Boden. Ihr Niedergang hatte auch damit zu tun, dass sich die Behörden nach einer Zeit des Zauderns und Zuschauens doch noch genötigt sahen, etwas zu unternehmen und einen größeren Skandal zu verhindern.

Im November 2003 bemerkten die Behörden, dass die Internetseite der »European White Knights« unter ihrer ursprünglichen Adresse nicht mehr existierte. Stattdessen fand man eine neue Homepage, die ein Mann im Ort Petal im US-Bundesstaat Mississippi eingerichtet hatte. Auf Drängen der Behörden löschte der Domain-Betreiber diese Seite. Der Ort Petal gilt als eine von vielen Hochburgen der Kapuzenmänner, denn dort hatte Jimmie Maxey residiert, der *Imperial Wizard* eines Südstaaten-Klans. Ryan Davis war von ihm einst »autorisiert« worden, heißt es stolz in einem Pamphlet der »White Knights«. Als die Klanbrüder in Amerika allerdings nicht nur einfache Kreuze, sondern auch Hakenkreuze erleuchteten, soll Davis davon nicht begeistert gewesen sein. Er fürchtete, so jedenfalls berichtete es der V-Mann Corelli, Probleme für den deutschen Klan, der sich ja mit seinen Verbindungen in die USA brüstete. Hierzulande sind die Gesetze schärfer.

In den USA stellen viele Neonazis und Rassisten ihre Gesinnung offen zur Schau. Im Jahr 2002 fand in Petal eine Klan-Gedenkfeier statt, bei der ein preisgekrönter Fotojournalist Bilder machte. Auf einem Foto ist ein kleiner Junge zu sehen, wie er eine Puppe betrachtet. Die Puppe ist schwarz und an einem Baum aufgehängt.

◆

Aus dem Ende seines Geheimbunds machte Ryan Davis noch ein kleines Geschäft. Der Verfassungsschutz nutzte die Gelegenheit, den drei Jahre zuvor abgeschalteten V-Mann erneut anzusprechen und abzuschöpfen. Gegen ein Honorar, das sich Landes- und Bundesamt teilten, erzählte er den Beamten bereitwillig, was es mit den weißen Rittern auf sich hatte. Angeblich habe man sich zum Beispiel mal in einer Berghütte getroffen, an einem 20. April, Hitlers Geburtstag. Später wird Achim Schmid behaupten, er sei selbst gar nicht dabei gewesen, und es sei auch kein Klantreffen gewesen, sondern ein Treffen von Polizeibeamten – was den Vorfall allerdings noch brisanter machen würde. Denn der Verfassungsschutz notierte, die Hütte sei eigens dekoriert worden, mit Fahnen und Hitler-Büste. Der Rassist hat es gern gemütlich.

Und übrigens auch die Rassistin. Bei den »European White Knights« durften Frauen mitmachen, sie trugen eigene Abzeichen. Eine Hausfrau aus Zwickau, die sich in der DDR für Frieden und Menschenrechte engagiert haben will und mittlerweile in Nordrhein-Westfalen wohnte, stellte einen Mitgliedsantrag mit der Begründung, sie wolle »gemeinsam mit religiösen und rassisch bewussten Menschen für die Werte unserer weißen Rasse« eintreten.

Auch ein späterer NPD-Funktionär aus Sachsen-Anhalt war Mitglied im Schwaben-Klan. Und aus Eisenach stieß ein Neonazi dazu, der beste Kontakte zu »Blood & Honour« hatte, dem rechten Netzwerk, das der »Skrewdriver«-Sänger Ian Stuart aufgebaut hatte und das im Jahr 2000 von Bundesinnenminister Otto Schily in Deutschland verboten wurde. Als die NSU-Terroristen 1998 in den Untergrund gingen, wurden sie von sächsischen »Blood & Honour«-Leuten unterstützt.

Es war eine erschreckend illustre Schar, die sich in Schwäbisch Hall gebildet hatte und nun wieder auflöste. Der Klan um Ryan Davis hatte nicht nur spinnerhafte Okkultisten angezogen, sondern einschlägige Neonazis – und sogar Beamte. Die Rassisten rekrutierten ihre weiße Ritterschaft auch unter den Wächtern des Staates: nämlich ausgerechnet unter Polizisten.

Nach seiner Absetzung als Klanchef erzählte Ryan Davis dem Geheimdienst freimütig, es hätte in den Reihen der Polizei genügend Kandidaten gegeben. In Stuttgart seien es zehn bis zwanzig Beamte gewesen, »deren verbindendes Element ein klar rechtsextremistisches Weltbild war«.

Kapitel VII
Die Verirrten? Polizisten im Klub der Rassisten

Der junge Polizeimeister schlug einen seltsamen Weg ein. Ein Trampelpfad führte ihn zu einer alten Burg in der Nähe von Schwäbisch Hall. Auf einer Lichtung am Fuße der Ruine musste der Beamte warten, bis man ihn abholte. Nach einer Weile kam jemand und verband ihm die Augen. Sie gingen ein Stück und erreichten über eine Treppe einen Gewölbekeller, in dem der Polizist die Binde abnehmen durfte. Kerzen brannten, ein Holzkreuz war aufgestellt. Hier leistete der Beamte einen Schwur – nicht auf die Verfassung der Bundesrepublik Deutschland, sondern auf den Wahn des Ku-Klux-Klans.

Mit einer Rasierklinge stach sich der Polizist aus Böblingen in den Finger und drückte einen Tropfen Blut auf die schriftliche Fassung des Schwurs. Anschließend kniete er sich auf den Boden. Mit einem »Ritterschlag«, für den die Kapuzenmänner ein stumpfes Deko-Schwert verwendet haben sollen, ging das Aufnahmeritual zu Ende. Zu Zwecken der Konspiration wurde der junge Ritter auf den Namen »Brian« getauft. Die »European White Knights« (EWK) um ihren Anführer Ryan Davis hatten ein neues Mitglied gewonnen: einen Mann aus dem Staatsdienst. Brian, der Polizist.

◆

Der Beamte, der kurz nach Weihnachten des Jahres 2001 dem Klan beitrat und die Zeremonie später in Vernehmungen beschrieb, beteuert heute, er bereue seine Klanmitgliedschaft zutiefst. Er schäme sich sogar dafür. Eine rassistische oder rechtsradikale Gesinnung habe er nie gehabt. Bereits im Frühjahr 2002 sei er aus dem Geheimbund wieder ausgeschieden. Er habe sich einfach nicht mehr dort gemeldet. Ein Untersuchungsbericht des Landeskriminalamts (LKA) in Stuttgart geht allerdings davon aus, dass Brian bis zum Spätsommer 2002 Mitglied im Klan gewesen sein könnte. Dies entspricht auch den Angaben des Klanführers Ryan Davis.

Zehn Jahre später kocht die Geschichte, die von den Behörden zunächst gedeckt worden war, wieder hoch. Ermittler des LKA fragen den Mann, der sich Brian nannte, was er denn gedacht habe, um was es sich beim Ku-Klux-Klan handelte? Ihm sei schon klar gewesen, dass es eine »anrüchige« Organisation ist, antwortet Brian. Doch der Eindruck sei erweckt worden, es sei nur eine Art Glaubensgemeinschaft, und er sei ein gläubiger Mensch, wenn auch nicht kirchlich organisiert. Er habe neue Kontakte knüpfen und Menschen außerhalb der Polizei kennenlernen wollen.

Wer in den Klan aufgenommen werden wollte, musste versichern, dass seine Vorfahren Weiße waren und keine Juden. Hat Brian das versichert? »Könnte sein«, sagt er kleinlaut, als er im Juli 2015 auch vor dem NSU-Untersuchungsausschuss in Stuttgart Rede und Antwort stehen muss. Und die rassistischen Schriften? Die habe er nach der Aufnahme ausgehändigt bekommen. Aber die Leute seien nett gewesen und »normal« aufgetreten, deshalb sei er nicht gleich wieder ausgetreten.

Hallo? Wer bei Sinnen war, musste sofort erkennen, mit

wem er es zu tun hatte. Die Mitgliedsanträge des EWK, die den Autoren vorliegen, sind unmissverständlich. Vorne auf dem Blatt ist ein Logo aufgedruckt: eine Computergrafik mit einem Kreuz und zwei Reitern in Kutte und Spitzhaube, die Fackeln schwingen. Auf der Rückseite mussten die Kandidaten Fragen beantworten, unter anderem: »Waren Sie jemals in Gefangenschaft, oder stehen sie kurz davor?« Und: »Sind Sie christlichen Glaubens und akzeptieren Jesus Christus als Erlöser, der sein Blut für die weiße Rasse vergoss?« Am Schluss sollen die Anwärter schwören, dass sie »die weiße Rasse auf der ganzen Welt vertreten«. Gewalt zur Durchsetzung der Ziele würde strikt abgelehnt, heißt es beschwichtigend. Und zuletzt soll der Anwärter eine Summe eintragen, die er dem Klan spendet. Der Spuk soll sich ja auch lohnen.

Nun, Jahre später, windet sich der Polizist, druckst herum und versucht, sich als Verführten darzustellen und die Verantwortung auf einen älteren Kollegen zu schieben, der ebenfalls Mitglied im Klan war und ihn in den Geheimbund eingeführt haben soll. Diesen Kollegen habe er damals als Freund und Vorbild betrachtet. Er sei ihm »hinterhergedackelt wie ein Hündchen«, sagt Brian. Als 21-Jähriger habe er vielleicht noch nicht die Reife gehabt zu erkennen, dass der Eintritt beim Ku-Klux-Klan »ein Riesenfehler« gewesen sei.

Der ältere Kollege – Tarnname »JJ Green« – stellt die Geschichte etwas anders dar. Keineswegs habe er Brian in den Klan hineingezogen, dieser habe die Mitgliedschaft selbst gewollt und sich sogar damit gebrüstet, früher Skinhead gewesen und angeblich verwandt zu sein mit dem Hitler-Stellvertreter Rudolf Heß (dies berichtet auch der V-Mann Corelli). Das alles bestreitet Brian, der dafür Bemerkenswertes über JJ Green zu erzählen weiß: Dieser soll »ein Problem mit Schwarzen« gehabt und sich ausländerfeindlich geäußert haben, was andere Kollegen in seiner Polizeieinheit ebenfalls mitbekommen hätten.

Ein früherer Vorgesetzter bestätigte, dass der Beamte, den sie im Klan JJ Green nannten, einen Afrikaner »rassistisch beleidigt« habe. Laut einem Vermerk des Innenministeriums von März 2005 soll der Polizist zudem außerdienstlich eine Körperverletzung begangen haben, die in einem Disziplinarverfahren zu einer »missbilligenden Äußerung« geführt habe.

In einer Vernehmung hat JJ Green später allen Ernstes behauptet, dem Klan deshalb beigetreten zu sein, weil er Frauen kennenlernen wollte. Allerdings hat seine Geschichte eine entscheidende Schwäche: Im Geheimbund von Schwäbisch Hall waren lediglich zwei Frauen aktiv – beide liiert. Eine der beiden war mit dem Klanführer Ryan Davis verheiratet, und sie erinnert sich vor dem Untersuchungsausschuss an die beiden Polizisten: Der Jüngere, den ihr Mann als »Mitläufer« bezeichnet hat, sei freundlich und ruhig aufgetreten, der Ältere hingegen – JJ Green – »ein Prolet« gewesen.

◆

Im Juni 2015 sitzt nun auch dieser Mann, der weiterhin für die Polizei arbeiten darf, vor den Abgeordneten in Stuttgart und gibt sich wortkarg. JJ Green ist 45 Jahre alt, trägt eine Brille und offenbar gerne Tattoos. Vorsichtshalber hat er einen Rechtsanwalt dabei. Schon nach kurzer Zeit will er Abstand zum Klan gesucht haben, nachdem dort ein Skinhead erschienen sei, der üble Tiraden losgelassen habe. Der Beamte behauptet, sein Kontakt zum Geheimbund habe nur wenige Wochen gedauert, und von einer Mitgliedschaft zu sprechen, halte er für zu hoch gehängt. Eine Untersuchung des LKA kam dagegen zum Ergebnis, dass JJ Green von etwa November 2001 bis Mai/Juni 2002 dem Klan angehörte. Wie Brian wurde JJ Green in einem spukhaften Aufnahmeritual zum weißen Ritter geschlagen – und so als Mitglied in den Kreis des Klans aufgenommen.

In einer Sportbar hatte er die Kapuzenmänner kennengelernt, berichtet der Beamte. Im Klan sei es um den Glauben gegangen, um christliche Werte, »es hat sich recht interessant angehört«. Das Geheimnisvolle des Bundes und die Bibelauslegung des Anführers hätten ihn gereizt – also jene krude, unverhohlen rassistische Instrumentalisierung des Alten und Neuen Testaments, mit der sich Ryan Davis als Geistlicher aufspielte. Auf einem Flugblatt des Klans hieß es, es solle »kein Mischling in die Gemeinde des HERRN kommen«. Der Polizist sagt, weder vor seiner Zeit im Klan noch danach habe er sich mit dem Christentum beschäftigt. So klingt sein spirituelles Interesse wenig glaubwürdig.

Die Schriften des Klans, in denen gegen eine »Rassenvermischung« gehetzt wurde, hat auch dieser Polizist gekannt. Der Vorsitzende des Stuttgarter Untersuchungsausschusses, Wolfgang Drexler (SPD), hakt nach: »Da wird es doch eindeutig, was für eine Gruppe das ist!« – »Ja, richtig«, sagt der Polizist lapidar. Drexler erkundigt sich nach dem Aufnahmeritual und meint, einem Beamten müssten sich doch die Haare sträuben, wenn er mit einem Blutschwur in so einen Bund aufgenommen werden soll. Der Polizist sagt: »Glauben Sie mir: Über meine Blödheit mache ich mir selber genug Gedanken.«

Selbstverständlich will auch er weder rassistisch noch rechtsradikal gewesen sein, auf entsprechende Vorhaltungen reagiert der Beamte extrem einsilbig.

Ausschussvorsitzender Drexler: Sie hätten Tendenzen zur Fremdenfeindlichkeit und ein Problem mit – Zitat – schwarzen Leuten gehabt. Was können Sie dazu sagen?
Polizist: Habe ich nicht.
Drexler: Gegen Sie soll in der Vergangenheit schon mal wegen Körperverletzung ermittelt worden sein. Gegebenenfalls sollen Sie dabei rechtsradikale Lieder und Gedankengut kundgetan haben. Stimmt das?
Polizist: Nein.
Drexler: Stimmt auch nicht?
Polizist: Nein.
Drexler: Gab es in dem Revier, in dem Sie damals tätig waren, auffällige politische Ansichten? Also, das war das Innenstadtrevier Stuttgart.
Polizist: Nein.
Drexler: Gab es nicht. – Sie wissen auch nicht, dass eine Kollegin…, da soll es solche rechten Äußerungen von Kollegen gegeben haben. Die wollte sich sogar versetzen lassen. Ist Ihnen nichts aufgefallen damals?
Polizist: Nein.
Drexler: Sind Ihnen Übergriffe bekannt aus dem damaligen Innenstadtrevier von Polizeibeamten?
Polizist: Nein.
Drexler: Es soll mal einen Vorfall gegeben haben, wo sich eine Gruppe mit aufgesetzten Pylonen und dem Überziehen weißer Tücher ein klantypisches Aussehen gegeben haben und so verkleidet eine festgenommene Person eingeschüchtert haben soll. Können Sie dazu was sagen?
Polizist: Nein. Also zu meiner Zeit zumindest nicht.

◆

Weder Brian noch JJ Green wollen andere Polizisten im Klan gesehen haben, dennoch soll ihr Anführer zeitweise sogar erwogen haben, eine eigene Untergruppe für Polizisten zu gründen. So sagte es Ryan Davis in einer Vernehmung, und auch JJ Green erinnert sich an entsprechende Pläne einer »Sektion bloß für die Polizei«. Der Klanführer behauptete, bei den Beamten hätte es genügend Kandidaten gegeben, allein in Stuttgart zehn bis 20 Polizisten. War das nur die Prahlerei und das Gerede eines dubiosen Ex-V-Mannes und Pseudo-Pfarrers? Vielleicht auch. Aber nicht nur. Nachweislich gab es die beiden Mitglieder Brian und JJ Green – und darüber hinaus zumindest weitere Kontakte.

Um die Sicherheit der Beamten im Klan habe man sich Sorgen machen müssen, sagt Ryan Davis. Dem BKA erzählte er, bei ihm zu Hause habe es deshalb ein Gründungstreffen sogenannter *Klavelliers* gegeben. Die *Knighthawks*, die Sicherheitsbeauftragten des Klans, seien in den Stand eines *Klavelliers* gehoben worden – »sozusagen ein Geheimbund innerhalb des Geheimbunds«. Man habe eine Gruppe installieren wollen, »die eine Art Klan Geheimdienst darstellen sollte«. Die Idee sei dann aber nicht weiter umgesetzt worden. Auch JJ Green, der Polizist, soll bei diesem ersten Treffen dabei gewesen sein. Er bestreitet das.

Der Bruder eines *Knighthawks* arbeitete ebenfalls bei der Polizei und war der Streifenpartner von JJ Green. Außerdem gab es ein Beamtenpaar, das bei Ryan Davis zu Besuch gewesen sein soll. Echtes Interesse am Geheimbund will angeblich niemand von ihnen gehabt haben. Fakt ist jedoch, dass der Spitzel Corelli, der sich im Schwaben-Klan herumtrieb und dem Bundesamt für Verfassungsschutz fleißig Informationen lieferte, die dort als weitgehend zuverlässig galten, einen anderen Eindruck vermittelte: Gleich mehrere Polizisten hätten die Nähe zum Klub der Rassisten gesucht. In Corellis vertraulichen Berichten, die von den Autoren eingesehen werden konnten, ist die Rede von insgesamt sechs mutmaßlichen Beamten. Darunter war laut Corelli angeblich eine Polizistin, die einen starken Hass auf Schwarze gehabt haben soll. Er behauptete, auch die anderen Polizisten seien durch besonders extreme Ansichten aufgefallen. Ryan Davis habe ein »besonderes Interesse an Polizeibeamten und Mitarbeitern von Sicherheitsdiensten«, fasste das Bundesamt im Februar 2002 die Angaben seines V-Mannes zusammen. Eines der Klanmitglieder sei ein Detektiv aus Nordrhein-Westfalen. Auf einem Vermerk aus dieser Zeit ergänzte ein Beamter im Bundesamt handschriftlich: »nicht, dass KKK demnächst als ›Polizeiverein‹ anzusehen ist«.

Hat Corelli etwas aufgebauscht, um seine Informationen dem Amt besser verkaufen zu können? Oder wateten im braunen Sumpf des Klans außer Brian und JJ Green tatsächlich noch weitere Beamte? Achim Schmid stellt es heute so dar: Einer der Polizisten habe ihm damals gesagt, »ein ganzer Schwung« seiner Kollegen würde sich für den Klan interessieren oder zu ihm passen.

In einer Selbstdarstellung des EWK hieß es wichtigtuerisch: »Bei uns sind keine Verlierer und Versager, wir haben Mitglieder aller Art, vom Doktor bis zum Tischler, vom Maurer bis zum Polizisten, vom BiKKKer bis zum Rockabilly, vom Skinhead bis zum Rocker. Für Gott, Rasse und Nation!« Der Klanführer mag eine Neigung zur Übertreibung gehabt haben, aber es ist auch nicht überraschend, wenn nun alle schweigen und sich niemand, der im Polizeidienst ist, offen zu einer Sympathie für den Kapuzenklub oder gar einer Mitgliedschaft bekennt.

Eine Untersuchung des LKA in Stuttgart erbrachte – so gesehen wenig überraschend – keine Erkenntnisse zu weiteren Interessenten aus Polizeikreisen. Außer den bekannten zwei Beamten hätten nur die drei oben erwähnten Polizisten Kontakte zu Klansleuten gehabt, seien selbst aber nicht Mitglied gewesen. Einer von ihnen hielt sich nach eigener Aussage eine Mitgliedschaft zunächst offen. Dass dieser Polizist den Geheimbund, wie er sagt, »nicht besonders ernst genommen hat«, bewertete der baden-württembergische NSU-Untersuchungsausschuss als »nicht plausibel«. Denn warum soll er sich dann eine Mitgliedschaft überhaupt offengehalten haben?

◆

Der Verfassungsschutz hatte insgesamt drei Hinweise darauf, dass es im Raum Stuttgart/Böblingen eine Gruppe rechtsradikaler Polizisten gab, die sich im Dunstkreis des Klans bewegt und für diesen interessiert haben sollen. Es gab damals seitens der Polizeiführung aber keinen Versuch, diese Beamten ausfindig zu machen oder die Klanmitglieder entsprechend zu befragen. Der Umgang der Polizei mit dem Thema war »mangelhaft«, urteilte später der Untersuchungsausschuss. Erst durch den Druck der Öffentlichkeit sind die Vorgänge Jahre später gründlicher untersucht worden. Inzwischen war jedoch so viel Zeit verstrichen, dass sich vieles nicht mehr rekonstruieren ließ.

Dass Polizisten durch rechtsradikale Tendenzen auffallen, passiert leider immer wieder. Daraus auf die gesamte Berufsgruppe zu schließen, wäre unfair. Doch oft verdecken ein falscher Korpsgeist und die Angst vor der Öffentlichkeit eine Auseinandersetzung der Behörden mit den braunen Schafen in den eigenen Reihen.

Wie im Zuge der Recherchen zum Schwaben-Klan herauskam, gab es eine Phase bei der Böblinger Polizei, in der sich mehrere Beamte Glatzen rasieren ließen. Ein politisches Motiv dafür konnte man angeblich nicht ermitteln. Wie der frühere Landespolizeipräsident Wolf-Dietrich Hammann außerdem mitteilte, sind Beamte in einem Streit an einer Tankstelle durch »offensichtlich rechtsradikale Äußerungen« aufgefallen. Und einige Polizisten in Böblingen sollen die bei Neonazis beliebte Kleidung der Marke Thor Steinar getragen haben, heißt es in einem Untersuchungsbericht des baden-württembergischen Innenministeriums. Auf Nachfrage hätten die Beamten gesagt, es gebe keinen politischen Hintergrund für die Wahl dieser Marke. Doch jeder Polizist müsste eigentlich wissen, was für ein Zeichen er damit setzt.

Dass sich Beamte sogar unter die rassistischen Kapuzenmänner gemischt hatten, erfuhr man in Stuttgart erst durch die Hinweise des Bundesamts für Verfassungsschutz in Köln. Das Amt war durch seinen V-Mann Corelli gut informiert. Bereits im Herbst des Jahres 2001 sollen die Kölner ihre Kollegen in Stuttgart auf das Problem aufmerksam gemacht haben. Es dauerte eine Weile, bis daraus Konsequenzen folgten. Erst Ende Mai 2002 informierte das Landesamt für Verfassungsschutz die Polizeiführung und teilte mit, dass »mehrere Polizeibeamte aus Baden-Württemberg in engem Kontakt« zum Klan stünden, fünf Beamte habe man identifiziert. Die Polizeispitze wartete ab. Keine Ansprache, keine Vernehmung, kein Hinweis an die Vorgesetzten.

Anfangs hatten die Verfassungsschützer aus Stuttgart und Köln den heiklen Fall allein beraten, ohne Polizei. In einer vertraulichen Notiz des Bundesamts vom November 2001 hieß es, man wolle eine »Intensivierung« der Kontakte zwischen Polizei und Klan verhindern. Doch verhindert wurde erst mal gar nichts. Brian und JJ Green wurden zu Rittern des Klans geschlagen, V-Mann Corelli hörte sich um, und die Verfassungsschützer schrieben weitere Vermerke und hörten das Telefon von Ryan Davis ab. So blieb man zumindest auf dem Laufenden und erfuhr, dass die »European White Knights« im Sommer 2002 eine »Jahresrallye« planten, eine Art Jahrestreffen des Klans. Dieses Treffen wollten der Verfassungsschutz und die Polizei gemeinsam ins Visier nehmen. Sie planten eine Observation und dachten über eine Razzia nach.

Die Rallye fand am 13. Juli 2002 auf der Geyersburg in der Nähe von Schwäbisch Hall statt. Ein Ziel des Geheimdienstes und der Polizei war es, über die Kennzeichen der Fahrzeuge herauszufinden, wer zu dem Klantreffen anreiste. Die Behörden nutzten auch Fotos und Luftbildaufnahmen des Geländes. Einen Tag nach der Rallye dokumentierten sie »unvollständig verbrannte Holzreste« sowie »einzelne Glutnester im Zentrum der Feuerstelle«. So steht es in den Akten. Die Polizei hatte die Kapuzenmänner im Visier, suchte aber vergeblich nach den eigenen Kollegen. Die beiden Beamten, die sich im Klan Brian und JJ Green nannten, waren zu dem Treffen auf der Geyerburg nicht erschienen. Angeblich äußerte Ryan Davis in einem Gespräch mit Corelli Unzufriedenheit mit den Polizisten, weil sich diese zu wenig engagieren würden.

Die Behörden begannen im Anschluss an das Klantreffen, die identifizierten Teilnehmer einzeln zu konfrontieren. Diese »Gefährderansprachen«, wie es im Ermittlerdeutsch heißt, fanden am 31. August 2002 gleichzeitig in fünf Bundesländern statt – eine aufwendige Operation. In den Behörden trug sie, warum auch immer, den Namen »Limerick«.

Die Operation »Limerick« sollte die Kapuzenmänner verunsichern und ihnen deutlich machen: Wir kennen euch, wir beobachten euch! Die Hoffnung, dass sich die Rassisten-Ritter davon beeindrucken lassen, war nicht unbegründet. Die konzertierte Aktion löste Unruhe im Klan aus. Ryan Davis sagt Jahre später bei einer Vernehmung des BKA, die Behörden hätten die Mitglieder eingeschüchtert.

◆

Spätestens jetzt waren die Kapuzenmänner gewarnt, und Ryan Davis alias Achim Schmid und seine Kumpane witterten – nicht zu Unrecht – Verrat. In einem Brief an die Kollegen in Stuttgart schrieb ein Beamter des Bundesamts für Verfassungsschutz am 3. September 2002, dass im Zusammenhang mit der konzertierten Aktion gegen mehrere Klanaktivisten von Achim Schmid ein »Spitzelverdacht« geäußert worden sei. Der Beamte stützte sich offenbar auch hier auf Angaben, die der V-Mann Corelli gemacht hatte. Ryan Davis, riet der Beamte, sollte deshalb zunächst nicht darüber informiert werden, dass man fast den gesamten Juli über sein Telefon abgehört hatte (wenn die Ermittlungen abgeschlossen sind, müssen die Behörden innerhalb bestimmter Fristen die Betroffenen einer Abhöraktion in Kenntnis setzen). Im Geheimdienst hatte man große Sorge, der V-Mann Corelli könnte enttarnt werden. Und das war gar nicht so abwegig.

Denn die Geschichte rund um den Schwaben-Klan wurde immer verrückter: Im Verfassungsschutz in Stuttgart gab es ein Leck. Nicht nur, dass zwei Polizisten Mitglied bei den Kapuzenmännern wurden, deren Anführer ausgerechnet ein ehemaliger V-Mann war und die von einem aktuellen V-Mann ausgespäht wurden. Nun beging auch noch ein Beamter des baden-württembergischen Landesamts für Verfassungsschutz Geheimnisverrat und warnte den Klanführer vor der Überwachung durch die Sicherheitsbehörden. In einer englischsprachigen Chatnachricht nahm er bereits am 12. August, also noch vor den Gefährderansprachen, über einen Yahoo-Chat Kontakt zu Ryan Davis auf und nutzte dafür ein Pseudonym: »Spammersblacklist«. Der Verfassungsschutzmitarbeiter plauderte aus, dass es im Klan einen Spitzel gebe. Nun gab es wirklich überall Spitzel und Verräter.

Weil die frühere Ehefrau von Ryan Davis ein paar Wochen später den Chatverlauf an den Staatsschutz übergab, konnte das Amt die undichte Stelle im eigenen Haus ausfindig machen und den mutmaßlichen Verräter stellen. Er arbeitete in der G-10-Stelle. Das ist jene Einheit im Geheimdienst, die sich um die technische Abwicklung von Telefonüberwachungen kümmert (sogenannte G-10-Maßnahmen – G 10 bezieht sich auf den zehnten Grundgesetz-Artikel, der das Fernmeldegeheimnis betrifft). Nachdem man den mutmaßlichen Verräter konfrontiert hatte, wurde er vom Verfassungsschutz in eine andere Behörde versetzt – ins Regierungspräsidium. Eine weiche Landung. In seiner Personalakte ist jedenfalls von seinem mutmaßlichen Verrat kein Wort erwähnt.

Was den Mann zu seiner Warnung an Ryan Davis veranlasst hatte, ist bis heute nicht geklärt. War es Sympathie für den Ku-Klux-Klan? Wollte er Ryan Davis einen Gefallen tun? Der Beamte wollte sich in den E-Mail-Verteiler des Klans aufnehmen lassen. Das geht aus seinem Chat mit Davis hervor. Noch ein Rassist im Staatsdienst? Die Motive des Verräters im Verfassungsschutz blieben im Dunkeln. Mit rechtsradikalen Ansichten soll er angeblich nicht hervorgetreten sein. Im Amt vermutete man deshalb, er habe sich mit seinen Insider-Kenntnissen brüsten wollen. Aber warum ausgerechnet in einem Chat mit dem Chef des schwäbischen Ku-Klux-Klans?

Der Fall wurde diskret geregelt, man könnte auch sagen: unter den Teppich gekehrt. Angeblich sah man keine Handhabe gegen den Beamten. Erstaunlicherweise gab es zunächst nicht mal ein Disziplinarverfahren. Auch hier spielte eine Rolle, dass der Geheimdienst um jeden Preis verhindern wollte, dass der V-Mann Corelli aufflog. Erst im Jahr 2012, als Corelli ohnehin bereits enttarnt war und die Öffentlichkeit im Zuge der NSU-Ermittlungen von der Klan-Geschichte erfahren hatte, ging das Amt doch noch disziplinarrechtlich gegen seinen ehemaligen Mitarbeiter vor. Zuvor war das Motto über Jahre hinweg ein anderes gewesen: verschweigen und vergessen.

◆

Ähnlich diskret und milde ging die Polizeiführung mit den beiden Beamten um, die sich als JJ Green und Brian im Klan herumgetrieben hatten. Da sie bei der Sommerrallye nicht in flagranti ertappt wurden und die Informationen von Corelli nicht offengelegt werden sollten, ließ man die Polizisten zunächst in Ruhe. Erst als sich die »European White Knights« auflösten, Ryan Davis seine Rolle als *Grand Dragon* aufgab und schließlich sogar aus Schwäbisch Hall fortzog, gelangte die Polizei in den Besitz von Beweisen, die Brian und JJ Green in die Bredouille brachten. Denn Ryan Davis ließ seinen Computer zurück, sein Vermieter verkaufte ihn prompt an die Behörde – und auf der Festplatte waren unter anderem auch Fotos der beiden Polizisten gespeichert.

Nun, etliche Monate, nachdem der Verfassungsschutz erstmals von den Klan-Umtrieben der Polizisten erfahren hatte, wurde endlich ein Disziplinarverfahren eingeleitet. Auch dieses schleppte sich jedoch sehr lange hin, und die Öffentlichkeit bekam davon zunächst nichts mit, obwohl sogar die Spitze des Innenministeriums in Stuttgart und der damalige Ressortchef Thomas Schäuble (CDU) eingeweiht gewesen sein sollen.

Angeblich hatte Landespolizeipräsident Erwin Hetger schon früher zu scharfen Maßnahmen gedrängt. »Da muss ein Exempel statuiert werden«, habe er gesagt – so jedenfalls erzählte er es Jahre später vor dem Untersuchungsausschuss in Stuttgart. In Wahrheit wartete man quälend lange, bevor das Verfahren gegen die Beamten überhaupt in Gang gesetzt wurde. Die Angst vor dem Skandal und die Angst, etwas falsch zu machen, müssen groß gewesen sein. Man hielt sich bedeckt und blieb still – so lange wie möglich. »So etwas verträgt ja auch das Husten nicht«, sagt Hetger. Einerseits wollte er angeblich konsequent gegen die Umtriebe in den eigenen Reihen vorgehen. Andererseits befürchtete er offenbar, es könnte bei den Ermittlungen etwas schiefgehen und am Ende die gesamte Polizei am Pranger stehen.

Erst zwei Jahre, nachdem man von der Mitgliedschaft im Geheimbund erfahren hatte, begannen im Juni 2004 die disziplinarrechtlichen Vorermittlungen. Es wirkt so, als hätten die Behörden die Ermittlungen regelrecht verschleppt. Das Landespolizeipräsidium kam später selbst zu dem Schluss, dass das Disziplinarverfahren »zu lange« gedauert habe. Es verstrich wertvolle Zeit, und der junge Polizeimeister und Rassisten-Ritter Brian wurde während dieser Phase ins Stammpersonal der Bereitschaftspolizei Böblingen aufgenommen – und wenige Wochen später ohne Einwände zum Polizeiobermeister befördert. Die Polizeiführung hatte es versäumt, die Probezeit des Beamten zu nutzen und sie wegen der laufenden Ermittlungen zu verlängern. Der Beamte kam mehr als glimpflich davon.

Das Disziplinarverfahren endete für ihn lediglich mit einer sogenannten Zurechtweisung. Juristisch gilt sie nicht einmal als Disziplinarmaßnahme. Obwohl dem Beamten die rassistische und antisemitische Ausrichtung des Klans sofort hätte auffallen müssen, ließen sich seine Vorgesetzten weitgehend von den Beteuerungen eines Anwalts leiten, sein Mandant sei sich »zu keinem Zeitpunkt« darüber klar gewesen, dass es sich um eine Organisation handelte, »die sich nahe an der Verfassungswidrigkeit bewegt«. Brian stand nun weiterhin mit weißer Weste da, so weiß wie die Kutten der Klanbrüder.

Für Brians älteren Kollegen, JJ Green, lief es nicht viel schlechter. Etliche Monate hatte man seinen Fall liegen lassen, sodass wegen der disziplinarrechtlichen Verjährungsfristen ein förmlicher Verweis und eine Geldbuße nicht mehr möglich waren. Schließlich wurde ihm mitgeteilt, das Verfahren sei wegen Zeitablaufs eingestellt worden. Er bekam nur noch eine Rüge – auch dies eine denkbar schwache Konsequenz. Warum und wie es zu dieser Verschleppung kam? Das sei ihm »heute noch schleierhaft«, sagt Erwin Hetger.

Damals war man in den Behörden vermutlich froh, dass die heikle Klan-Affäre nicht nach außen gedrungen war. Die Öffentlichkeit wäre auch weiterhin ahnungslos geblieben – hätte es nicht im Jahr 2011 einen großen Knall gegeben.

◆

Am 4. November 2011 geht in Eisenach ein Wohnmobil in Flammen auf. Im Inneren des Fahrzeugs: zwei Leichen. Die vor mehr als 13 Jahren untergetauchten Neonazis Uwe Mundlos und Uwe Böhnhardt haben den Ermittlungen zufolge Selbstmord begangen, nachdem die Polizei ihnen nach einem Überfall auf eine Sparkasse eher zufällig auf die Spur gekommen war. Im Wohnmobil finden die Ermittler Bekennervideos des »Nationalsozialistischen Untergrunds« (NSU) und mehrere Waffen, darunter zwei alte Dienstpistolen der Polizei, Marke Heckler & Koch.

Anhand der Waffennummern konnten die Pistolen ihren früheren Besitzern zugeordnet werden: den Beamten Martin A. und Michèle Kiesewetter. Auf sie war am 25. April 2007 auf der Theresienwiese in Heilbronn ein Mordanschlag verübt worden. Die Täter hatten die Beamten am helllichten Tag während einer Dienstpause in ihrem Wagen überrascht. Im Bekennervideo des NSU bildet der Anschlag von Heilbronn die Schlussszene.

Die Mörder schossen den Polizisten direkt in den Kopf. Martin A. überlebte wie durch ein Wunder die schwere Verletzung. Er lag wochenlang im Koma und hat keine klare Erinnerung an die Tat. Michèle Kiesewetter, 22 Jahre alt, starb noch am Tatort. Zu den ersten Beamten, die damals nach der Tat auf der Theresienwiese eintrafen, gehörte Kiesewetters Truppführer: Brian, der Polizist. Brian, der Mann vom Ku-Klux-Klan.

◆

Plötzlich fällt auf die Geschichte um die rassistischen »weißen Ritter« – um Ryan Davis, Brian und JJ Green – ein neues, grelles Licht. Gab es womöglich eine Verbindung zwischen dem

Schwaben-Klan und den NSU-Terroristen Uwe Mundlos und Uwe Böhnhardt? Hatten die Neonazis aus Jena nicht bereits vor ihrem Untertauchen Partys vor brennenden Holzkreuzen gefeiert und sich in einem Umfeld bewegt, in dem viele mit dem Geheimbund sympathisierten? Jetzt geht es nicht mehr nur um ein paar vermeintlich verirrte Polizisten, die vom Klankult fasziniert waren. Jetzt geht es um Mord.

Jahrelang sind die Ermittler im Mordfall von Heilbronn falschen Fährten gefolgt. Nun folgt endlich die Auflösung. Die Täterschaft von Uwe Mundlos und Uwe Böhnhardt liegt auf der Hand. Abgesehen von den Dienstwaffen der Polizisten und dem Bekennervideo existieren weitere starke Indizien, die darauf hindeuten, dass die Rechtsterroristen den Anschlag auf Martin A. und Michèle Kiesewetter begangen haben. Auf einer Jogginghose, die in den Überresten der Zwickauer Wohnung lag, in der die untergetauchten Neonazis zuletzt gelebt hatten, fand man sogar noch Kiesewetters Blut. DNA-Spuren zeigen, dass die Hose höchstwahrscheinlich von Mundlos getragen wurde.

Aber warum wollten die Terroristen zwei Polizisten umbringen? Beate Zschäpe ließ ihren Anwalt im NSU-Prozess vor dem Oberlandesgericht München erklären, ihren Freunden sei es darum gegangen, die Pistolen der Beamten zu erbeuten. Sie selbst will erst nach der Tat davon erfahren und sie missbilligt haben. Über den Ku-Klux-Klan verlor Zschäpe in ihren Einlassungen kein Wort. Auch nicht über Kiesewetters Gruppenführer, der sich einst den Kapuzenmännern angeschlossen hatte. Eine Anfrage für dieses Buch ließ sie unbeantwortet.

Weder die Recherchen der NSU-Ermittler, der verschiedenen NSU-Untersuchungsausschüsse oder der Autoren und anderer Journalisten haben bisher eine direkte Verbindung zwischen Kiesewetters Kollegen und dem NSU finden können. Der Beamte beteuert, vom NSU wie alle anderen erst erfahren zu haben, als dieser sich im November 2011 selbst enttarnte. Mundlos, Böhnhardt und Zschäpe habe er nicht gekannt und mit dem Mordanschlag nicht das Geringste zu tun. Vieles spricht dafür, dass diese Beteuerungen stimmen.

Der letzte Zweifel kann nicht ganz ausgeräumt werden. Das Misstrauen vieler Menschen, die sich mit dem Fall beschäftigen, kommt nicht von ungefähr. Es gibt einfach sehr viele Merkwürdigkeiten in diesem Komplex – und immer wieder Spuren, die erstaunen. So existieren Belege dafür, dass der V-Mann Corelli, der dem Schwaben-Klan und generell der rechten Szene angehörte, Uwe Mundlos noch vor dessen Untertauchen kennengelernt hat. Fakt ist auch, dass sich der Klananführer Ryan Davis jahrelang in Neonazi-Kreisen bewegt hat, die dicht dran waren am NSU, unter anderem im Umfeld der im Jahre 2000 verbotenen Organisation »Blood & Honour«, aus der nachweislich mehrere Unterstützer des untergetauchten Trios kamen. Und Fakt ist auch, dass Uwe Mundlos, Uwe Böhnhardt und Beate Zschäpe vor und nach ihrem Untertauchen mehrmals im Raum Ludwigsburg/Stuttgart unterwegs waren und sie dort dubiose Bekannte hatten, die zum Teil ebenfalls der rechten Szene angehörten.

Im Juni 2003 fuhren Mundlos und Böhnhardt mit Fahrrädern durch Stuttgart. Fotodateien von ihrer Tour, die vermutlich auch dem Ausspähen von Anschlagszielen diente, wurden in den Überresten ihrer abgebrannten Wohnung in Zwickau gefunden. Unter Decknamen hatten die beiden für zwei Tage einen Platz auf einer Campingfläche am Cannstatter Wasen angemietet. Als der NSU vier Jahre später in Heilbronn zuschlug, wohnte in der Nähe ein Mitglied einer Neonazi-Rockband, deren Songs von den Terroristen für Vorläuferversionen ihres Bekennervideos genutzt wurden. Der Mann bestreitet, etwas über den NSU gewusst oder gar gemeinsame Sache mit ihm gemacht zu haben; und auch von einer Mitgliedschaft im Ku-Klux-Klan ist nichts bekannt. Der frühere Klananführer Ryan Davis sagt ebenfalls, er habe vom NSU erst nach dessen Auffliegen gehört. Beate Zschäpe und ihre Freunde habe er gar nicht gekannt. Allenfalls könne es sein, dass diese mal bei einem seiner Konzerte waren. Er sei ja viel herumgekommen.

Viele bemerkenswerte Verbindungen hat es also gegeben, aber ein Kontakt des NSU zu den »European White Knights« oder speziell zu deren Anführer oder zu den Klan-Polizisten Brian und JJ Green ist nicht nachzuweisen. Zwischen Brians Ausscheiden aus dem Klan und dem Anschlag auf die Polizisten in Heilbronn lagen außerdem fünf Jahre. Und weder ist ein Motiv zu erkennen noch irgendein hartes Indiz, das für eine Beteiligung des Klans oder seiner ehemaligen Mitglieder an dem Mord sprechen würde.

Kiesewetters Truppführer war am Tag des Anschlags ununterbrochen mit seinem Streifenpartner unterwegs (nicht mit JJ Green, der nicht zu Kiesewetters Einheit gehörte). In Vernehmungen zeigte sich Brian schockiert vom Tod seiner Kollegin. Der Untersuchungsausschuss in Stuttgart schloss aus, dass er etwas mit dem Mord zu tun hatte. Dass dieser Verdacht überhaupt aufkam, hat sich der Beamte durch seine Verbindungen zum Ku-Klux-Klan selbst zuzuschreiben.

◆

Die Ermittlungen haben auch keine Kontakte oder gar Sympathien von Michèle Kiesewetter zur rechten Szene, zum NSU oder zum Ku-Klux-Klan ergeben. Was indes seltsam erscheint: Wie die Terroristen war die Polizistin in Thüringen aufgewachsen, und so findet man auch hier über ein paar Ecken mögliche Verbindungen. Dienstlich könnte es ebenfalls Berührungspunkte gegeben haben, denn Kiesewetter war auf mehreren rechtsradikalen Demonstrationen eingesetzt worden. Von besonderen Vorfällen oder Begegnungen ist jedoch nichts bekannt. Keine der vielen Spuren und Verdachtsmomente ließ sich so erhärten, dass man nun davon ausgehen müsste, dass es die Mörder speziell auf diese Polizistin abgesehen hatten (zumal sie ja auch auf Kiesewetters Kollegen Martin A. schossen).

Die Ermittler des BKA und der Bundesanwaltschaft halten deshalb weiterhin daran fest, dass Michèle Kiesewetter und ihr Kollege eher zufällig ins Visier der NSU-Terroristen geraten sind. Dass die Mörder sich ihre Opfer also willkürlich aussuchten und sie, abgesehen von einem Interesse an zwei Polizeipistolen, getrieben waren vom Hass auf den Staat und seinen Repräsentanten. Sollten die Spekulationen über andere Täter oder über weitere Tatbeteiligte trotzdem nicht aufhören, hat dies nicht nur mit der Besessenheit zu tun, die Verschwörungstheoretiker in diesen und anderen Fällen, in denen es um mögliche Verstrickungen des Staates geht, an den Tag legen. Es ist und bleibt ein komplizierter Fall.

Mundlos und Böhnhardt sind tot, und es gab keine Zeugen, die den Anschlag in Heilbronn unmittelbar beobachtet haben. Eine Reihe von Zeugen will aber rund um die Tatzeit in der Nähe der Theresienwiese mehrere, zum Teil mit Blut beschmierte Personen wahrgenommen haben. Hatte der NSU

Komplizen, von denen man bisher nichts weiß? Einige Zeugenaussagen sind nur bedingt belastbar, andere beziehen sich womöglich auf Begebenheiten, die nichts mit dem Mordanschlag zu tun hatten. Der Untersuchungsausschuss in Stuttgart kam zum Ergebnis, dass es »keine begründeten Zweifel« an der Täterschaft von Mundlos und Böhnhardt gibt. Wie die Autoren dieses Buches hält er es hingegen nicht für ausgeschlossen, dass es weitere Tatbeteiligte gab. Es könnte sein, aber es muss nicht so gewesen sein. Konkrete Belege dafür ließen sich bisher nicht finden.

◆

Es ist typisch für solche verworrenen Fälle, dass immer mehr Fragen und Unsicherheiten auftauchen, je länger und intensiver man sie untersucht. Das bedeutet jedoch nicht, dass das Offensichtliche damit widerlegt wäre. Und das Offensichtliche ist in diesem Fall eines NSU-Mordes an einer Polizistin, deren Gruppenführer Mitglied im Ku-Klux-Klan war, schon ungeheuerlich und unglaublich genug.

In der Aufklärung des NSU-Terrors gibt es viele Abzweigungen, die irgendwo hinführen, wo weitere seltsame und schlimme Dinge geschehen sind. Diese müssen mit dem NSU nicht unbedingt direkt etwas zu tun haben. Verstörend sind sie trotzdem. In diese Kategorie fällt der Tod von Florian H., eines jungen Mannes, der sich in der rechten Szene umgetan hatte, sich schließlich in einem Aussteigerprogramm befand und der Polizei nach der Enttarnung des NSU vermeintlich brisante Informationen lieferte.

Während seiner Ausbildung in einer Klinik in Heilbronn hatte er im Gespräch mit zwei Krankenpflegeschülerinnen bereits vor dem Auffliegen des NSU behauptet, er wisse, wer Michèle Kiesewetter ermordet habe. Die jungen Frauen hatten den Eindruck, der Auszubildende wollte sich nur wichtigmachen; eine von ihnen meldete den Hinweis vorsichtshalber später dennoch der Polizei. Zum Zeitpunkt der Tat war Florian H. erst 14 Jahre alt und, soweit man weiß, noch nicht in der rechten Szene unterwegs gewesen.

Bei einer polizeilichen Vernehmung gab er an, dass es nicht stimme, dass er die Täter kenne. Er will aber in der rechten Szene gehört haben, wie man damit geprahlt habe, dass die Mörder Rechtsradikale seien. Und schließlich behauptete er, den Begriff »NSU« bei einem Treffen einer Kameradschaft gehört zu haben, die den Namen »Neoschutzstaffel« (NSS) gehabt haben soll. Angeblich hätten sich die »zwei radikalsten Gruppierungen Deutschlands« im Jahre 2010 im baden-württembergischen Öhringen getroffen.

Wie Ermittlungen der Polizei und die Recherchen der Autoren ergaben, könnte es sich bei der NSS eher um ein Fantasie-Projekt des Zeugen als um eine reale, ernst zu nehmende Gruppe gehandelt haben. Die Hinweise des Zeugen erschienen nicht belastbar, seine Angaben wenig stimmig.

Aber man weiß nie. Steckte vielleicht doch etwas dahinter, was man übersehen hatte? Florian H. sollte noch einmal von der Polizei vernommen werden, am 16. September 2013. Doch just an diesem Tag, noch vor der geplanten Vernehmung, verbrannte der Zeuge in seinem Auto am Cannstatter Wasen.

Polizei und Staatsanwaltschaft halten den Flammentod für einen Suizid, die Familie von Florian H. wollte das nicht glauben. Der NSU-Untersuchungsausschuss in Stuttgart deckte in dem Fall etliche Nachlässigkeiten und Schlampereien der Ermittler auf. Trotz der Brisanz des Falles wurde nicht sauber gearbeitet, beispielsweise bei der Durchsuchung des ausgebrannten Autos und bei der Spurensicherung. Die Beamten versäumten es zum Beispiel, die nähere Umgebung jenseits des unmittelbaren Brandortes abzusuchen. Eine gezielte Vertuschung oder Anzeichen für einen Mord am Zeugen konnte der Ausschuss allerdings nicht erkennen. Nach einer wirklich sehr umfangreichen Beweisaufnahme sah er »keine Anhaltspunkte für ein Fremdverschulden«.

Und auch hier stolpert man wieder über seltsame Verbindungen und Zufälle, die nichts bedeuten müssen, aber den Stoff bilden, aus dem auch in Zukunft allerlei Theorien und Legenden gesponnen werden dürften: Einer der Beamten, die als Erste am Brandort ankamen und anschließend den Eltern die Nachricht vom Tod ihres Sohnes überbrachten, war ausgerechnet der Bruder des ehemaligen *Nighthawks* im Schwaben-Klan. Der Beamte selbst gehörte dem Geheimbund nicht an, aber Kontakte zu dessen Leuten hatte er nicht nur wegen seines Bruders. Denn der Polizist war früher der Streifenpartner von JJ Green, dem Beamten, der dem Ku-Klux-Klan angeblich nur beigetreten war, um Frauen kennenzulernen. Auch im Falle von Klan und Polizei ist die Welt oft erschreckend klein.

◆

Ohne die NSU-Ermittlungen hätte die Öffentlichkeit wahrscheinlich nie von den Umtrieben der Klan-Polizisten und den Verwicklungen der Kapuzenmänner in Baden-Württemberg erfahren. Und erst jetzt, seit die Geschichte der »European White Knights« (EWK) ausgeleuchtet wird, kommen noch andere Umtriebe zum Vorschein. Die EWK-Gruppe ist im Laufe des Jahres 2003 zerfallen, aber damit war der Spuk im Südwesten keineswegs vorbei. Die Konkurrenz von den »International Knights«, zu der der Schwaben-Klan-Chef Ryan Davis einst selbst gehört hatte, war mutmaßlich noch bis 2007 aktiv. Und in den folgenden Jahren stilisierte sich ein Mann, der sich »Didi White« nannte, zum Deutschland- und Europa-Chef eines weiteren Klanablegers, der »United Northern and Southern Knights of the Ku Klux Klan« (UNSK KKK). Wie es der Zufall so will, lebte Didi White in derselben Straße in Schwäbisch Hall wie einst Ryan Davis.

Als die Polizei den neuen Klanführer konfrontierte, behauptete er, es hätten früher auch Gruppen seines Klans in Belgien, Italien und Großbritannien existiert. Sein Geheimbund habe bundesweit weniger als zehn Mitglieder, Polizisten seien nicht darunter. Die Ermittler sahen sich nicht in der Lage, diese Leute zu identifizieren. Sie fanden lediglich heraus, dass Didi White Kontakt zu einem anderen Klanführer in Deutschland gehabt haben soll. Zu einem Mann in Berlin, den man sich einmal genauer ansehen sollte.

Kapitel VIII
Bischof mit Hitler-Büste: Der Berliner Klan und sein Kampf gegen Aussteiger

Hochwürden wohnt in einer Doppelhaushälfte im Norden Berlins, im Stadtteil Reinickendorf, in einer Seitenstraße, die an ein Landschaftsschutzgebiet grenzt. Ein paar Wintervögel zwitschern, die Vorgärten sind gepflegt, an der Ecke zur Hauptstraße liegen ein bürgerliches Gasthaus und ein Seniorentreff. Keine Touristen, kaum Einwanderer, Alt-Berliner unter sich. Hier also lebt dieser Mann, Peter B., der sich als »Bischof« bezeichnet und seit Jahren rassistische Propaganda in die Welt trägt. Er ist, zum Zeitpunkt der Begegnung – dem Jahr 2012 –, Anführer der mutmaßlich aktivsten Ku-Klux-Klan-Gruppe in Deutschland. In der Hierarchie des Geheimbundes trägt der über Sechzigjährige den Titel eines *Imperial Wizard*.

Der Hexenmeister mit dem buschigen Schnurrbart hat es nicht gern, wenn Fremde vor seinem Haus auftauchen. Er stürmt heraus, in einer Strickjacke gegen die Kälte, auf dem Kopf eine Schiebermütze, an seiner Seite einen großen schwarzen Hund. Zu Fragen über den Ku-Klux-Klan schweigt der Mann. Aber es gibt Fotos und Videos, auf denen ist er zu sehen, wie er an einer nächtlichen Kreuzverbrennung in Ostdeutschland teilgenommen hat. Und es gibt Kopien seiner zahlreichen hasserfüllten Mails – dazu belastende Aussagen von Aussteigern.

Im Internet präsentiert sich Peter B. als Mann des Glaubens.

Fotos auf seiner persönlichen Homepage zeigen ihn im Talar, die Mitra auf dem Kopf. Klickt man sich durch die Webseite, kann man schnell den Überblick verlieren, welchen Kleinstkirchen und dubiosen Orden der Mann alles angehört. Da wäre etwa der Orden »Knights of the Holy Cross«. Oder die »Priory of Salem«, deren *Special Marshall* er sei, wie B. auf Twitter behauptet. Von der nordeuropäischen Erzdiözese der »Church of St Peter & Paul« sei er nichts weniger als der Erzbischof. Die Gruppen, Kleinkirchen und Orden des Peter B. haben alle eines gemeinsam: den Hass auf Fremde, auf Muslime, auf Nicht-Christen – es ist jene Geisteshaltung, die auch viele Anhänger von Pegida pflegen. Im Namen der »Priory of Salem« etwa ruft B. im Internet auf: »Laßt uns die Kreuzzüge beginnen, gegen die Islamisierung Europas«. Seine »MILITIA SANCTI PAULI« der »Church of St. Peter & Paul« wirke dem »islamischen Vernichtungsterror mit allen Mitteln entgegen – weltweit!« Denn, so Peter B., »unser lieber Herr Gott kann nicht überall sein«. Es ist rassistischer Größenwahn, verkleidet im Gewand christlichen Glaubens.

Auch die Rassisten vom Ku-Klux-Klan verstehen sich ja seit jeher als Christen. Und Hochwürden aus Berlin ist ihr europäischer Anführer, so jedenfalls behauptete es der Senior selbst. Schon vor vielen Jahren, schreibt er im Internet, habe er als *Ghoul,* also als einfacher Klansmann, bei den »Imperial Klans of America« begonnen.

◆

Die »Imperial Klans of America«, kurz IKA, sind nicht irgendwer. Die Gruppe mit Hauptsitz in Kentucky ist eine der derzeit gefährlichsten rechtsextremistischen Organisationen in den

USA. 2006 schlugen vier IKA-Männer auf einem Jahrmarkt einen 16-Jährigen halb tot, weil sie ihn für einen illegalen Einwanderer gehalten hatten. Auch mit einem geplanten Attentat auf US-Präsident Barack Obama wird der IKA in Verbindung gebracht.

Ausgerechnet um diesen rassistischen Bund will sich der Bischof besonders verdient gemacht haben. Seine Arbeit sei schon bald honoriert worden und er sei zum *Grand Dragon Europe* auserkoren worden – »mit der Aufgabe, die deutsche Abteilung aufzubauen«. Unabhängig überprüfen lassen sich die Angaben nicht. Der IKA will sich dazu auf Anfrage nicht äußern. Wie bei so vielem, was der selbst ernannte Bischof von sich gibt, verschwimmen wohl auch hier Fakt und Fiktion.

Fest steht, dass um die Jahreswende 2006/07 auch der Verfassungsschutz auf die Aktivitäten von Peter B. aufmerksam wurde. Unter dem Betreff »Hinweis auf aktive Ku-Klux-Klan-Strukturen in Deutschland« dokumentierte ein Sachbearbeiter zwei E-Mails des Herrn aus Berlin mit rassistischen Weihnachtswünschen und dem Spruch »One Race – One God – One Church – One White World«. Etwa zur selben Zeit stellte Peter B. die Internetseite, die Seite der »European White Knights of the Burning Cross« ins Netz. Die europäischen weißen Ritter des brennenden Kreuzes seien der »einzig legitime europäische Ableger des amerikanischen Ku Klux Klan«.

Die Internetseite ist mittlerweile gelöscht, in Gerichtsunterlagen ist sie aber gut dokumentiert: eine düstere Homepage, die an der Gesinnung ihres Machers wenig Zweifel lässt. Da sind etwa vier Personen in Bomberjacken beziehungsweise Klanskutten zu sehen, wie sie den Hitlergruß zeigen – mit der linken Hand statt, wie einst die Nazis, mit der rechten, damit wähnten sich die Kapuzenmänner offenbar in Sicherheit vor

Strafverfolgung. Weitere Abbildungen zeigen ein in Flammen stehendes Keltenkreuz, einen Ku-Klux-Klan-Reiter sowie eine krude Collage: Unter anderem ist darauf ein dunkelhäutiger Mann zu sehen, der in ein abgetrenntes Bein beißt. Darüber prangt der Schriftzug »Africa, a continent ›full of diversity‹ ... Do you like the taste of diversity, White man? NO JEWS. JUST RIGHT. ARYAN JUSTICE« – Rassismus pur. Ein weiteres Bild zeigt ein von Narben schwer entstelltes Gesicht eines Dunkelhäutigen, darunter die Behauptung, Schwarze würden 46-mal häufiger Syphilis bekommen – inklusive der Bemerkung, was der Macher der Homepage davon hält: »Cool«.

◆

Zahlreiche Klan-Interessenten ließen sich davon nicht abschrecken. »Wir wollten unseren Amerika-Spleen ausleben«, beteuert etwa ein Mann, der Jahre später gegen B. vor Gericht aussagte. Er habe ein Faible für Soft-Air-Waffen, für Uniformen und alles, was mit Amerika zu tun hat – und er sei auf der Suche nach einer geheimen Bruderschaft gewesen, deren Mitglieder sich gegenseitig helfen, so etwas »wie die Freimaurer«. Irgendwie sei er dann im Internet auf der Homepage des Berliner Klans gelandet. »Volltreffer, habe ich mir gedacht.« Er habe gehört, dass es Klangruppen gäbe, die nicht rassistisch seien, für so eine Gruppe hielt er auch die »European White Knights« of the Burning Cross (EWKOTBC). Also schrieb er an die Adresse, die auf der Seite angegeben war. Dass es auf der Homepage der europäischen weißen Ritter des brennenden Kreuzes nur so von rassistischen Sprüchen und Illustrationen wimmelte, störte ihn nicht. War er naiv? »Ja, ganz klar. Es war ein Fehler.«

Damals antwortet dem Mann der Klan-Bischof aus Berlin. Er will mehr wissen über den Interessenten und seine Freundin, lässt sich Kopien ihrer Personalausweise schicken, erkundigt sich, ob sie Erfahrung im Umgang mit Waffen hätten. Wenige Wochen später kommt es zu einem ersten Treffen in Hannover.

In einem schäbigen Reihenhaus – dem Heim des sogenannten *Grand Dragon*, dem Hannoveraner Vize des Berliner Klanchefs – treffen der Mann und seine Freundin ein Ehepaar aus Bayern, eines aus Brandenburg und einen Skinhead aus Soest. Der wird sich schon bald wieder vom Berliner Bischof abwenden und in Nordrhein-Westfalen im bis zumindest Ende 2016 aktiven »Orden der teutonischen Ritter« Rassisten um sich scharen und Kurse zur »realistischen Selbstverteidigung für Deutsche Christen mit germanischer Abstammung« anbieten.

In Hannover jedoch lauscht er erst mal mit einer Handvoll weiterer Klan-Neulinge den Worten des *Grand Dragon*. Bei Bier und Stullen erklärt der *Große Drache*, wie es beim Klan laufe. Er schwärmt von der Bruderschaft, lobt die Verschwiegenheit und die Überlegenheit der weißen Rasse. Dann müssen die Neulinge eine Erklärung unterschreiben: dass sie »niemals und unter keinen Umständen« Geheimnisse des Klans preisgeben würden.

Anschließend wird ein improvisierter Altar aufgebaut, in der Ecke ein Holzkreuz aufgestellt, beleuchtet mit Teelichtern. Die Anwärter sitzen im Kreis, der Anführer hält eine Rede, erklärt die geheimen Zeichen des Klans, kurz nach Mitternacht ist der Spuk vorbei. Die Klan-Neulinge bekommen eine Bauanleitung für das Teelichtkreuz, dann dürfen sie heimgehen. Bischof Peter B., der *Imperial Wizard* und oberste »Schöpfer« des EWKOTBC, ist nicht zu dem Treffen gekommen.

Er hat zu jener Zeit Probleme mit den Behörden. Im Juni

2009 hatte jemand gegen den Betreiber der Homepage www.whiteknightseurope.de – also gegen ihn – Anzeige erstattet. Wenige Monate später durchsuchen Polizisten Peter B.s Doppelhaushälfte. In den »kleinbürgerlich eingerichteten« Wohnräumen, wie es später in Gerichtsunterlagen heißt, finden die Beamten allerlei Militär-Devotionalien, White-Power-Anstecker, Kriegsliteratur und Klan-Zeugs. Im Arbeitszimmer hängt ein Bild mit drei Personen in Kapuzenkostüm, die vor einer Südstaatenflagge posieren, daneben mehrere gerahmte Urkunden, ausgestellt von einer sogenannten ›Keltic Klan Kirk‹ und dem Ku-Klux-Klan auf »Reverend Minister Peter B.« und »Sir Peter B.«. Ein paar Schritte weiter steht eine Hitler-Büste.

Willkommen in der Welt des Peter B.

◆

Noch während er auf seinen Prozess wartet, schickt der Bischof an seine Anhänger Vorlagen für Klan-Flyer. »Bist auch du die Auswüchse dieser metro-, multi- und transsexuellen Gesellschaft leid?«, heißt es darin. »Fürchtest du, dass deine Kinder von einer perversen und gefährlichen Fremdkultur bedroht werden? Machst du dir genauso Sorgen um deine Zukunft und um deine Kinder?« – dazu die Aufforderung, sich noch heute beim Klan zu melden. Der Klub, so heißt es in den Broschüren, sei »eine Geheime Bruderschaft, für deren Mitglieder dies das einzig wichtige im Leben ist«.

»Leider« würde in Deutschland beim Namen Ku-Klux-Klan jeder sofort an Misshandlungen und brennende Kreuze denken. »Dank negativem Hollywoodimage und den sogenannten freien Medien tragen gewisse Falschmeldungen und ignorante Vorurteile weiter zu diesem Irrglauben bei! Wir sind eine verschworene Gemeinschaft weißer Christen, gesetzestreuer Männer und Frauen, germanischer, arischer, keltischer, normannischer, angelsächsischer Herkunft, die inzwischen nicht nur in den USA beheimatet sind!« Für Jugendliche zwischen 13 und 17 Jahren bietet der Klan des Berliner Bischofs das »Youth Corps« an – dieses sei »offen für alle weißen Jugendliche weltweit!«. Ein Antrag genüge und schon würde sich der »Jugendbeauftragte« des Geheimbundes melden.

Die Flyer, so schreibt B. an seine Anhänger, seien zum »diskret Verteilen«. An Bushaltestellen, Bahnhöfen, Schulen und Parkhäusern. »Mehr Mitglieder = Mehr Power!«, peitscht der Klanführer seinen Anhängern ein. Jeder könne – nein, müsse – eine Klan-Ortsgruppe, einen sogenannten *Klavern*, gründen, wenn er drei neue Mitglieder findet. Bis dahin zählte der Klan nicht einmal 20 Mitglieder, so zumindest legt es der Mailverteiler nahe – auf dem so eindeutige Adressen stehen wie klanmutti@googlemail.com oder granddragon337@aol.com. In einer »imperialen Order« erlässt Peter B. daher den Befehl, Mitglieder zu werben. »Ich warne vor Bequemlichkeit, das wäre der Tod für den Klan, dessen Schöpfer ich bin u. den ich mir durch die Faulheit einzelner nicht kaputt machen lasse.« Alleine könne man nicht überleben gegen die muslimischen Horden, trichtert er seinen Anhängern ein.

Rassenhass und Geschäftemacherei liegen bei Peter B. von Anfang an nahe beieinander. Ein ehemaliges Klanmitglied drückt es so aus: »Das ist eine Drückerkolonne auf Ku-Klux-Klan.« Für ihre Mitgliedschaft, für ihre Kutten und weiteres Material müssen die Klanmitglieder zahlen. Roben verkauft ihr Anführer für 150 Euro – sie seien aus Baumwolle, behauptet B., und würden extra aus Missouri über Griechenland nach Deutschland geschmuggelt. Das sei nötig, damit der Verfassungsschutz und der Zoll ihnen nicht auf die Schliche kommen. Seine Anhänger nehmen ihm das ab, überweisen brav auf das Konto von B.s Frau – und bekommen Wochen später ihre Robe. Sie ist aus Synthetik, der Stoff knistert bei jeder Bewegung. Der Bischof beharrt felsenfest darauf, das sei Baumwolle. Wenn der Bischof dies sagt, muss es auch so sein. Wer dem widerspricht, der bekommt die Wut des Rassisten zu spüren. Alltag im streng hierarchisch organisierten Klan des Peter B.

Der Klan hat seit jeher Leute angezogen, die aus Hass Kapital schlagen wollen. So war es bei Pfarrer Strohschein, der in den Zwanzigerjahren in Berlin Hunderte seiner Anhänger abkassierte. Auch bei dem geschäftstüchtigen Dennis Mahon, dem Anführer eines US-Klans, und ebenso ist es offenbar bei Peter B. Geld zu nehmen, ist dem Anführer jedenfalls nicht unangenehm. Für Interviews verlangt er gerne mal 25 000 Euro, für den *Kloran*, das Heilige Buch des Klans, reichen 150 Euro.

Der *Kloran* hat mehr als 100 Seiten, gleich auf der ersten: ein Bild des Bischofs. Er trägt ein Einstecktuch und blickt ernst in die Kamera. Der imperiale Hexenmeister, so steht es im *Kloran*, ist »ein weiser Mann, ein kraftvoller Zauberer und Herrscher«. Das Buch erklärt die Weltsicht des Klans: »Europa ist, war immer weiß und christlich.« Es folgt die übliche Hetze. »Brüder und Schwestern, wir sind im Krieg.«

◆

Für seinen Krieg braucht der Bischof Soldaten. Kurz vor Weihnachten 2010 schickt der *Bishop Reverend Imperial Wizard* daher eine Einladung zum »Erleuchten unseres heiligen Kreuzes und zur Klansweihe« an seine Anhänger. Erneut soll auf deutschem Boden ein Kreuz brennen.

Die Veranstaltung werde im Freien stattfinden, schreibt B. seinen Klansleuten, warme Kleidung sei daher nötig. Film, Fotos und Handys seien nicht erlaubt. Wer trotz Zusage nicht komme und keine Begründung habe, mache »sich des Hochverrats verdächtig«. Seine persönlichen Daten würden postwendend im Internet veröffentlicht. Denn: »Es gibt nichts schlimmeres als Spitzel und Verräter«. Die Drohung unterzeichnet der Bischof mit dem Kürzel AKIA – die Abkürzung steht, wie bereits erwähnt, für »A klansman I am«, eine Art Glaubensbekenntnis des Klans.

Die geheime Zusammenkunft, so erfahren es B.s Anhänger, findet in Grabow statt, einem 6000-Einwohner-Städtchen im mecklenburgischen Nirgendwo. An einem kalten Nachmittag im Februar 2011 treffen sich hier ein Dutzend Klansleute in einem Häuschen am Steindamm, vor dem die Südstaatenflagge weht. Hier wohnt Norbert W., einer der Vertrauten von Peter B. In der Klanhierarchie ist der Mittfünfziger *Imperial Knighthawk*. In seinem Wohnzimmer treffen die neuen Mitglieder aus Deutschland zwei Schweizer und einen norwegischen *Grand Dragon*, der sich als Arne vorstellt und – wie sich später herausstellt – Kontakt zu dem späteren Massenmörder Anders Breivik hatte. Es gibt Gulasch, dann folgt der Auftritt von Hochwürden aus Berlin: Im schwarzen Ledermantel, so wie ihn zu Hitlers Zeiten die Gauleiter trugen, betritt er das Wohnzimmer, grüßt seine Anhänger. Er schwärmt von dem großen Ereignis, das bevorstehe. Dann geht es los.

An die Frauen wird Pfefferspray verteilt, die Männer bewaffnen sich mit schweren Taschenlampen. Der Klan fürchtet, dass die Antifa von ihrem nächtlichen Treffen erfahren haben könnte. Verteilt auf mehrere Autos fahren sie zu einem einsamen Waldstück am Rande Grabows und ziehen ihre Klanskluft über. Peter B., der Klan-Bischof, trägt eine grüne Kutte, die seinen hohen Rang zeigen soll. Seine Untergebenen tragen weiß, die Wachmänner schwarz.

Es ist eine bitterkalte Nacht, der Wind pfeift. Im Licht einiger Fackeln lässt B. die neuen Mitglieder niederknien, auf die Verfassung des »Dritten Reiches« schwören, mit einem Deko-Schwert schlägt er sie zu Mitgliedern des Klans. Dann beginnt die eigentliche Zeremonie: Lodernde Fackeln in der Hand, weiße Masken über dem Kopf, so schreiten die Männer und Frauen über eine Wiese, wie auf wackeligen Videobildern des Treffens zu sehen ist. Die Kapuzenmänner bilden einen Kreis, in kantigem Englisch beschwören sie die »White Power«, die Macht der Weißen, die Rasse, die Nation. Dann entzünden sie ein mannshohes Holzkreuz. Die Klansleute wärmen sich nur kurz am Anblick, dann glauben sie in der Ferne Autos zu erkennen, die sich nähern. Die Antifa, fürchtet B. Alle laufen zu ihren Wagen, brausen zum Haus des *Grand Dragon*. Dort verabschiedet sich B. kurz, dann muss er weg. Er habe einen wichtigen Termin.

◆

Wenige Tage nach der Kreuzverbrennung in Grabow muss der Bischof vor dem Berliner Amtsgericht erscheinen – es geht um die Homepage www.whiteknightseurope.de, um die rassistischen Sprüche. Um Volksverhetzung. Hochwürden erscheint mit Bodyguard und Neonazi-Anwalt vor Gericht – »eine Kapazität im Nationalen Lager«, wie B. schwärmt. Der Klanführer bestreitet vor Gericht, Betreiber der mittlerweile gelöschten Homepage zu sein, dabei haben Ermittler in seinem Haus Bildmaterial gefunden, das dem auf der Internetseite entsprach. Peter B. wähnt sich offenbar dennoch in Sicherheit. Der erste Tag der Gerichtsverhandlung ist kurz, dann wird der Prozess vertagt. Der Bischof beschreibt später in einer Mail an seine Anhänger seine Sicht auf den ersten Prozesstag: »2 ½ Stunden wurde verhandelt, Presse u. ca. 10 Besucher waren auch da. Meine Wohnadresse hat diese Judensau von Richter auch verlesen«. Außerdem habe der Richter gedroht, ihn per Haftbefehl suchen zu lassen, sollte er am nächsten Verhandlungstag nicht erscheinen. »Hahhahah, die jüdische Fotze!« Er lasse sich nicht unterkriegen vom »linken, muslemischen, jüdischen Dreckspack«. Die Pest solle über sie kommen, in der Hölle sollen sie schmoren.

B.s Vize, der *Grand Dragon* aus Hannover, schreibt wenig später: »Dem ehrenwerten *Imperial Wizard* gehen die Linksradikalen und Erz-Rot-faschistischen sowie bütteligen Staatsorgane sehr an die Leber«. Die Klanmitglieder mögen ihm gut zureden und ein »Power-Stoßgebet« für ihren geliebten Anführer sprechen. Gleichzeitig mahnt er die Klansleute, über das Telefon-Festnetz »NUR über Persönliches oder Unwichtiges« zu sprechen. »Abhörungen und politische Verfolgung ist Faktum!«

B. wird schließlich am zweiten Prozesstag, im September 2011, wegen Volksverhetzung zu einer Geldstrafe in Höhe von 3600 Euro verurteilt. Er geht in Berufung.

Wer die Mails aus der Zeit des Prozesses liest, die der selbst ernannte Bischof schreibt, der kann erahnen, was er vorhat. Es werde die Zeit kommen, so droht der Klanführer, da würden nicht nur Plakate an deutschen Laternen hängen. Er persönlich werde die Knoten knüpfen – »und es wird mir Freude bereiten«. Es sind Sätze, die Taten fürchten lassen. Ein Vertrauter des Hexenmeisters, so erzählen es ehemalige Klansleute, forderte die Mitglieder dazu auf, Uniformen für den Straßenkampf zu kaufen. Bewaffnung sei ein Thema gewesen. Auch von einem Treffen mit Neonazis ist die Rede; offenbar sollten die Möglichkeiten für eine Zusammenarbeit ausgelotet werden.

Auch mit mehreren Klangruppen in den USA steht Peter B. in Kontakt, der »Kentucky Realm of the Church of the National Knights of the Ku Klux Klan«, kurz CNKKKK, bietet ihm per Mail eine Allianz an – zur Freude von B.: »Ich fände es eine Ehre und gut«, schreibt er den übrigen Klansleuten. Es gibt keine Hinweise, dass es je zu der deutsch-amerikanischen Klan-Allianz gekommen ist. Peter B.s Ruf bei Amerikas Rechten hat zu jener Zeit bereits gelitten. So hatte sich ein ehemaliger Mitstreiter von B. bei den »Aryan Brothers« beschwert, dass der Bischof »a fake« sei – und ein Polizeiinformant.

◆

Der Klanführer verliert in jener Zeit zunehmend die Kontrolle über seinen Klan. Während es ihm vor allem um Expansion geht, um neue Internetseiten, neue Projekte, regt sich bei seinen Mitgliedern Kritik: an den überteuerten Plastikkutten, dem miserabel übersetzten »Edelkloran«, vor allem aber am Umgangston, der immer ruppiger wird. Wer nicht spurt, bekommt den Zorn des Berliner Bischofs und seines Hannoveraner Adjutanten zu spüren. Als Klanmitglieder in den Augen der Obersten zu wenig Beiträge im Forum www.ewk-klavern14.yooco.de verfassen, flucht der Hannoveraner *Grand*

Dragon in einer Mail: »Ich sage dieses nicht, ich befehle es und so soll es geschehen.« Das Verhalten der Forumsfaulen sei »eines Kluxers unwürdig«, schreibt der Berliner Bischof. Es werde »rücksichtslos und endgültig von mir geahndet«. Die Frauen sollen gleich mal still sein. Ihr »traditioneller Rang« im Klan sei schließlich »HINTER den Männern«, grundsätzliche Entscheidungen seien Männersache.

Peter B. wittert an jeder Ecke Verräter. Ein Ehepaar, das länger nicht mehr ins interne Internetforum geschrieben hat, belegt der Anführer mit einem Bann und schickt seine Flüche den anderen in Kopie: »Solltet ihr Unfug treiben, spielen wir eure Mitgliedsurkunden euren Arbeitgebern zu und veröffentlichen sie im Internet.« Den Aufsässigen schreibt er: »Ihr seid es nicht wert, euch Kluxer zu nennen. Eure Namen werden an alle amerikanischen Klane übermittelt, wodurch euch kein Klan mehr aufnehmen wird.«

Ein anderes abtrünniges Pärchen erklärt der Bischof kurzerhand zu »Verrätern«. In Internetforen taucht wenig später ein Foto des Mannes und das seiner Lebensgefährtin auf; Kopien ihrer Personalausweise, auch ihre Adresse – so wie es B. zuvor gedroht hatte. Dazu die Aufforderung: »Deutsche Patrioten, richtet bei Gelegenheit diesen Verrätern schöne Grüße aus.«

Das Pärchen hat mittlerweile mit dem Klan abgeschlossen, sie kooperieren mit der Polizei, haben ihre Adresse beim Einwohnermeldeamt sperren lassen. Der Klan ist für sie ein dunkles Kapitel ihrer Vergangenheit. Erst nach mehreren Tagen Bedenkzeit stimmen sie einem Treffen zu. In der Provinz, im Nebenzimmer eines Landgasthofes.

Aussehen und Herkunft der beiden dürfen hier nicht beschrieben werden, denn sie fürchten um ihr Leben. Die Frau schweigt die meiste Zeit, der Mann spricht. Die Gruppe sei ein »Idiotenfang« gewesen, in dem sich »gestrandete Nazis« sammeln sollten. Er selbst habe konservative Ansichten, Rassist sei er aber nicht. Deswegen habe er das Weite gesucht.

Es ist ein drei Stunden langes Gespräch, sie haben ihre Kutten mitgebracht, Kopien interner Mails, Fotos und Videos. Das Pärchen beschreibt den Berliner Bischof als bauernschlauen und größenwahnsinnigen Choleriker. Er habe ein »flächendeckendes Netz« in Deutschland knüpfen wollen. Am Ende hätten die beiden Angst gehabt, dass er wirklich »eine kleine Armee aufbauen und in den Terrorismus reingehen« wolle. Je mehr sie reden, desto mehr zerfällt das Bild des braven Kirchenmannes, das B. so gerne von sich zeichnet – vor allem vor Gericht.

◆

In die Berufungsverhandlung vor dem Landgericht Berlin kommt B. nicht im Ku-Klux-Klan-Kostüm, sondern in Zivil, mit schwarzer Jacke und Kappe auf dem Kopf. Die junge Richterin fragt den Angeklagten: »Was sind Sie von Beruf?« Er sagt: »Bischof.« Der Klanführer bleibt der Linie treu, jede Verantwortung für die Internetseite zu leugnen. Die Fotos seien manipuliert, immer wieder würden ja Webseiten gefälscht. Doch die Beweise gegen ihn sind erdrückend. Etwa die Hitler-Büste in seinem Arbeitszimmer. Der 63-Jährige sagt dazu: »Ja gut, ich sammle auch Pfeifen und Feuerzeuge. Ich bin Sammler. Das ist doch nicht verboten.« Es ist mühsam, solchen Leuten mit dem Strafrecht beizukommen. Ein Ermittler breitet vor Gericht die Recherchen beim maßgeblichen Internet-Provider aus, anschließend sagen ehemalige Klanmitglieder aus.

Am Ende verurteilt das Berliner Landgericht den Hexenmeister im November 2013 zu 110 Tagessätzen von je 30 Euro.

Seither ist es ruhig geworden um den Mann. Es ist nicht bekannt, dass er in jüngster Zeit noch einmal zu einer Kreuzverbrennung geladen hat. Zwar gab es für kurze Zeit eine neue Homepage seines Klan-Bundes: Sie war »nahezu identisch« mit www.whiteknightseuropa.de, jener Seite, die B. die Verurteilung einbrachte, wie Berlins Innenbehörden 2013 in der Antwort auf eine kleine Anfrage von Parlamentariern mitteilen. Lediglich in einem Punkt schien B. aus seinen Fehlern gelernt zu haben: Er ist vorsichtiger geworden. In Großbuchstaben ist zu lesen »Achtung: Kontaktsperre für alle Mitglieder – Polizei ermittelt«.

Wie zu hören ist, sind dem Berliner Klan-Bischof in der Zeit seines Gerichtsprozesses etliche Mitglieder abtrünnig geworden. Der Berliner Senat berichtete im Sommer 2016, dass es »keine Erkenntnisse« über einen Berliner Klanableger mehr gebe. Die Bundesregierung deutete kurz darauf an, dass die Gruppe nach ihrer Kenntnis sehr wohl noch aktiv sei. Auf eine entsprechende Anfrage der Autoren antwortet Peter B. mit einem knappen Vierzeiler: Der Klan bestehe »seit 1865 auf Geheimhaltung und Diskretion« und bleibe seinen Grundsätzen treu. Unterzeichnet ist das Schreiben mit »KuKlux-Klan – Yesterday – Today – Forever«. Der Klan für immer also.

Kapitel IX
Das Rätsel: Der Tod des V-Manns Corelli

Am Nachmittag des 7. April 2014 bricht der Vermieter die Tür zur Wohnung von Thomas Dellig auf. Von innen steckte der Schlüssel, niemand reagierte aufs Klingeln. Zwei Personen, die sich als Delligs Bekannte vorgestellt hatten, sagten dem Vermieter, der gerade im Garten arbeitete, sie seien besorgt. Schon seit Tagen würde Dellig nicht mehr auf Anrufe reagieren. Die Jalousien der Wohnung sind heruntergelassen, teilweise brennt Licht. Als der Vermieter nun im Flur steht, lugt er durch die Schlafzimmertür und sieht seinen Mieter auf dem Bett. Er liegt dort unbekleidet und regungslos. Thomas Dellig ist tot.

Ursprünglich hieß der Tote Thomas Richter. Im Bundesamt für Verfassungsschutz kannte man den 39-Jährigen unter dem Decknamen »Corelli«. Jahrelang hatte Dellig alias Richter alias Corelli als V-Mann für den Geheimdienst gearbeitet und aus dem Innenleben der rechten Szene und des Ku-Klux-Klans berichtet. Sein trauriges und rätselhaftes Ende passt zu dem Leben, das der Spitzel geführt hat. Und es wirft viele Fragen auf.

◆

Die erste Frage ist vergleichsweise leicht zu beantworten: Wer waren die beiden Bekannten, die sich nach Thomas Dellig erkundigten? Wie sich herausstellt, waren es Mitarbeiter des

Bundesamts für Verfassungsschutz. Sie hatten die Aufgabe, sich um Corelli, der 2012 enttarnt worden war, zu kümmern und ihn in seinem neuen Leben zu begleiten. Und Beamte des Amtes wollten Corelli möglichst bald auch zu einer verdächtigen CD befragen.

Thomas Richter wurde am 24. Oktober 1974 in Morl geboren, einem Vorort von Halle. Er wuchs in der DDR auf, sein Vater arbeitete bei der Reichsbahn, die Mutter war Erzieherin. Nach seiner Enttarnung gab ihm das Amt nicht nur einen neuen Namen, sondern auch ein anderes Alter und eine andere Herkunft: Thomas Dellig, geboren am 25. November 1975 in Celle. So stand es auf seiner neuen Geburtsurkunde, seinem neuen Ausweis, seiner neuen Krankenversicherungskarte. Die Miete für seine neue Wohnung in einem Mehrfamilienhaus in Paderborn wurde in bar bezahlt. Das Amt bemühte sich darum, Thomas Dellig in Arbeit zu bringen. Er absolvierte auf Kosten des Verfassungsschutzes einen Schweißerlehrgang und erwarb einen Führerschein als Staplerfahrer. Corelli galt im Amt als Top-Quelle. Man war ihm etwas schuldig.

Die Betreuer vom Geheimdienst erhalten am 2. April 2014 eine SMS, mit der sich Corelli krankmeldet und ein geplantes Treffen absagt (»liege flach mit fieber«). An den folgenden Tagen wollen sich die Beamten nach dem Zustand ihres Schützlings erkundigen. Corelli antwortet nicht. Anrufe nimmt er nicht an. Die Abläufe sind später in umfangreichen Ermittlungen rekonstruiert worden, von Polizei und Staatsanwaltschaft, dem Justizministerium in Nordrhein-Westfalen und von dem Sachverständigen und Grünen-Politiker Jerzy Montag, beauftragt durch das Parlamentarische Kontrollgremium des Bundestags, das die Arbeit der Geheimdienste überwachen soll.

So weiß man, dass von Corellis Handy in der Nacht vom 3. auf den 4. April mehrere Suchanfragen im Internet gestellt wurden: »wohin Bauchschmerz« und »wohin mit Magenschmerzen«? Gesucht wurde außerdem nach einem Arzt und einem Krankenhaus. Aber offenbar unterließ es Corelli, dort anzurufen und Hilfe zu holen.

Da seine Betreuer nichts mehr von ihm gehört haben, machten sie sich schließlich auf den Weg nach Paderborn und stellen sich dem Vermieter als Bekannte vor. Gemeinsam mit ihm warten sie auf den Notarzt, der am 7. April um 16:05 Uhr den Totenschein ausstellt. Kurz zuvor bekam die Polizei den Auftrag, wegen eines ungeklärten Todesfalls zur Wohnung zu kommen. Die Beamten finden neben dem Bett der Leiche mehrere Wasserflaschen und eine angebrochene Packung eines Medikaments gegen Magenbeschwerden und Übelkeit. Nach dem Abtransport der Leiche wird die Wohnung versiegelt.

◆

In den Behörden muss allen sofort klar gewesen sein, wie mysteriös und überaus heikel dieser Tod war. Am 9. April 2014 findet ein vertrauliches Treffen im Polizeipräsidium Bielefeld statt. Außer der Polizeipräsidentin nehmen daran eine Abteilungsleiterin aus dem Bundesamt für Verfassungsschutz (BfV) und einer ihrer Mitarbeiter teil, außerdem der zuständige Oberstaatsanwalt und drei Beamte der Mordkommission. In Berlin informiert der Präsident des BfV das Parlamentarische Kontrollgremium. Hinter den Kulissen suchen die Behörden nach einem diskreten Weg, Corelli zu bestatten. Sie wollen ihn unter seinem neuen Tarnnamen Thomas Dellig beisetzen lassen. Erst als die Presse von dem Fall erfährt und sich die

Brüder des ehemaligen V-Manns bei den Ermittlern melden, rudern sie zurück. Es wird nicht das einzige Mal in diesem Fall bleiben.

Wie und warum ist Corelli so plötzlich gestorben? Ein 39 Jahre alter Mann, der Ärzte gemieden haben soll. Ein V-Mann, dessen Leben der Verfassungsschutz schützen sollte. Ein Ex-Mitglied des Ku-Klux-Klans, das sich früher auch im Dunstkreis der NSU-Terroristen bewegt hatte. Nach Auffliegen des NSU wurde Corelli vom BKA vernommen – er beteuerte, die Terroristen nicht gekannt zu haben. Beamte planten, ihn erneut zu vernehmen, denn nun waren verdächtige alte CDs mit Fotodateien aufgetaucht, die möglicherweise einen Bezug zum NSU hatten – und von Corelli stammen sollten. Zu spät. Der Zeuge war tot.

Dass jemand Corelli umgebracht haben könnte, dafür fanden die Mediziner keine Belege. Und auch nicht für einen Suizid. Der Notarzt, der den Totenschein ausstellte, notierte, die Todesursache sei ungeklärt. Anzeichen für äußere Einwirkungen sehe er nicht. Eine Obduktion der Leiche am Institut für Rechtsmedizin in Münster kam zum Ergebnis, dass Thomas Richter alias Corelli an einem »hyperglykämischen (diabetischen) Koma« gestorben ist – einem Zuckerschock infolge einer zuvor nicht erkannten Diabetes-Erkrankung.

Ein toxikologisches Gutachten endet im September 2014 mit negativem Resultat: keine Hinweise auf Drogen oder Medikamente. Die Staatsanwaltschaft fordert noch ein weiteres Gutachten an, das Werner Scherbaum erstellt, Facharzt für Innere Medizin und Professor in Düsseldorf. Er hat schon Dutzende Fachaufsätze über Diabetes geschrieben, auf Konferenzen referiert. Kurzum: Er ist eine Koryphäe auf seinem Gebiet. Dieser Experte also schreibt im November 2014, dass die bei dem Toten gefundenen Symptome nur durch einen Insulinmangel-Diabetes verursacht werden könnten. Typische Symptome seien zunächst gesteigerter Durst, allgemeine Müdigkeit, Abgeschlagenheit und Leistungsschwäche, dann Verwirrtheitszustände. Bleibe eine Behandlung aus, würden die Betroffenen unter Übelkeit und Brechreiz leiden und schließlich unter zunehmender Bewusstseinstrübung. Damit vereinbar seien die Medikamente gegen Übelkeit und die Wasserflaschen, die neben dem Bett des Toten gefunden wurden.

Wie der Gutachter weiter ausführt, existiere keine Substanz, die eine entsprechende Hyperglykämie auslösen könne. Erst mehrere Monate später fällt dem Mediziner doch noch eine Möglichkeit ein. Erst einmal aber nehmen die Behörden die Nachricht, dass eine Fremdeinwirkung und damit eine Tötung des V-Manns praktisch ausgeschlossen zu sein schien, mit großer Erleichterung auf. Die Staatsanwaltschaft Paderborn hält den Todesfall für gelöst und stellt im November 2014 die Ermittlungen ein. Vorerst.

◆

Fast sein gesamtes Leben als Erwachsener hat Thomas Richter in der rechten Szene verbracht – und als Spitzel »gearbeitet«, der für seine Informationen vom Verfassungsschutz Geld kassierte. Mit 19 Jahren hatte er sich mit seinen Kameraden überworfen, nachdem eine Geburtstagsparty aus dem Ruder gelaufen war. Er wandte sich an die Polizei und bezeichnete den Anführer der rechtsradikalen Gruppe als Despoten, der absolute Unterwerfung verlange. Dazu sei er nicht mehr bereit. Die Polizei vermittelte den jungen Mann, der offenbar an einem Ausstieg aus der rechten Szene interessiert war, an den Verfassungsschutz.

Thomas Richter hatte nach dem Fall der Mauer Anschluss an einen Kreis von Skinheads im Raum Halle gefunden. In Ostdeutschland sei es nach der Wende »drunter und drüber« gegangen, erinnerte sich Richter später, als das Amt ihn einen Lebenslauf schreiben ließ. Mit seinen Skinhead-Freunden habe er Kassetten gehört, »die Leute aus dem Westen mitbrachten«. Rechtsrock. Im September 1992 soll Richter zu einer Neonazi-Gruppe gehört haben, die ein Asylbewerberheim in Hettstadt angriff. Ermittlungsakten dazu gibt es nicht mehr.

Die Oberschule hatte Thomas Richter ohne Abschluss verlassen, im wiedervereinigten Deutschland stand er ohne Ausbildung da. Ein Lederwarenhändler stellte Richter als Hilfskraft ein, der damit in den folgenden Jahren einen Teil seines Lebensunterhalts bestritt, ergänzt von Sozialhilfe, Handel mit Neonazi-Devotionalien und den Honoraren des Geheimdiensts.

Bevor er beim Staat anheuerte, hatte Richter Kontakte zur »Nationalistischen Front« (NF) des Rechtsextremisten Meinolf Schönborn geknüpft und war 1992, vermutlich auf Einladung Schönborns, in ein Haus der NF im nordrhein-westfälischen Detmold gezogen. Dort eskalierte Richters Feier zum 19. Geburtstag, zu der mehr als hundert Skinheads gekommen waren. Neonazi-Bands spielten und peitschten die Masse auf. Das NF-Haus wurde verwüstet, Thomas Richter bekam großen Ärger. Er stand im wahrsten Sinne des Wortes vor einem Trümmerhaufen. Sämtliche Kosten sollte er übernehmen. Auf Solidarität seiner Kameraden konnte er nicht zählen, die »Nationalistische Front« wollte Geld sehen. Wütend und enttäuscht ging Richter zur Polizei. Dort soll er gesagt haben, er habe die »Nase voll« und sei auch bereit, mit dem Verfassungsschutz zusammenzuarbeiten.

Er ging zurück nach Halle, wohnte zunächst in prekären Verhältnissen zur Untermiete. Er lebte von Sozialhilfe und soll den Beamten deutlich gemacht haben, dass er für Geld im Prinzip alles machen würde. Als ihn die Behörden in Nordrhein-Westfalen an den Verfassungsschutz in Sachsen-Anhalt weitergereicht hatten, soll er erneut auf sein finanzielles Interesse hingewiesen, aber auch erwähnt haben, dass er sich langfristig aus der rechten Szene lösen und ein »ordentliches Leben« als Familienvater führen wolle. Dazu kam es nicht. Statt ihn aus dem braunen Sumpf zu holen, trieb ihn der Geheimdienst immer tiefer hinein.

Die Behörde in Sachsen-Anhalt überreichte Richter bereits beim ersten Treffen ein Handgeld von 300 D-Mark, auch der Verfassungsschutz von Nordrhein-Westfalen zahlte dem Informanten ein Honorar. Im Jahr 1994 vermittelten die Beamten aus Halle die neue Quelle an das Bundesamt für Verfassungsschutz in Köln. Dort steigt Richter unter dem Decknamen »Corelli« richtig ein ins Spitzelgeschäft. Über die Jahre gibt das Amt fast 300 000 Euro für den V-Mann aus (davon knapp 90 000 Euro im Schutzprogramm nach der Enttarnung 2012).

Die Beamten störten sich offenbar auch nicht daran, dass er während der Anwerbephase Beschuldigter in einem Strafverfahren war, weil er verbotenes Propagandamaterial aus den USA bezogen haben soll. Das Amt setzte sich, wie der Sachverständige Jerzy Montag urteilte, für »eine gesetzwidrige Sonderbehandlung« ein und erkundigte sich bei der Polizei und einem Staatsanwalt nach anstehenden Maßnahmen. Es wollte die neue Quelle »auf keinen Fall verlieren«, schrieb Montag im Mai 2015 in seinem Gutachten, das zu großen Teilen unter Verschluss gehalten wird, den Autoren aber vollständig bekannt ist.

Aus Sicht des Geheimdiensts war Corelli sein Geld wert. Schon 1994 hob man intern hervor, der junge Mann, der ein bisschen lispelte, habe gute Zugänge im gesamten Spektrum des Rechtsextremismus. Notiert wurde auch, dass er ein »übersteigertes Geltungsbedürfnis« habe. Im Jahr 1995 erhält der V-Mann eine Sonderprämie, um sich ein Auto kaufen zu können, damit er sich bundesweit mit anderen Neonazis treffen konnte. Viel unterwegs war er zudem im Internet. Dort betrieb Corelli mehrere eigene Seiten und vernetzte sich mit der Szene. Als selbst ernannter »Nationaler Demonstrationsbeobachter« reiste er zu Aufmärschen, fotografierte Teilnehmer und Journalisten. Sehr praktisch für den Geheimdienst. Seinem V-Mann-Führer lieferte Corelli stapelweise Neonazi-CDs, Magazine und Flugblätter sowie mehrere Aktenmeter mit Hinweisen auf Personen, Konzerte, Internetseiten und Kundgebungen. Und nicht zu vergessen: auf den Ku-Klux-Klan.

◆

Ende der Neunzigerjahre nutzt Thomas Richter alias Corelli verschiedene Internetchat-Kanäle im sogenannten Undernet, einem Netzwerk für Chats. Er hat einen Operatorstatus im Kanal »kkk« und erhält das Angebot, in den USA amerikanische Kameraden zu treffen. In einem Chatkanal mit dem Namen »holocaust2000« tauscht sich Corelli mit Achim Schmid alias Ryan Davis aus, dem Klanführer aus Schwäbisch Hall, der in Chats als »odino5« aufgetreten sein soll. Gemeinsam nahmen sie, so der Sachverständige Jerzy Montag in seinem Bericht über Corelli, im Jahr 2000 an einem Skin-Konzert in Dänemark teil. Die Bekanntschaft wird schnell so weit vertieft, dass Corelli dem Kapuzenmann sogar eine größere Geldsumme leiht. Da der V-Mann einen Großteil seiner Einnahmen vom Verfassungsschutz bezog, kann man sagen, der Kredit an den Klanführer kam indirekt vom Staat.

Im Geheimdienst wird der Kontakt zu Ryan Davis und zum Ku-Klux-Klan als interessant bewertet. Denn bisher habe man kaum Kenntnisse über den deutschen Ableger des Geheimbunds. Corelli, der im Internet oft den Benutzernamen »geheimkult« verwendet hat, schien genau der Richtige zu sein, diese Szene auszukundschaften. Doch angeblich war er zunächst gar nicht so begeistert. Das Hierarchische und Pseudoreligiöse des Klans sollen ihn abgestoßen haben. »Nach hinreichendem Druck seines V-Mann-Führers«, so der Sachverständige, habe Corelli dann aber den »angewiesenen engen Kontakt« zu Ryan Davis und dessen Schwaben-Klan gehalten.

Offenbar fuhr Corelli regelmäßig zu Besuchen nach Schwäbisch Hall und übernachtete dort auf dem Sofa. Die damalige Frau von Ryan Davis sagte später vor dem NSU-Untersuchungsausschuss in Stuttgart, Thomas Richter sei häufig bei ihnen zu Hause gewesen. Ihr gegenüber sei er abweisend und als Besserwisser aufgetreten. Stets habe er sie korrigiert, dass es nicht »Homepage« heiße, sondern »Heimatseite«, und nicht »Samstag«, sondern »Sonnabend«. Einmal habe er ihr ein Rezept für seine »Oidellen« gegeben, seine vegetarischen Frikadellen. »Oi!« – so heißt eine (Musik-)Stilrichtung in der Skinhead-Bewegung. Unter dem Namen »Oikrach« betrieb Richter jahrelang eine Internetseite mit rechtsradikalen Inhalten, die seiner Popularität in der Szene zugutekam. Der Verfassungsschutz förderte die Internetaktivitäten seines V-Manns, half ihm bei der Computerausstattung, sprach sich mit ihm über die Gestaltung der Seiten ab und erhielt von Corelli Zugänge zu den Nutzerdaten.

Gemeinsam mit Ryan Davis wechselte Corelli von den »International Knights« (IK KKK) zu den »European White Knights«. So rekonstruierten es später die Ermittler; Corelli bestritt allerdings, bereits den »International Knights« angehört zu haben. Wie auch immer: Während einer Zeremonie in Österreich wurde er in den Klan aufgenommen. Ein Kreuz war mit Teelichtern geschmückt, und ein Mitarbeiter des Verfassungsschutzes schrieb an den dazu eingehenden Bericht die handschriftliche Notiz: »wie romantisch«.

◆

Im Frühjahr des Jahres 2001 reist Corelli in die USA. Begleitet wird er von einem Österreicher, der zeitweise als eine Art Europabeauftragter der »White Knights« fungiert haben soll. Die Reisekosten des V-Manns bezahlt das Bundesamt für Verfassungsschutz. Amtshilfe für den Ku-Klux-Klan.

Thomas Richter alias Corelli nimmt in Amerika an einer »Kreuzzeremonie« teil und lernt den US-Klanführer Jimmie Maxey kennen. In der deutschen Klangruppe hat Richter den Rang eines *Kleagle*, eines Anwerbers, der in Ostdeutschland neue Mitglieder rekrutieren soll. Der V-Mann ist dabei, als in Ritualen des Schwaben-Klans die Anwärter aufgenommen werden. Eines der Treffen soll bei Aurach in Mittelfranken stattgefunden haben, andere in der Region um Schwäbisch Hall. Aus Halle, Eisenach und Leipzig lotst der *Kleagle* neue Leute zum Schwaben-Klan, darunter einen aggressiv auftretenden Neonazi, der Unruhe in die Gruppe bringt. Und schließlich liefert der Klan-Spitzel dem Geheimdienst die brisanten Informationen über Polizisten, die sich für den Geheimbund interessieren und ihm beitreten.

Als die Behörden im Sommer 2002 das Jahrestreffen der »European White Knights« überwachen wollen, planen sie den Einsatz eines Peilsenders, den Corelli in einem Rucksack mit sich führen sollte. Letztlich war für die Aufdeckung der Klangruppe ein einfacheres Mittel ausreichend: das Notieren von Kfz-Kennzeichen der angereisten Teilnehmer. Wie wohl oder unwohl sich Thomas Richter in seiner Doppelrolle als Kapuzen- und V-Mann fühlte, ist nicht bekannt. Zu den Passwörtern, die er benutzte, gehörten die Wörter »nazi« und »verräter«, was darauf hindeutet, dass er sich über sein Tun und die damit verbundenen Gefahren durchaus im Klaren war.

Auch den Behörden war bewusst, wie heikel die Lage für den Verräter werden konnte. Der Verfassungsschutz wies die Polizei darauf hin, dass eine »sehr sensible Quelle« im Spiel sei, wodurch die Maßnahmen gegen den Klan und die Beamten, die sich dort herumtrieben, teilweise gebremst und behindert wurden. Einerseits schien es vernünftig zu sein, die Einblicke in den Geheimbund durch einen V-Mann zu nutzen und auf diese Weise auf etwaige militante Pläne aufmerksam zu werden. Andererseits wurde der Staat durch seinen Zuträger zu einem Teil des Problems.

Betrachtet man die Mitgliedschaft der »European White Knights«, entsteht ein ebenso sonderbares wie erschreckendes Bild: Mindestens zwei Mitglieder waren Polizisten, der Anführer ein ehemaliger V-Mann des Landesamts und einer der Anwerber ein aktueller V-Mann des Bundesamts für Verfassungsschutz. »Gab es denn überhaupt Mitglieder, die nicht bei Polizei oder Verfassungsschutz waren?«, fragte süffisant der FDP-Politiker Hartfrid Wolff, als der erste NSU-Untersuchungsausschuss des Bundestags den Fall behandelte. Solche

Mitglieder gab es zwar, aber die Häufung von Personen, die für den Staat arbeiteten, war in der Tat bemerkenswert – und führte zu absurden Situationen.

Die frühere Ehefrau des Klanführers erinnerte sich bei Vernehmungen daran, dass die beiden Polizisten, die zum Klan gehörten und unter den Namen Brian und JJ Green firmierten, angeblich bei einer rechten Demonstration auf Thomas Richter getroffen seien. Da habe es intern »ein Mordstheater« gegeben. Genaueres wisse sie nicht mehr, es sei zu lange her. Die beiden Beamten sagten hingegen, solch eine Situation habe es nicht gegeben. Und Thomas Richter kann man nicht mehr dazu befragen. In einem seiner Berichte ans Bundesamt ist von einer anderen Situation die Rede: Demnach soll einer der beiden Polizisten – Brian, der spätere Truppführer der 2007 ermordeten Beamtin Michèle Kiesewetter – im Jahr 2002 ein Klantreffen kurzfristig abgesagt haben. So steht es in einem Vermerk, den der Verfassungsschutz im April 2002 anfertigte. Der Polizist könne nicht kommen, weil er dienstlich zu einem Einsatz in Weimar ausrücken musste – einer Neonazi-Demo am 20. April, Hitlers Geburtstag.

Wie diese Episode zeigt, konnten die unterschiedlichen Loyalitäten der Kapuzenmänner groteske Folgen haben. Sie sind im Übrigen geeignet, Spekulationen zu nähren, der Klan könnte bewusst von staatlicher Seite geschaffen worden sein. Nach einer sogenannten Honigtopf-Theorie wollten die Behörden nur sehen, wen der Geheimbund so alles anlocken würde. Tatsächlich dokumentiert ist, dass man im Bundesamt für Verfassungsschutz den Spitzel Corelli gezielt auf den Ku-Klux-Klan ansetzte, nachdem sich diese Chance durch dessen Internetkontakte ergeben hatte. Der CDU-Bundestagsabgeordnete Clemens Binninger fragte im Untersuchungsausschuss einen zuständigen Mitarbeiter des Bundesamts, wie der V-Mann zum Klan gekommen sei. Man habe ihn in diese Richtung schon »ein bisschen angestupst«, antwortete der Beamte.

Allerdings widersprechen die Behörden vehement dem Eindruck, sie könnten die Gründung der Klangruppe oder gar das Anwerben von Polizisten in Auftrag gegeben haben. Auch Ryan Davis dementierte die Honigtopf-These. Offenbar war man im Landesamt in Stuttgart erzürnt und entsetzt, dass der eigene V-Mann aus dem Ruder lief und eigenmächtig die »European White Knights« ins Leben rief. Auch die Interventionen des Bundesamts, die in der im Kapitel VII geschilderten Operation »Limerick« mündeten (der gezielten Ansprache von Klanmitgliedern, um diese zu verunsichern), verträgt sich schlecht mit der Honigtopf-Theorie. Helmut Rannacher, damals Präsident des Landesamts, sagte vor dem Untersuchungsausschuss in Stuttgart, nach seinem Eindruck wollte das Bundesamt für Verfassungsschutz die Klangruppe so schnell wie möglich zerschlagen. Sogar der Grünen-Rechtspolitiker Jerzy Montag, der das Treiben der Dienste durchaus kritisch sieht, kam in seinem Gutachten zu dem Schluss: Der Einsatz des V-Manns beim Ku-Klux-Klan sei »überwiegend erfolgreich« gewesen. Die Gruppe habe sich aufgelöst, und die Mitgliedschaft von Polizisten sei aufgedeckt worden.

Allerdings wurde der Einsatz mit einem hohen Preis bezahlt, nicht nur finanziell. Indem der Geheimdienst Corelli im Klan mitmachen ließ, trug er zunächst zur Stärkung der Gruppe bei. Immerhin durfte der V-Mann auf Staatskosten sogar in die USA reisen, um dort Rassisten zu treffen. In Deutschland bescherte Corelli dem Schwaben-Klan neue Mitglieder, von denen mindestens eines als militanter Neonazi die Gefahr mit sich brachte, die Gruppe weiter zu radikalisieren.

Und nicht zuletzt blieb Corelli selbst eine dubiose Figur. Er war ja keineswegs ein loyaler, am Schutz der Verfassung wahrhaftig interessierter Mitarbeiter der Behörde, vielmehr ein freiberuflich agierender Spitzel, dem es vermutlich vor allem um eines ging: ums Geld.

Wie Jerzy Montag halten es die Autoren für wenig wahrscheinlich, dass sich Thomas Richter ideologisch und gedanklich aus der rechten Szene gelöst hatte. Sein Spitzname, den er auch selbst verwendete: HJ Tommy. Er war und blieb ein überzeugter Rechtsextremist, der das Interesse der Behörden an der rechten Szene ausnutzte. In seiner Wohnung umgab er sich mit NS-Schriften, und laut einem Freund hatte er eine Vitrine, in der er Panzerminiaturen und Objekte mit der Aufschrift »Blood & Honour« sammelte.

Als Thomas Richter im Jahr 2013 von NSU-Ermittlern des BKA befragt wird, gehen die Beamten kurz auf den Spitznamen ein. Richter behauptet ernsthaft, das »HJ« stehe nicht etwa für die Hitlerjugend, sondern nur für »Hallescher Junge«, denn dort sei er ja aufgewachsen. Es ist das übliche Herumeiern und Herausreden, das viele Neonazis in solchen Vernehmungen praktizieren. Der Zeuge wirkt insgesamt nur bedingt auskunftsbereit. Sich mit solchen Zuträgern einzulassen birgt für den Staat ein hohes Risiko. Das sollte sich auch zeigen, als mögliche Verbindungen des V-Manns zur Terrorgruppe NSU in den Fokus rückten.

◆

Am 26. Januar 1998 tauchten die Thüringer Neonazis Beate Zschäpe, Uwe Böhnhardt und Uwe Mundlos unter. An dem Tag hatte die Polizei in Jena, wie oben geschildert, eine von

Zschäpe angemietete Garage durchsucht und darin Sprengstoff, im Bau befindliche Rohrbomben und jede Menge Propagandamaterial gefunden. Unter den sichergestellten Schriftstücken befand sich eine Liste, die Uwe Mundlos angelegt hatte. Darauf hatte er die Namen, Adressen und Telefonnummern etlicher Kameraden notiert. Dort stand samt Postfach in Halle, Handy- und Festnetznummer auch dieser Name: Thomas Richter.

Offenbar hatte Mundlos ihn während seines Wehrdienstes kennengelernt. Richter war nur wenige Monate bei der Bundeswehr gewesen, die meiste Zeit in Kliniken und ärztlicher Behandlung. Er klagte über diffuse Symptome und vieles spricht dafür, dass er es durch simulierte Beschwerden darauf anlegte, aus der Bundeswehr entlassen zu werden. Zu dieser Zeit, als er bereits als V-Mann »Corelli« aktiv war, könnte er Mundlos getroffen haben, in einer Bundeswehreinheit in Tautenhain oder, was der Sachverständige Jerzy Montag für wahrscheinlicher hält, im Sanitätszentrum in Gera.

Dem Bundesamt für Verfassungsschutz teilte Richter im Februar 1995 mit, er habe Kontakt zu Uwe Mundlos gehabt. Er übermittelte der Behörde weitere Informationen: neben der Adresse von Mundlos Angaben über die Kameradschaft in Jena und einen von ihr verschickten Brief an den damaligen Vorsitzenden des Zentralrats der Juden in Deutschland, Ignatz Bubis.

Ob es später weitere Kontakte zwischen Mundlos und Richter gab, ist nicht bekannt. 1998, als die Polizei die Telefonliste in der Garage fand, war die notierte Telefonnummer Richters bereits nicht mehr gültig. Als die NSU-Ermittler Thomas Richter Jahre später befragten, stritt er jede Bekanntschaft mit den Terroristen ab.

Sicher ist, dass er in der rechten Szene viel herumkam und auch ein paar Bekannte oder mutmaßliche Helfer des untergetauchten Trios kannte. Für die rechtsextreme Zeitschrift ›Der Weisse Wolf‹ stellte er zeitweise Speicherplatz im Internet zur Verfügung und half damit dem damaligen Herausgeber, dem NPD-Politiker David Petereit. In einer Ausgabe des Magazins – Heft 18, 2002 – bedankte sich die Redaktion in einer Anzeige beim NSU: Hintergrund des Grußes war vermutlich ein Brief, den der NSU an mehrere rechte Magazine versandt hatte, mit einer beigelegten Geldspende. Allerdings hatte sich in dem Brief, den die Ermittler nach dem Tod von Mundlos und Böhnhardt auf deren Computern fanden, niemand als Person zu erkennen gegeben. Ob Corelli diesen Brief kannte, weiß man nicht. Angeblich hatte er, wie er beim BKA beteuerte, keine Ahnung von der Existenz des NSU.

Der V-Mann stellte dem ›Weissen Wolf‹ nicht nur Platz auf einem angemieteten Server zur Verfügung, er lieferte das Magazin auch beim Verfassungsschutz ab – darunter die Ausgabe mit dem Dankesgruß an den NSU. In der Behörde schien damals aber niemand auf die kryptische Botschaft reagiert zu haben.

Weitere Funde sind interessant und verdächtig: Als die Polizei im Jahr 2000 Richters Wohnung durchsuchte (und der Verfassungsschutz in dem Moment sicherlich um seine Quelle bangte), fand sie unter anderem die »Blood & Honor«-Kampfschrift ›Der Weg vorwärts‹ (›The Way Forward‹). Darin wird eine Terrorstrategie propagiert, die auf die Gründung kleiner, militanter Zellen setzt. Richters Klankollege Achim Schmid kannte die unter dem Pseudonym Max Hammer verfasste Schrift ebenfalls. Er war es, der sie eigenen Angaben zufolge vom Englischen ins Deutsche übersetzen sollte. Das Buch kursierte auch im Umfeld des NSU und war generell in der rechten Szene verbreitet.

Auch der rosarote Panther? Die NSU-Terroristen verwendeten die Comicfigur und die dazugehörige Melodie für ihr Bekennervideo. Am Ende des Videos ist das berühmte Zitat aus der Zeichentrickserie zu hören: »Heute ist nicht alle Tage – ich komm wieder, keine Frage.« Thomas Richter verwendete Anklänge an diesen Spruch in einem Beitrag auf einem Neonazi-Internetforum: »In diesem Sinne: Heute ist nicht aller Tage...«. Er schrieb dies am 13. Juni 2006, in einer Zeit, als die Terroristen bereits an ihren Videos arbeiteten, die Öffentlichkeit sie aber noch nicht kannte. Zufall? Möglich, denn der Spruch ist ja schon vor längerer Zeit in den Alltagsgebrauch eingesickert. Oder war der Kapuzenmann dem NSU doch viel nähergekommen, als er zugeben wollte?

◆

Beim Aufräumen auf dem Dachboden fällt einem anderen V-Mann aus der rechten Szene eine CD in die Hände. Hoppla, was ist das? Auf einer Datei mit dem Namen »info.htm«, einer Art Vorwort zur CD, folgt auf die Anrede »Heil Euch Kameraden und Kameradinnen« ein merkwürdiger Text. Darin heißt es: »Vor Euch liegt nun die erste umfangreiche Bilddaten-CD des Nationalsozialistischen Untergrunds der NSDAP (NSU). Ihr sollt wissen, dass diese CD das Ergebnis mehrerer Jahre ist (...) Mehr als 15 000 Bilder warten auf Euch und darauf ein Stück unserer Propaganda zu werden. (...) Diese CD ist kostenlos zu verbreiten!« Unterschrieben ist das Pamphlet mit »Heil Hitler!« und »Nationalsozialistischer Untergrund der Nationalsozialistischen Deutschen Arbeiterpartei«.

Auf einer weiteren Datei der CD, mit dem Dateinamen »einlage.jpg« sind die Hände Hitlers abgebildet, entnommen einem Bildband aus dem Jahr 1935, und erneut die Abkürzung »NSU/NSDAP«. Außerdem ist eine Pistole des Typs Glock zu sehen und eine Wolfsangel, ein in der rechtsextremen Szene verbreitetes Symbol.

Der V-Mann erkennt die Brisanz des Fundes und meldet ihn seiner Behörde, dem Verfassungsschutz in Hamburg. Das geschieht im Februar 2014, zweieinhalb Jahre nach Auffliegen des NSU. Der Informant gibt in Befragungen an, er habe die CD etwa im Jahr 2006 von Thomas Richter per Post erhalten. Ob das stimmt, ist nicht sicher. Angeblich will die Quelle Thomas Richter bereits seit der Jahrtausendwende gekannt und auch anderes Material von ihm bekommen haben. Im Amt in Hamburg gilt der Informant als zuverlässig und ehrlich, was nicht viel heißen muss. Für ein Täuschungsmanöver sieht indes auch der Sachverständige Jerzy Montag keine Anhaltspunkte.

Tatsächlich gibt es Indizien dafür, dass die CD nicht nur von Thomas Richter alias Corelli verschickt, sondern sogar von ihm oder unter seiner Mitwirkung erstellt worden ist. Auf Videodateien mit Filmaufnahmen von Neonazi-Aufmärschen ist ein elektronisches Wasserzeichen zu erkennen: www.oikrach. So hieß eine der Internetseiten, die Corelli betrieb. Allerdings hätte auch eine andere Person diese Dateien von der Seite herunterladen können. Der Zeitstempel der CD weist auf ein Erstellungsdatum im Juli 2006 hin, das muss allerdings nicht korrekt sein. Die Zeitstempel sind nicht sehr zuverlässig.

In den Behörden weiß man nicht, was man von dem Fund halten soll. Was genau hatte der V-Mann Corelli mit der CD zu tun? Und war mit dem darauf benannten NSU die Terrorgruppe gemeint oder handelte es sich um eine zufällige Namensgleichheit? Diverse Behörden sind plötzlich involviert: das Landesamt für Verfassungsschutz in Hamburg, das Bundesamt in Köln, das Bundeskriminalamt in Wiesbaden und der Generalbundesanwalt in Karlsruhe. Anfang April beschließt eine Abteilungsleiterin des Geheimdiensts in Köln, in der folgenden Woche Thomas Richter zu dem Thema zu befragen. Doch dann finden die Beamten seine Leiche.

Erst Monate später, im September 2014, wird im Bundesamt für Verfassungsschutz eine ähnliche CD entdeckt. Wie sich herausstellt, lag sie bereits seit 2005 in den Beständen – und war damals von Corelli persönlich an seinen V-Mann-Führer übergeben worden. Das Amt hatte zuvor behauptet, es habe keine solche »NSU-CD«. Hatte es sehr wohl.

◆

Der CD-Fund in den Tiefen des Amtes ist nicht nur peinlich, er wirft ein grelles Licht auf die Zustände im Verfassungsschutz. Jahrelang hatte niemand die CD mit dem brisanten Inhalt vernünftig ausgewertet, und dann war sie verschlampt beziehungsweise einfach weggeräumt worden. Vielleicht gab es auch Leute, die nicht wollten, dass man die CD entdeckte, aber das ist Spekulation. Sicher ist, dass bereits die Abgeordneten des ersten NSU-Untersuchungsausschusses im Bundestag verwundert bis befremdet waren, wie eng das langjährige Arbeitsverhältnis zwischen Corelli und seinem V-Mann-Führer gewesen ist. Sogar im Bundesamt selbst war einer internen Prüfgruppe aufgefallen, dass die nötige professionelle Distanz des Beamten zu Corelli nicht mehr gewahrt sein könnte.

Der Beamte interessierte sich »in einer äußert intensiven und auch überbordenden Art für das psychische und physische Wohlergehen« seines Schützlings, stellte auch der Sachverständige Jerzy Montag fest. Corellis Betreuer habe sich immer wieder für »seinen« V-Mann engagiert. Er habe sogar den Vorschlag gemacht, nach dessen Enttarnung mit ihm in eine gemeinsame, konspirative Wohnung zu ziehen. So viel persönlicher Einsatz ist erstaunlich.

Dagegen wirkte der Aufklärungseifer innerhalb des Amtes, was die sogenannten NSU-CDs und mögliche Verstrickungen des Spitzels betrifft, geradezu bescheiden. Versagt hatte nicht etwa nur der V-Mann-Führer, sondern auch die Auswertungsabteilung. Diese hatte – »grob regelwidrig«, wie der Sachverständige urteilt – die Analyse der schon 2005 empfangenen CD schlicht unterlassen. Und später sah sich die Behörde nicht in der Lage, den Datenträger, der so wichtig geworden war, wiederzufinden. Letztlich waren es Beamte des BKA, die bei den Verfassungsschützern ermitteln mussten und durch ihre Beharrlichkeit dafür sorgten, dass die CD überhaupt entdeckt wurde.

Wie sich rekonstruieren ließ, übergab Corelli die CD im August 2005, wenige Wochen nach seiner Reaktivierung als V-Mann (zwischen 2003 und 2005 war er nicht im Dienst des Amtes gewesen, weil der Verfassungsschutz Ärger wegen einer von Corelli geplanten Produktion eines Samplers mit Neonazi-Musik befürchtete). Richter soll seinem V-Mann-Führer gesagt haben, die CD sei ihm im Frühjahr anonym zugesandt worden. War Richter aber womöglich in Wahrheit der Urheber der Fotosammlung und der Gebrauchsanweisung unter dem Namen »NSU«?

Außer in Hamburg und beim Geheimdienst in Köln tauchten noch andernorts, in Sachsen und Mecklenburg-Vorpommern, die mysteriösen NSU-CDs auf. Einzelne Bilder und Texte auf den Datenträgern stimmen mit Funden überein, die auf Festplatten der toten NSU-Terroristen sichergestellt wurden – insgesamt 277 Treffer. Es handelte sich dabei allerdings um Massenware der rechtsextremen Propaganda, die Übereinstimmungen sind deshalb nur bedingt aussagekräftig. Auf den NSU-CDs fanden sich keine Anspielungen auf die Taten der Terrorgruppe oder auf die untergetauchten Neonazis aus Jena. Diese wiederum haben in ihren Pamphleten und Bekennervideos keinen Bezug zur NSDAP hergestellt, wie dies auf den CDs geschah. So ist letztlich bis heute ungewiss, ob die CDs in einem Zusammenhang mit den Terroristen stehen, denen zehn Morde, drei Sprengstoffanschläge und 15 Raubüberfälle zugerechnet werden.

Es wäre freilich ungewöhnlich, wenn im gleichen Zeitraum dieselbe, zuvor nicht gebräuchliche Bezeichnung »Nationalsozialistischer Untergrund« (NSU) völlig unabhängig voneinander von zwei Gruppen benutzt worden wäre. Ob es so war, wird vielleicht nie mit der nötigen Gewissheit festgestellt werden können. Und auch die Rolle, die Thomas Richter dabei spielte, lässt sich wahrscheinlich nicht mehr vollständig aufklären.

♦

Ein Weg, Licht ins Dunkel zu bringen, ist die Auswertung von Corellis Handys und Datenträgern. Was dazu bisher ermittelt werden konnte, hat den Verdacht, der V-Mann könnte den NSU gekannt oder sogar unterstützt haben, nicht erhärtet – und auch nicht die These von einem Zusammenhang zwischen der Terrorgruppe NSU und den merkwürdigen CDs. Hinweise auf eine Verbindung des Ku-Klux-Klans zum NSU ließen sich ebenfalls nicht finden. Nur: Angesichts der Schlampereien oder gar Vertuschungsversuche, die den Behörden im Zuge der NSU-Aufklärung vorzuwerfen sind, beruhigt dieses Ergebnis nur bedingt. Zumal auch der Umgang mit Corellis Nachlass gelinde gesagt wenig professionell wirkt.

Handys, Computer und Datenträger des Toten sollten sichergestellt und ausgewertet werden. Das BKA untersuchte zunächst mehrere Computer sowie drei Mobiltelefone. Im Bundesamt für Verfassungsschutz lagerten weitere relevante Datenträger, beispielsweise die beiden Diensthandys von Corellis Betreuern in dessen Schutzphase sowie neun Mobiltelefone von Corellis V-Mann-Führer.

Unverständlicherweise wird ein Laptop in Corellis Wohnung zunächst übersehen. Als das BKA ihn übernehmen will, heißt es, die Daten seien forensisch gesichert worden, die Festplatten würden derzeit jedoch auftragsgemäß gelöscht. Das BKA interveniert und die Löschaktion wird gestoppt. Laut dem Bericht des Sachverständigen Jerzy Montag wurde auf die Frage, wer die Aktion veranlasst habe, »ausweichend geantwortet«. Schon zuvor, wenige Tage nach dem Auffinden Corellis, als das BKA noch nicht beteiligt war, soll im Kreise der Behörden vereinbart worden sein, dass alle Daten gelöscht werden – »auf Bitte des BfV«, also des Bundesamts für Verfassungsschutz. So steht es im Bericht des Sachverständigen. Auf Initiative der Staatsanwaltschaft sollte vor der Löschung eine vollständige Datensicherung erfolgen. Immerhin. Wäre es nach dem Verfassungsschutz gegangen, hätte man die Daten offenbar unwiederbringlich vernichtet.

Auffällig ist, wie unachtsam die Wohnung und der Wagen

des Verstorbenen untersucht wurden. Bei erneuten Durchsuchungen fand man weitere Objekte: am 25. April 2014 – und damit zweieinhalb Wochen nach Auffinden der Leiche – vier externe Festplatten, ein Netbook und ein Mobiltelefon.

Doch damit nicht genug: Ein Jahr später tauchen weitere Telefone und Datenträger auf und offenbaren ein Ausmaß an Misswirtschaft (oder Schlimmerem) im Inlandsgeheimdienst, das einem den Atem raubt. Im Verfassungsschutz gerieren sich manche Beamte wie ein Geheimbund mit eigenen Gesetzen. Fehlt eigentlich nur noch, dass sie Kutten tragen.

Als Corelli 2012 nach seiner Enttarnung im Zuge der NSU-Ermittlungen in ein Schutzprogramm kam, übergab er seinem V-Mann-Führer ein angeblich privates Mobiltelefon. Der Verfassungsschutzbeamte war ja bereits durch seine Distanzlosigkeit aufgefallen. Er nahm das Handy und sperrte es in seinen Tresor im Büro. So lag es dann offenbar jahrelang unbeachtet in einem Panzerschrank in Köln, in einem Umschlag mit der Aufschrift »privates Eigentum«. Erst nach einer Versetzung des Beamten, einem dadurch notwendigen Bürowechsel und entsprechenden Aufräumarbeiten soll man das Telefon in einem Wust von Unterlagen gefunden und durch mühsame weitere Recherchen Corelli zugeordnet haben. Kolportiert wird, dass der Präsident des Bundesamts, Hans-Georg Maaßen, vor Wut tobte, als er von dem Fund erfuhr.

Im Mai 2015 informierte die Behörde den zweiten NSU-Untersuchungsausschuss des Bundestags. Das BKA wertete das Telefon aus, angeblich fanden sich darauf zahlreiche Fotos und Kontaktdaten von Neonazis, aber keine brisanten Hinweise auf den NSU. Fast drei Wochen später wurde bekannt, dass auch noch weitere, von Corelli genutzte SIM-Karten aufgetaucht waren, von deren Existenz man bisher ebenfalls nichts wusste. Die Opposition im Bundestag sprach von »Chaos« im Verfassungsschutz.

Bundesinnenminister Thomas de Maizière (CDU) versprach, mal wieder, rückhaltlose Aufklärung. Auch der Kontrolleur Jerzy Montag reagierte verärgert: »Warum wurde ich so hinter die Fichte geführt?«, fragte er in einem Interview der ›Süddeutschen Zeitung‹. Er musste nun erneut ermitteln und sein schon fertiges erstes Gutachten um ein weiteres ergänzen. Zudem beauftragte Minister Thomas de Maizière den früheren Ministerialdirektor Reinhard Rupprecht mit der amtsinternen Aufklärung. Die Affäre um den toten V-Mann und Ex-Klanbruder Corelli schien kein Ende zu nehmen.

Rupprecht erkannte erhebliche Schwächen in der Organisation des Amtes. Offenbar hatten die internen Kontrollen und Regelwerke versagt – sofern sie überhaupt existierten. Nach und nach tauchten immer mehr Handys auf. Wie sich herausstellte, hatte der Verfassungsschutzbeamte, der Corelli jahrelang betreut hatte, weitere Telefone und SIM-Karten gebunkert. Insgesamt ging es nun um mehr als zwanzig Mobiltelefone, die im Fall Corelli untersucht werden mussten.

Wie der Sachverständige Jerzy Montag in seinem zweiten Gutachten darstellt, fanden sich keine neuen Bezüge und Erkenntnisse zum NSU-Komplex. Entwarnung? Einerseits schon. Es ist gut möglich, dass der Kapuzenmann nur flüchtig und Jahre vor Gründung des NSU Kontakt zu Uwe Mundlos hatte. Andererseits bleibt dieses Gefühl der Unsicherheit, das nicht zuletzt dadurch entsteht, dass sich ausgerechnet die Sicherheitsbehörden in einem Zustand der kompletten Verwahrlosung präsentieren. Angeblich soll Corellis V-Mann-Führer wie ein Messie Material in seinem Tresor gehortet und völlig den Überblick verloren haben. Und man ließ ihn gewähren. In dem völlig überfüllten Panzerschrank sollen sich jahrzehntealte Unterlagen befunden haben. Bis zu der Affäre um Corelli konnte offenbar jeder Beamte mit heiklem Material wie alten SIM-Karten nach eigenem Gutdünken verfahren.

Auf einem erst seit 2012 verwendeten Telefon soll Corelli Fotos von Beate Zschäpe, Uwe Mundlos und Uwe Böhnhardt gespeichert haben, die in den Medien veröffentlicht worden waren. Warum er sich für sie interessierte, ist unklar. Zu dem Zeitpunkt war der NSU bereits bekannt, womöglich wollte sich Corelli nur ins Bild setzen, um wen es eigentlich ging. Vielleicht steckte auch etwas anderes dahinter.

Nach den schlechten Erfahrungen im Amt kam der Sachverständige Jerzy Montag zu dem Urteil, er könne nicht mehr davon ausgehen, dass ihm alle relevanten Unterlagen vorgelegt worden seien. Wer weiß schon, was alles irgendwo in einer Ecke der Behörde Staub ansetzte? Oder schlimmer: was alles längst, versehentlich oder gezielt, vernichtet, geschreddert oder beiseitegeschafft worden war. So bleiben – auch bei Menschen mit kühlem Kopf – Restzweifel, ob man schon alles weiß, was wichtig ist. Und der Geheimdienst trägt eine Mitschuld daran, wenn viele Menschen obskuren Verschwörungstheoretikern eher Glauben schenken als dieser unglaublichen Behörde.

◆

Je länger die Affäre um den Neonazi, Spitzel und Kapuzenmann Corelli andauert, desto mehr schwinden die Gewissheiten. Einer seiner besten Freunde sagte im Herbst 2016 im NSU-Untersuchungsausschuss des Bundestages aus, dass es schon seltsam sei, dass Corelli, der sich sonst »nur in Romanen« mitgeteilt habe, kurz vor seinem Tod via WhatsApp lediglich zwei Wörter schrieb »Bin krank«: »Das ist für mich eigentlich unlogisch gewesen, als ob es nicht er gewesen ist.« Hatte also jemand anderes die Nachricht verfasst?

Hatte man nach den ersten, medizinisch eindeutigen Gutachten alle Spekulationen über einen Mord an Corelli noch als Spinnerei abtun können, verunsichert der entscheidende Experte die Öffentlichkeit zwei Jahre nach Auffinden der Leiche mit einer neuen These: Theoretisch könnte Gift im Spiel gewesen sein. Rattengift.

Der Diabetes-Experte Werner Scherbaum sagte im Juni 2016 vor dem nordrhein-westfälischen NSU-Untersuchungsausschuss in Düsseldorf aus. Dort teilte er mit, er habe in dem Fall weiter recherchiert und herausgefunden, dass das Rattengift Vacor einen Teil der Bauchspeicheldrüse so zerstören könne, dass die natürliche Insulinproduktion blockiert werde. Nach wie vor spreche zwar sehr vieles für einen Tod ohne Fremdeinwirkung, aber die andere Möglichkeit wolle er nicht unterschlagen.

Rattengift? Ratten? So nennt man in bestimmten Kreisen Verräter. Als V-Mann war Thomas Richter alias Corelli ein professioneller Verräter. Sollte der ohnehin schon an Ungereimtheiten reiche Fall nun eine neue unheimliche Wendung nehmen?

Scherbaum, der auf eine Anfrage für dieses Buch nicht antwortete, zeigte sich vor dem Ausschuss zuversichtlich, dass man das Gift gegebenenfalls noch im Gewebe der Leiche nachweisen könnte. Die zuständige Staatsanwaltschaft, die das Verfahren bereits eingestellt hatte, nahm die Ermittlungen zur Todesursache wieder auf.

Mehrere Familienmitglieder Corellis sollen unter Diabetes

gelitten haben, schon deshalb erscheint eine entsprechende Erkrankung viel wahrscheinlicher als ein so perfekt inszenierter Mord. Was aber, wenn jemand sich gerade diese Umstände zunutze machte und darauf spekulierte, dass ein Zuckerschock hochgradig plausibel erscheinen würde? Es müsste schon ein sehr gerissener Mörder gewesen sein. Wer käme da überhaupt infrage, und was wäre das Motiv?

Unversehens steckt man, angefeuert von den Unsicherheiten dieses Falls, tief in Spekulationen und fragwürdigen Fantasien. Und es stellen sich auf einmal auch scheinbar banale Fragen. Warum hat Corelli, als er unter starken Schmerzen litt, nicht einfach den Notarzt gerufen? Vielleicht hat er die Gefahr für sein Leben unterschätzt, vielleicht war er schon zu umnachtet, um richtig zu reagieren. Man weiß es nicht. Und wenn nun die Staatsanwaltschaft die Todesermittlungen ein zweites Mal einstellt und keinen Verdacht auf Fremdeinwirkung sieht, so wird trotz oder gerade wegen aller Gutachten und medizinischen Expertisen bei so manchem ein fahles Gefühl bleiben. Die Saat des Misstrauens ist aufgegangen.

In jedem Falle war das Ende des Kapuzenmannes Thomas Richter so jämmerlich wie vieles in seinem kurzen Leben. Er verreckte einfach in seinem Versteck. Beinahe hätte man ihn sogar unter seinem falschen Namen bestattet.

Epilog

Es ist eine beängstigende Erkenntnis, aber man kann sie nicht ignorieren: Der Ku-Klux-Klan ist in Deutschland aktiv, und das nicht erst seit ein paar Jahren. Es gibt ihn hierzulande – mit kurzen Unterbrechungen – schon seit fast einem Jahrhundert. Der Ku-Klux-Klan ist ein Inbegriff für Rassenhass, immer wieder haben seine Mitglieder einen Lynchmob gebildet, der Jagd auf Schwarze, Juden und andere vermeintlich Fremde machte. Dieser Geheimbund, dessen Mitglieder sich maskieren, mitunter aber auch ganz offen und freimütig ihre Hetze verbreiten, ist nicht nur ein Problem und eine Schande für die USA. Er ist auch ein Problem und eine Schande für Deutschland. Seit den 1920er-Jahren hat er hierzulande Freunde und Anhänger gefunden. Mal ließen sich die deutschen Kapuzenmänner vom Klan in Amerika lediglich inspirieren, ein anderes Mal von in Deutschland stationierten GIs anleiten. Spätere Anführer deutscher Gruppen wurden von den Oberrassisten des amerikanischen Klans ernannt. Eine unheimliche, unheilvolle Allianz.

Die Rassisten verwüsten Ausstellungen, verteilen Flugblätter, kleben Aufkleber. Es brennen Kreuze. Auch eine eigene Zeitschrift hat es zeitweise gegeben. Und es blieb nicht bei Propaganda. Im Jahr 1992 entgeht ein in Nigeria geborener Lehrer in Brandenburg nur knapp einem rasenden Mob, der sich von »Ku-Klux-Klan«-Rufen aufpeitschen ließ. Wenig später prügelt ein Klansmann in Berlin einen Obdachlosen tot.

US-Südstaaten-Verhältnisse in Deutschland. Nach kurzer Zeit scheint der Spuk wieder vorbei zu sein – und der Klan ist aus den deutschen Medien und den öffentlichen Debatten verschwunden. Eine trügerische Ruhe.

In den USA werden längst verschiedene Generationen des Klans gezählt, denn auf jede Hochphase folgte bislang ein Tief, das einherging mit Spekulationen (und der Hoffnung), die Organisation gehöre nun endgültig der Geschichte an. So marschierte der Klan in den Zwanzigerjahren in Brigadenstärke vor dem Weißen Haus auf, während er kurz darauf wieder auf wenige Tausend Mitglieder schrumpfte. Mittlerweile ist die Rede vom Dritten Klan, also einer dritten Rassistengeneration (seit 1946). Zur Tradition des Geheimbunds gehört, dass er sich in verschiedene Ableger aufteilt, die manchmal vereint auftreten, oft aber auch ohne größere Berührungspunkte nebeneinander existieren. Laut der Nichtregierungsorganisation Southern Poverty Law Center gibt es derzeit zwischen 8000 und 10 000 »Kluxer« in den USA. Nicht viel in einem Land mit rund 320 Millionen Einwohnern, könnte man sagen – doch zahlreich genug, um weiterhin Unfrieden zu stiften.

Aus dem Milieu des Ku-Klux-Klans heraus werden Mordanschläge verübt, auch heute noch. Ein jüdisches Gemeindezentrum in Overland Park im US-Bundesstaat Kansas: Hier schießt im Frühjahr 2014 ein in die Jahre gekommener Rassist, der sich »Glen Cross« nennt und einst die Klangruppe »Carolina Knights« gründete, wild um sich und ermordet drei Menschen. Ein Jahr später, im Juni 2015, in Charleston, US-Bundesstaat South Carolina: Ein 21-jähriger Fanatiker feuert während einer Bibelstunde in einer Kirche auf die Teilnehmer und tötet neun Schwarze. Die Ermittler entdecken im Internet ein Manifest, das dem Täter zugeschrieben wird. Darin bedauerte der Mörder, dass es in Charleston »keinen echten Ku-Klux-Klan« gebe. Alle würden nur reden.

Es wäre ein Fehler zu unterschätzen, wie gefährlich der Geheimbund in der Gegenwart ist, sei es als Organisation mit formalen Strukturen und Mitgliedern, sei es als Projektionsfläche und Inspirationsquelle für Rassisten, die anderen Gruppen angehören oder auf eigene Faust zuschlagen. So warnte auch der deutsche Auslandsgeheimdienst BND schon im Jahr 2002 in einer internen Einschätzung, es sei ein »gefährlicher Irrtum« zu glauben, der Klan habe in den USA keine große Bedeutung mehr. Das Gegenteil sei der Fall.

Es hilft nicht, die Existenz dieser Gefahr zu verschweigen, um dem Klan keine Plattform zur Selbstdarstellung zu bieten. Man kommt nicht darum herum, sich mit ihm auseinanderzusetzen. Natürlich ist es eine Gratwanderung, nicht zuletzt wegen der starken visuellen Eindrücke, die der Ku-Klux-Klan durch seine Kutten und Feuerkreuze hinterlässt. Bilder, die sich einbrennen. Man muss vorsichtig damit umgehen. In diesem Buch haben wir uns dafür entschieden, einige Fotos zu zeigen, weil diese eine dokumentarische Bedeutung haben und wir sie hier in einen größeren, kritischen Zusammenhang stellen.

Generell gilt: Die rechte Szene speist sich aus vielen Quellen, aber wer sie ergründen oder bekämpfen will, wird sich auch mit dem Ku-Klux-Klan beschäftigen müssen. Wie der Rechtsextremismus-Forscher Matthias Quent feststellt, ist ein »Blick über den Atlantik« geboten, nämlich auf die »ideologischen, organisatorischen und strategischen Einflüsse der White Supremacy-Bewegung und des Ku-Klux-Klans«. Diese Einflüsse – das zeigt nun dieses Buch – sind in Deutschland größer, als man bisher angenommen hat. Die deutsche Szene der Rassisten und Neonazis lässt sich von US-Gruppen inspirieren, anleiten, aufstacheln. Natürlich nicht nur und nicht ausschließlich. Aber die ideologischen und organisatorischen Bande sind erstaunlich stark.

Immer wieder erlebt der Geheimbund neue Konjunkturen, in Deutschland und erst recht in den USA. In der Amtszeit von Barack Obama fühlten sich die Rassisten durch die erste Präsidentschaft eines Schwarzen provoziert. Der Klan und andere »hate groups« hetzten gegen die vermeintliche Vorherrschaft von Juden, Muslimen und Nicht-Weißen. Der Klan wirkt dabei fast schon betulich im Vergleich zu Organisationen wie der NSM, der National Socialist Movement, deren Anhänger Uniformen aus der NS-Zeit tragen. Zwischen den verschiedenen rechtsextremen und rassistischen Gruppen gibt es jedoch in den USA wie in Deutschland viele Überschneidungen, personell und organisatorisch.

In der jüngsten Vergangenheit war die innenpolitische Lage in den USA angespannt und der innere Frieden unter anderem durch zahlreiche Fälle von Polizeigewalt gegen Schwarze und eine fortschreitende politische Polarisierung gestört. Diese mündete schließlich im schmutzigen Präsidentschaftswahlkampf zwischen Hillary Clinton und Donald Trump (der von dem ehemaligen Klanmann David Duke unterstützt wurde). Solche Zeiten sind günstig für den Klub der Kapuzenmänner und andere Organisationen, für die Feindseligkeiten und eine »gruppenbezogene Menschenfeindlichkeit« (W. Heitmeyer) die Existenzgrundlage bilden. Wer darauf setzt, irgendwann werde sich der Ku-Klux-Klan und seine krude Ideenwelt überlebt haben, wird wieder und wieder enttäuscht. Nach dem Wahlsieg Trumps wittern viele US-Rassisten Morgenluft. Trumps Chefstratege Steve Bannon soll dem Klan nahestehen.

Obwohl der Klan in Deutschland bei Weitem nicht so stark ist wie in den USA, ist eine Wellenbewegung auch hierzulande zu erkennen. Es gab Hochzeiten in den Sechzigerjahren (auch wenn die kursierende Zahl von angeblich Tausenden Anhängern zu hoch gegriffen sein mag), dann ein Tief, ein neues Hoch in den Neunzigerjahren und Anfang der Nullerjahre. In den Neunzigern beklagte sich der Essener Klanführer bei seinen Kollegen in den USA, manche Deutsche würden »ihre Klanverbindung öfter wechseln als ihre Unterwäsche«.

Einige Gruppen sind kurzlebig oder tauchen sofort wieder ab. So findet man seit 2011 im Internet eine Seite der »Teutonischen Ritter des Ku Klux Klan in Deutschland – Distrikt NRW«. Die Gruppe stellte auf Youtube unter dem Nutzernamen pssklan13 zwei Videos ein, die heute nicht mehr aufrufbar sind. Auf ihrer Homepage, die seit Juli 2011 nicht mehr aktualisiert wurde, heißt es: »Wir sind eine eigenständige und unabhängige Gemeinschaft des abendländischen Ordens der ›weißen Ritter des Ku Klux Klan‹«.

◆

Was viele deutsche und amerikanische Kapuzenmänner eint, ist die vordergründige Betonung angeblicher Gesetzestreue. Sie stellen sich als harmlose Zusammenschlüsse aufrechter Männer und Frauen dar, die doch »nur« eines wollten: ein christlich-weißes Land, »gesäubert« von Schwarzen und Roten, Juden und Muslimen. So schrieb der Schwaben-Klan EWK in einer Broschüre: »Wir sind weder verfassungsfeindlich, noch arbeiten wir illegal, dementsprechend sind wir als Vereinigung auch nicht verboten.« Die »Teutonischen Ritter« behaupteten auf ihrer Homepage: »Wir sind KEINE Hassgemeinschaft!

Nach unserer Auffassung liegt in der Liebe zum eigenen Volk mehr Kraft als im Hass gegen andere Völker!« Gleichzeitig warb die Gruppe für einen sogenannten Deutschen Kampf-Kunst-Klub: »Als teutonische Ritter müssen wir in der Lage sein, unsere Familie, unsere Freunde und Landsleute zu beschützen.« Das Training, so steht dort nur ein paar Klicks von den Gruppenbildern muskulöser Glatzköpfe entfernt, umfasse unter anderem: »Straßenkampf«.

Alles nur ein großes Missverständnis? Wenn man mit aktuellen oder ehemaligen Klanmitgliedern spricht, bekommt man zu hören, die Medien würden falsch berichten. Da wäre zum Beispiel die Sache mit dem Kreuz, sagt ein ehemaliger deutscher *Grand Dragon*. In den Neunzigerjahren hat er den Klan in Herford geleitet, heute lebt er in Österreich und will mit dem Klan – so zumindest sagt er es – nicht mehr in Verbindung gebracht werden. »Der Klan verbrennt keine Kreuze, er erleuchtet die Dinger.« Mit Nationalsozialismus jedenfalls habe der Klan nichts zu tun. Freilich, rassistisch sei er durchaus, »das heißt für mich aber nicht, dass man andere Leute umbringt, sondern lediglich, dass man die Rassen trennt.« Und das sei ja nicht schlecht.

◆

Die Geschichte des Ku-Klux-Klans hat viele Maulhelden und skrupellose Geschäftemacher gesehen. Windige Typen dominieren den Geheimbund. Bisweilen ließen sich eine Handvoll Männer und Frauen von einem mehr oder minder charismatischen Anführer einlullen, dem es in Wirklichkeit wohl mehr ums Geschäft ging. Der Geheimbund zieht seit seinen Anfängen in Deutschland Leute an, die aus dem Hass Kapital schlagen wollen. Mit laienhaft genähten Kutten aus Billigstoff und hastig zusammenkopierten Heftchen, auf deren Cover sie das Wort *Kloran* schreiben, versuchen sie, Geld zu machen. So manches Mitglied hat die Lust verloren, als es dieses System durchschaute. Und dennoch: Auch diese Laientruppen tragen dazu bei, rassistische Parolen zu verbreiten und rechtsextreme Gewalttäter ideologisch zu stützen. In den Gruppen waren NPD-Leute Mitglied, auch militante Neonazis. Wie dieses Buch zeigt, gab es Morde und Mordversuche, die in klarem Zusammenhang zum Klub der maskierten Rassisten stehen. Ein Vertrauter des aktuellen Berliner Hexenmeisters, so erzählen es Aussteiger, soll die Anhänger dazu aufgefordert haben, Uniformen für den Straßenkampf zu kaufen. Der Klan rüstet sich für den Tag X, den großen Kampf. Jedenfalls geriert er sich so.

Viele Neonazis betrachten den Geheimbund als Vorbild und Inspirationsquelle, ohne ihm notwendigerweise als Mitglieder die Treue geschworen zu haben. Dass der Klan aus den USA importiert wurde, ist für die deutschen Neonazis, unter denen Anti-Amerikanismus weit verbreitet ist, kein Hindernis. Die US-Rassisten werden als Bündnispartner gesehen, die ja selbst gegen den amerikanischen Staat kämpfen, der angeblich von Schwarzen, Juden und Kommunisten beherrscht werde. Der Klan steht mittlerweile für einen neuen Rechtsextremismus und Rassismus, der seine Anhänger vereint, über Ländergrenzen hinweg. Ob amerikanischer oder deutscher Nazi spielt keine Rolle mehr. Was zählt, ist der gemeinsame Feind: der Schwarze, der Jude, der Fremde. Diesseits und jenseits des Atlantiks hetzen die Kapuzenmänner gegen »Multikulti« und den liberalen Staat.

Viele Ableger des Geheimbundes, die nach dem Zweiten

Weltkrieg in Deutschland ihr Unwesen getrieben haben, waren – soweit man die Organisation aufdecken konnte – von überschaubarer Größe. Oft haben sie nur zwischen zehn und dreißig Mitglieder gehabt. Doch auch solche kleinen Einheiten, das weiß man spätestens seit dem Auffliegen der Terrorzelle »Nationalsozialistischer Untergrund« (NSU), können gefährlich sein. So nahm die Polizei im Frühjahr 2015 Mitglieder einer Gruppe namens »Oldschool Society« fest. Sie sollen einen Anschlag auf ein sächsisches Asylbewerberheim geplant haben. Sprengstoff war bereits gekauft. Und zuletzt hat der Angriff eines sogenannten Reichsbürgers auf einen Polizisten im Herbst 2016 gezeigt, dass auch Mitglieder locker organisierter Gruppen mit höchst kruder Ideologie zu tödlichen Taten bereit sein können.

Schaut man genauer hin, ist das Netzwerk der militanten Rassisten oft größer, als es zunächst aussah. Und selbst wenn eine Gruppe tatsächlich klein ist: Beruhigend ist das nicht. Je kleiner, desto militanter – nach dieser Regel scheinen manche zu agieren. Es steckt sogar eine durchdachte Strategie dahinter. Indem sie in Kleingruppen operieren, wollen sich die Extremisten schützen gegen staatliche Überwachung, gegen Verbote und Strafverfolgung. Die sogenannten freien Kameradschaften der rechten Szene, aber auch Untergrund-Terrorgruppen wie der NSU orientieren sich am Konzept der »leaderless resistance«, eines »führerlosen Widerstands« also, der sich auf kleine Zellen stützt, die sich selbst organisieren. Geistiger Vater dieses Konzepts ist der US-Extremist Louis Beam, der das ganze Spektrum des rassistisch-neonazistischen Komplexes verkörpert: Der Vietnamveteran war ein *Grand Dragon* des Ku-Klux-Klans in Texas und später eine Führungsfigur der »Aryan Nations«. Gemeinsam mit anderen führenden US-Neonazis und Kapuzenmännern wie dem heutigen Trump-Unterstützer David Duke, Robert Shelton und Tom Metzger gehörte Louis Beam nicht nur zu den Wegbereitern einer Welle des rechten Terrors in den USA. Er inspirierte auch die Fanatiker und Extremisten in Deutschland.

Rassistische Ausfälle und Attacken sind längst nicht beschränkt auf den harten Kern der rechten Szene. Die Klan-Rhetorik ist im bürgerlichen Lager angekommen. Hassbotschaften scheinen zum neuen Volkssport zu werden. Sie finden sich in vielen E-Mails und Briefen, die Politiker und Journalisten in den vergangenen Monaten erhalten haben, beispielsweise die Migrationsbeauftragte der Bundesregierung, Aydan Özoğuz. In der Post, die sie bekommt, stecken Drohungen wie diese: »Du gehörst am nächsten Baum aufgehängt« – gelyncht, wie beim Ku-Klux-Klan. Bei den Aufmärschen von Pegida in Dresden und seinen Ablegern in anderen Städten, die angeblich das christliche Abendland retten wollten, trugen manche Demonstranten große Kreuze mit sich herum, schwarz-rot-gold angemalt oder sogar illuminiert. Ein seltsames Bild, das Assoziationen weckt. Bundesinnenminister Thomas de Maizière (CDU) hat sie ausgesprochen, als er zu Beginn des Jahres 2015 an einer Diskussion in Dresden teilnahm und sagte: »Ich möchte nicht eine Demonstration sehen, wo ein Kreuz in Schwarz-Rot-Gold so beleuchtet ist, dass es mich an den Ku-Klux-Klan erinnert.«

◆

Wie mächtig ist der Ku-Klux-Klan in Deutschland? Es ist nicht so, dass sich in jedem Ort Kapuzenmänner träfen oder der Geheimbund in der Bundesrepublik Tausende offizielle

Mitglieder hätte. Aber es gibt sie, die rassistischen Ritter, auch hierzulande. Wer denkt, der Klan spiele allenfalls in Kinofilmen wie ›Mississippi Burning‹ eine Rolle, täuscht sich. Die Vorfälle, in denen Bezüge zu den Kapuzenmännern auftauchen, sind viel häufiger, als die öffentliche Wahrnehmung suggeriert, die den Ku-Klux-Klan bisher als rein amerikanisches Problem betrachtet. Im INPOL-System, einer internen Datenbank der Polizei, werden mehrere Deutsche mit Klan-Tattoos genannt. Anhänger gibt es jedoch deutlich mehr – und sie begnügen sich nicht damit, ein Tattoo zu tragen. Beispiele:

Dezember 2016: Zum dritten Advent postet ein früher beliebter Radiomoderator aus dem Südwesten auf Facebook ein Foto mit zwei Schoko-Nikoläusen. Sie tragen weiße Klan-Kapuzen. Zwischen ihnen ein Teelicht und ein kleines Holzkreuz. Ein dritter Nikolaus liegt ohne Stanniolpapier, also schokoladenbraun, am Boden – sein Kopf ist abgetrennt. In weiteren Posts hetzt der Ex-Radiostar gegen Schwarze. Eine SPD-Politikerin stellt Strafanzeige.

Ein kalter Februartag im Jahr 2011: In der Nähe von Ingolstadt überprüft die Polizei einen Treffpunkt der rechten Szene. Dabei bemerken die Beamten einen Anbau mit großen aufgemalten Runen. Ein paar Tage später durchsucht die Polizei das Anwesen und findet außer Baseballschlägern und einem »Wählt Hitler«-Poster auch eine Ku-Klux-Klan-Kutte und eine Fahne des Geheimbunds.

Erfurt, im Sommer nach der Jahrtausendwende: Ein Malergeselle trägt vor einem Fußballspiel ein T-Shirt, auf dem ein Kapuzenmann den Hitlergruß zeigt. Der junge Mann hat 2,59 Promille Alkohol im Blut und kann zunächst nicht vernommen werden. Später sagt er, das T-Shirt habe er sich von einem Kumpel geliehen, bei dem er übernachtet hat.

Ein Baggersee nahe dem oberfränkischen Viereth-Trunstadt: Im Jahr 2000 verbrennen mindestens 15 Männer, die später dem Netzwerk »Blood & Honour« zugerechnet werden, ein übermannsgroßes Holzkreuz, sie tragen Klangewänder.

Ein Zug zwischen Magdeburg und Halle im Jahr 2001: Ein Jugendlicher im Klan-T-Shirt hält einem dunkelhäutigen Passagier eine Waffe an den Kopf und lädt durch.

Eine Gaststätte in einem kleinen Ort in der Nähe von Ilmenau: Im Frühjahr 2008 treffen sich Neonazis zu einer Geburtstagsfeier. Rechte Bands machen Stimmung. »Zu später Stunde«, wie es im Polizeibericht heißt, sollen drei Jugendliche Ku-Klux-Klan-Hauben getragen und »Sieg Heil« skandiert haben.

Bahnhofsvorplatz in Erfurt, im Juli 2007: Eine Auszubildende holt ihren Bruder ab, der sich noch schnell in einem Imbiss etwas zu essen holt. Die Schwester wartet mit ihrem Neffen vor der Tür. Zwei Männer beschimpfen sie als »Negerschlampe«. So gibt es die Frau, die in Kinshasa geboren wurde, später bei der Polizei an. Die Männer hätten den Hitlergruß gezeigt und gesagt, sie seien vom Ku-Klux-Klan. Andere Reisende gingen dazwischen.

Ein Wohnhaus in Arnstadt: Im Frühjahr 2005 sind Fenster und Fassaden mit Parolen beschmiert. Einer der Schriftzüge, vor einem Schlafzimmer, lautet: »Ku-Klux-Klan«. Dazu mal wieder ein Hakenkreuz.

Eine Tankstelle in Saalfeld, Sommer 2006: Die Polizei kontrolliert eine Gruppe rauchender und trinkender Jugendlicher. Ein junger Mann ist den Behörden bereits wegen anderer Vorfälle bekannt, unter anderem wegen Körperverletzung und Beleidigung. Er beginnt, die Beamten zu beschimpfen. Laut dem Einsatzbericht rastet er schließlich völlig aus und ruft, als er in Richtung Polizeiwagen geschoben wird, man werde den Polizisten an die Wand stellen und erschießen. Seine Freunde vom Ku-Klux-Klan würden das erledigen.

Ilmenau, im November 2008: Zwei Männer laufen in weißen Klankutten und Spitzhüten durch die Straßen. Ein Student wird auf die beiden aufmerksam und fragt sie, was das soll. Ihm sei Prügel angedroht worden, berichtet er anschließend der Polizei. Die Kapuzenmäner hätten den Hitlergruß gezeigt. Auf den Gewändern ist das sogenannte Blutkreuz angebracht. Die Polizei macht Fotos, kann aber, wie sie später vermerkt, keinen verfassungsfeindlichen Hintergrund und keine Straftat nachweisen.

Erfurt, 2010: Der Polizei werden mehrere Personen in Ku-Klux-Klan-Shirts gemeldet.

Christi Himmelfahrt 2011: Die Polizei wird nach Friedrichsroda zu einer Schlägerei gerufen. Sie trifft dort auf einen Mann mit dem T-Shirt-Aufdruck »Schutzstaffel« – und einschlägigen Tattoos. Auf das linke Wadenbein hat er sich eine stilisierte Ku-Klux-Klan-Figur stechen lassen.

Rudolstadt, im August 2011: Eine Frau ruft die Polizei. Sie beschwert sich über Lärm in einer Kleingartenanlage. Jedes Wochenende sei dort überlaute Musik zu hören, auch heute wieder. Ihr kleines Kind könne nicht schlafen. Manchmal sei bei Durchsagen mit einem Mikrofon vom Ku-Klux-Klan die Rede. Die Frau will der Polizei ihren Namen nicht nennen. Sie habe Angst. Beamte fahren zur Laubenkolonie und finden nichts Verdächtiges.

November 2011: Der Holocaust-Leugner David Duke, ehemaliger *Grand Wizard* eines US-Klans, ist zu einer Veranstaltung von Rechtsradikalen in Köln geladen. Duke war Mitte der Neunzigerjahre mehrmals in Deutschland. Er sprach vor

DVU-Anhängern in der Passauer Nibelungenhalle und 2002 auf dem Pressefest der ›Deutschen Stimme‹, einer NPD-Publikation. Zu seinem Auftritt in Köln kommt es am Ende nur deshalb nicht, weil Duke lediglich ein Transitvisum für Deutschland besitzt und deshalb direkt wieder zur Ausreise gezwungen wird.

Paderborn, Ende 2011: Ermittler nehmen in der Kaserne des britischen Infanterieregiments »The Rifles« einen Soldaten fest. In seiner Wohnung in Großbritannien hatte die Polizei eine Nagelbombe sowie Anleitungen zum Bau weiterer Sprengsätze gefunden. Auf Facebook veröffentlichte der junge Mann Fotos, die ihn in Klankutte vor einer Konföderiertenfahne zeigen. Vor Gericht bekannte sich der Soldat schuldig.

Halloween 2013 in Pforzheim: Mehrere Rechtsextreme verkleiden sich mit Ku-Klux-Klan-Gewändern und ziehen grölend durch die Straßen.

Landsberg, Dezember 2015: Vor einer Flüchtlingsunterkunft zünden mehrere Männer ein mit Stoff umwickeltes Kreuz an. Die Täter werden nicht gefasst.

Löcknitz, Mecklenburg-Vorpommern im Mai 2016: Acht Männer in Klankutten tauchen abends auf dem Gelände einer Flüchtlingsunterkunft auf. Als Bewohner und ein Betreuer sie ansprechen, fliehen sie. Die Ermittlungen verlaufen im Sande.

Mai 2016: Der Klan steht auf der Tagesordnung des Gemeinsamen Extremismus- und Terrorabwehrzentrums, eines Arbeitskreises von mehr als 40 Landes- und Bundesbehörden. Es geht um eine mögliche erneute Kreuzverbrennung, bei der auch eine Hakenkreuzfahne gezeigt worden sein soll.

Oktober 2016, Berlin: Die Bundesregierung erklärt in der

Antwort auf eine Anfrage der Linkspartei, dass nach Kenntnis der Behörden derzeit vier Klangruppen in Deutschland aktiv seien.

◆

Seit Jahrzehnten spukt der Ku-Klux-Klan in Deutschland herum, und der Staat nimmt diese Umtriebe oft nicht ernst genug. Er wird dem Geheimbund nicht Herr, manchmal war er sogar selbst durch einzelne Beamte und V-Leute in die Aktivitäten der Kapuzenmänner verstrickt. Wenn Polizisten – wie in Baden-Württemberg geschehen – dem Klan beitreten und anschließend behaupten, sie hätten ja gar nicht gewusst, dass dies eine Rassistenvereinigung sei, kann man nur staunen. Entweder hat in Wahrheit der Rassismus des Klans sie gelockt und sie logen später dreist, sie hätten sich religiöse Inspiration erhofft – oder sie waren, was weniger plausibel ist, derart naiv und ignorant, dass man sie sich auch dann bestimmt nicht als »Freund und Helfer« wünscht. Offenbar ist da schon in der Ausbildung etwas gehörig schiefgelaufen.

Was den Fall besonders bitter macht: Dank nachsichtiger Vorgesetzter kamen die Polizisten damit durch und wurden disziplinarrechtlich verschont. Allein diese Episode in der Geschichte des deutschen Klans ist gleichermaßen so bizarr und erschreckend, dass in Zukunft alle jungen Polizisten in ihrer Ausbildung damit konfrontiert werden sollten. Nicht als unterhaltsame Anekdote, sondern als Gruselgeschichte und vor allem als Lehrstück, das eingebettet werden muss in eine umfassende Schulung zu den Themen Rassismus und Rechtsextremismus.

Fairerweise muss man sagen, dass natürlich sehr viele

Beamte ebenfalls entsetzt waren, als sie von den Umtrieben ihrer Kollegen erfuhren. Im Herbst 2012 war der Ku-Klux-Klan das Titelthema der baden-württembergischen Polizeizeitschrift ›dpz‹. Kein Polizist kann jetzt mehr sagen, er wisse nicht, was es mit dem Klan und den Kapuzenmännern auf sich habe.

Es sei »ungeheuerlich«, dass Polizisten dem Schwaben-Klan beigetreten waren, sagte die SPD-Obfrau Eva Högl im ersten NSU-Untersuchungsausschuss des Bundestages. Sie und andere Politiker fragten sich, ob nicht sogar ein »struktureller Rassismus« innerhalb der Polizei das Problem sei. Sind die Sicherheitsbehörden im Kern rassistisch ausgerichtet? So weit muss man nicht gehen, man würde vor allem den integren und sensiblen Beamten Unrecht tun, die es ja glücklicherweise auch gibt. Aber es erstaunt schon, wie scheinbar ohnmächtig der Staat die rechte Szene vielerorts gewähren ließ. Was man daher auf jeden Fall attestieren kann, ist eine strukturelle Ignoranz der Behörden. Eine Ignoranz gegenüber dem Offensichtlichen. Wie sonst soll man es nennen, wenn beispielsweise der Polizei, wie 2003 im bayerischen Taufkirchen an der Vils, ein Treffen mit Zeichen des Ku-Klux-Klans gemeldet wird und die Beamten später in ihren Berichten Folgendes festhalten: Ein 1,5 Meter hohes Holzkreuz sei aufgestellt worden, und es hätten sich Personen versammelt, die bereits »im rechtsextremistischen Bereich in Erscheinung getreten« seien. Trotzdem sah die Polizei keinen weiteren »Bezug auf den Ku-Klux-Klan«.

Kein weiterer Bezug zum Klan, wenn sich Rechtsextreme nachts treffen, um ein Holzkreuz zu verbrennen?

◆

Als wäre die Arg- beziehungsweise Ahnungslosigkeit mancher Polizisten nicht schon schlimm genug, zeigt die Geschichte des Klans in Deutschland auch beim Verfassungsschutz bedenkliche Entwicklungen. Also ausgerechnet in jener Institution, die die Bundesrepublik vor Extremisten wie den Kapuzenmännern schützen soll. Es ist schwer nachzuvollziehen, warum der Klan erst 2001 in den Status eines »Beobachtungsobjekts« gehoben wurde, obwohl deutsche Anhänger des Geheimbunds schon Jahrzehnte zuvor zum bewaffneten Kampf und zu Gewalt gegen Schwarze aufgerufen, mindestens einen Menschen getötet und enge Kontakte zu amerikanischen Rassisten gepflegt haben. Bereits 1994 gab es auch schon Hinweise auf Klan-Aktivitäten in Baden-Württemberg, und bereits 1996 wurde Klan-Propagandamaterial abgefangen, das aus den USA kam und an eine Person in Schwäbisch Hall gehen sollte.

In den Veröffentlichungen des Verfassungsschutzes von Bund und Ländern wurde der Klan in der Regel nicht einmal eines Wortes gewürdigt. Viele Landesämter schließen offenbar noch immer die Augen vor dem Offensichtlichen. So schrieb das bayerische Innenministerium im September 2016 der Grünen-Abgeordneten Katharina Schulze, dass »die Ablehnung des Christentums als importierte ›jüdische‹ Religion« einer Anbindung deutscher Rechtsextremisten an den (pseudo-christlichen) Ku-Klux-Klan im Wege stehe. Das Ministerium schrieb dies, nachdem längst und immer wieder zutage getreten war, dass es solche Verbindungen sehr wohl gab und gibt.

Bemerkenswert ist auch die Reaktion auf ein Leck beim deutschen Inlandsgeheimdienst: Da gibt ein Verfassungsschutzmitarbeiter in Stuttgart Informationen an einen Klansmann weiter, und was passiert? Er wird versetzt, und damit ist die Sache erst einmal erledigt. In Deutschland gab es noch nicht sehr viele undichte Stellen bei den Geheimdiensten: Zwar arbeitete in den Siebzigerjahren ein Verfassungsschutzmann für die DDR und zuletzt flog ein BND-Mitarbeiter auf, der an die CIA Informationen weitergegeben hatte – dass ein Verfassungsschützer dem Ku-Klux-Klan Informationen steckt, ist dennoch eine Ausnahmesituation. »Einzigartig und blamabel« nannte es ein hochrangiger Beamter. Und dabei blieb es.

◆

Was kann man gegen den Ku-Klux-Klan tun? In den USA haben findige Aktivisten Wege gefunden, Machtdemonstrationen des Klans auf humorvolle Art zu stören. So wurde ein Marsch in South Carolina von Musikern begleitet. Sie spielten keine Marschmusik, sondern eine »Sinfonie für die Dummen«. In Deutschland marschiert der Klan – zum Glück – noch nicht durch die Straßen. Was kann also unternommen werden, um seine Ausbreitung im Geheimen zu verhindern? Was, um die Gründung neuer Gruppen zu unterbinden? Eine regelmäßige Erwähnung in den jeweiligen Verfassungsschutzberichten von Bund und Ländern wäre ein Anfang. Es wäre ein Signal an sämtliche Klansmänner, Sympathisanten und Aspiranten: Wir haben euch im Blick, wir schauen genau hin, was ihr treibt – und wir halten euch für Feinde der Demokratie.

Ob der Verfassungsschutz willens und in der Lage ist, angemessen mit dem Thema umzugehen, kann man freilich angesichts seiner bisherigen Bilanz in Zweifel ziehen. Man kann sich nicht darauf verlassen. Wichtig sind daher noch andere Wege, zum Beispiel die offensive Demaskierung:

Die deutsche TV-Moderatorin Mo Asumang, Kind einer Deutschen und eines Ghanaers, ist immer wieder mit Rassismus konfrontiert. Die Neonazi-Band »White Aryan Rebels« sang vor Jahren: »Die Kugel ist für dich, Mo Asumang«. In ihrem Buch ›Mo und die Arier‹ beschreibt sie eine Reise in die USA, nach Virginia zum Ku-Klux-Klan. Dort konfrontiert sie die Kapuzenmänner mit deren eigener Unsicherheit. Über die unheimlichen Gewänder und Kapuzen schreibt sie: »Das Gesichtslose ist das Sinnbild ihrer Angst – ihrer Unsicherheit. Ein angstvolles Wesen, das Dunkelheit verbreitet, weil es nicht in der Lage ist, offen auf andere zuzugehen. … Ich frage mich, wie hat das Böse diesen namenlosen Klanmann vor mir gefunden? Es ist ganz einfach. Sie locken sie mit der Mütze an. Mit der Mütze suchen sie Leute, die sich darunter verstecken dürfen.«

In Deutschland und anderen Ländern wird viel über ein Verbot von Kopftüchern und Burkas diskutiert und dabei auch die Angst vor Terroristen als Argument angeführt. Ob die Argumente für ein Burka-Verbot plausibel sind, wollen wir hier nicht näher beleuchten – aber einwerfen, dass es angesichts dieser Debatten allemal gerechtfertigt wäre, über ein Verbot von Ku-Klux-Klan-Kostümen nachzudenken, gewissermaßen der Burka der »weißen« Rassisten. Solange es ungestraft möglich ist, mit Klankutten durch deutsche Innenstädte zu ziehen, KKK-T-Shirts und Buttons mit der Aufschrift »The KKK wants you!« bei deutschen Versandhäusern zu bestellen, darf man sich über die Ausbreitung dieser Zeichen nicht wundern. Natürlich: An den rassistischen Einstellungen der Menschen ändern Verbote zunächst nichts. Wäre die

Klankluft nicht mehr erlaubt, würde dies aber ein Symbol treffen, das in der rechten Szene nicht nur verbreitet, sondern Kult ist. Keine Kapuze, kein Kult – kein Klan.

♦

Lange Zeit hat kaum jemand in Deutschland den Aktivitäten des Klans Beachtung geschenkt. Das Thema flackerte stets nur kurz in den Medien auf, und nach den gefälschten Fernsehbeiträgen des Journalisten Michael Born in den Neunzigerjahren traute man sich verständlicherweise zunächst nicht mehr, das Thema aufzugreifen. Mittlerweile sollte klar sein, nicht zuletzt durch dieses Buch: Der Ku-Klux-Klan ist kein Hirngespinst. Er existiert auch hierzulande, mal klein und kümmerlich, dann klein und gefährlich – und mitunter mit weit größerem Gewaltpotenzial, als Polizei und Politik eingestehen wollten. Die Geschichte des Klans in Deutschland lässt sich nicht mehr ignorieren. Dazu wollte dieses Buch beitragen.

In den vergangenen Jahren ist der Geheimbund auch Gegenstand in mehreren parlamentarischen Untersuchungsausschüssen gewesen und zudem in schriftlichen Anfragen von Abgeordneten. Diese Aufklärungsbemühungen in den Parlamenten sind von großer Bedeutung. Sie haben gezeigt, dass die Behörden in Zukunft viel aufmerksamer und konsequenter auf die Umtriebe der Kapuzenmänner reagieren müssen. Auch der Blick zurück ist weiterhin notwendig, vieles ist noch nicht ausreichend geklärt.

Warum, zum Beispiel, ging bereits im Herbst 1998 eine Internetseite der Gruppierung »European White Knights of the Ku Klux Klan – Realms of Europe (Deutschland)« online, obwohl der Schwaben-Klan gleichen Namens doch angeblich erst zwei Jahre später gegründet wurde und auch erst dann der Verfassungsschutz darauf aufmerksam geworden sein will? Hat Achim Schmid den Schwaben-Klan womöglich doch mit Wissen des Verfassungsschutzes aufgebaut? Was ist mit den Hinweisen auf eine Klangruppe im Raum Nürnberg, die dort nach der Jahrtausendwende aktiv gewesen sein soll – in einer Phase, in der in Nürnberg die ersten NSU-Morde verübt wurden? Wie viele Mitglieder des US-Klans »International Knights of America«, von denen ein deutscher Kapuzenmann vor nicht allzu langer Zeit in einer Vernehmung sprach, gibt es in Deutschland? Und was ist mit den »Christian White Knights«, die 2004 angeblich in Deutschland gegründet worden sind, seitdem aber nie wieder in Erscheinung traten? Gibt es diese Rassisten-Ritter nicht mehr – oder haben sie aus den Fehlern ihrer Vorgänger gelernt, sind untergetaucht und agieren seither im Geheimen?

Mit journalistischen Mitteln lassen sich diese Fragen – zumindest derzeit – nicht erschöpfend beantworten. Polizei und Verfassungsschutz stehen ganz andere Mittel zur Verfügung. Überwachung von E-Mails und Telefonen zum Beispiel. Man müsste sie wollen. Derzeit ist jedoch kein übermäßiges Interesse seitens der Behörden zu erkennen, die Aktivitäten des Klans auch abseits von möglichen Berührungspunkten zur Terrorgruppe NSU vollends aufzuklären. Bis heute werden KKK-Bezüge bei Straftaten in Deutschland nicht systematisch erfasst.

Der Berliner Senat berichtete im Sommer 2016, dass es »keine Erkenntnisse« über einen Berliner Klanableger mehr gebe. Der Berliner Klanchef ist aber zumindest im Internet noch immer aktiv. Und sogar die Bundesregierung ließ kurz darauf durchklingen, sie gehe davon aus, dass die Gruppe längst nicht aufgelöst sei.

Eine Abkehr vom Klan ist eigentlich ohnehin nicht vorgesehen. Wer sich auf ihn einlässt, schließt einen Bund, der das ganze Leben halten soll. Selbst wenn jemand nicht mehr erkennbar als Kapuzenmann in Erscheinung tritt, heißt das noch lange nicht, dass er sich von der Gedankenwelt des Geheimbunds verabschiedet hat. »Einmal Ku-Klux-Klan, immer Ku-Klux-Klan« – so hat es einmal ein V-Mann-Führer im Untersuchungsausschuss in Stuttgart auf den Punkt gebracht. Und wie schrieben jene Kluxer, die sich im Streit vom Berliner Klanchef abwendeten? In Zukunft würden sie gerne als »stille Sympathisanten« gesehen werden.

Als Schläfer des Ku-Klux-Klans.

Dank

Dieses Buch wäre nicht möglich gewesen ohne all die Kolleginnen und Kollegen, die sich über Jahre mit der rechtsextremen Szene in Deutschland beschäftigt haben und dabei auch wertvolle Details zum Ku-Klux-Klan ans Tageslicht befördert haben. Unser besonderer Dank gilt dabei unseren Kollegen bei der ›Süddeutschen Zeitung‹ und dem ›Norddeutschen Rundfunk‹: John Goetz, Hans Leyendecker, Lena Kampf, Antonius Kempmann, Georg Mascolo und Reiko Pinkert, auf deren Vorarbeit wir zurückgreifen konnten und die uns teilweise ihre Hunderte Seiten Unterlagen zur Verfügung gestellt haben. Dank auch an Catharina Felke für ihre hilfreichen Recherchen zu Fritz Kuhn. Erwähnen möchten wir zudem das Antifaschistische Pressearchiv und Bildungszentrum (Apabiz), das ›Antifa-Infoblatt‹ sowie die Zeitschrift ›Der Rechte Rand‹, die eine wichtige und nachhaltige Arbeit in der Analyse und Beobachtung rechtsextremistischer Gruppen leisten, die leider zu selten in der allgemeinen Öffentlichkeit gewürdigt werden.

Unser Dank geht auch an den Undercover-Journalisten Gerhard Kromschröder, der uns ausführlich von seinen Recherchen beim Ku-Klux-Klan in den Achtzigerjahren berichtet und damit wertvolle Details zu diesem Buch beigetragen hat. RTL hat uns dankenswerterweise den Beitrag der Sendung »Explosiv« über den Deutschland-Besuch des amerikanischen Klanführers Dennis Mahon im Jahr 1991 zur Verfügung gestellt. Ulrich Wolf von der ›Sächsischen Zeitung‹ hat uns Hinweise zu möglichen KKK-Bezügen bei ausländerfeindlichen Gruppierungen wie dem »Widerstand Freital« gegeben.

Wir danken außerdem den vielen Archivaren – in der Stasi-Unterlagenbehörde, beim Verfassungsschutz Rheinland-Pfalz, dem Landesarchiv Berlin, dem antifaschistischen Pressearchiv Apabiz – die uns in vielen Stunden Arbeit Hunderte Seiten Dokumente recherchiert und kopiert haben. Wir möchten an dieser Stelle aber auch nicht verschweigen, dass wir es für sehr bedenklich halten, dass im Archiv des Bundesamts für Verfassungsschutz nach eigenen Angaben über Aktivitäten des KKK in Deutschland zwischen 1980 und 1986 Dokumente »nicht ermittelt werden« konnten, welche die Voraussetzungen einer Einsichtnahme erfüllen würden. Üblicherweise sind solche Akten nur 30 Jahre lang gesperrt. Nun aber legt das Amt die Rechtslage so aus, dass es darauf ankommt, wann zuletzt die »Gesamtakte« zu einem Fallkomplex inhaltlich bearbeitet worden sei. Das alles ist, wie so oft beim Geheimdienst, wenig transparent. Entweder schränkt man hier Recherchen ein, Unterlagen wurden verschlampt oder aber – was schlimmer wäre – der Verfassungsschutz hat vor den Aktivitäten des Klans in diesen Jahren schlichtweg die Augen verschlossen.

Unser Dank gilt auch den Menschen, die uns Tausende Seiten als Verschlusssachen eingestufter, also streng vertraulicher oder geheimer Dokumente haben zukommen lassen beziehungsweise uns Einblick gewährten und damit eine tiefgründige Analyse überhaupt erst ermöglicht haben. Etliche Mitarbeiter von Sicherheitsbehörden, die an dieser Stelle ungenannt bleiben müssen, um ihre berufliche Zukunft nicht zu gefährden, haben uns in ihre Ermittlungen eingeweiht. Vor allem aber haben uns mehrere Insider Einblicke in Strukturen des Ku-Klux-Klans gegeben. Wir sind uns bewusst, dass sie damit viel riskiert haben – umso dankbarer sind wir ihnen dafür.

Philipp Grüll und Bastian Obermayer haben das Manuskript des Buches gelesen. Ihre wertvollen Hinweise haben uns geholfen, es lesbarer zu machen und uns nicht in Details zu verlieren.

Wir danken Hanna Leitgeb von der Agentur Rauchzeichen, die das Buchprojekt von Anfang an mit großem Engagement begleitet hat. Besonders dankbar sind wir Andrea Wörle und dtv, dass sich der Verlag an dieses schwierige und heikle Thema gewagt hat. Danke für das Vertrauen! Ein besonders großer Dank gebührt unserer Lektorin Eva-Maria Prokop für die hilfreichen Kommentare und ermutigenden Worte – vor allem aber für ihre Geduld.

Wir danken auch unseren Familien für ihre Geduld und das Verständnis für die Arbeit an diesem Buch, die viele Wochenenden, Abende und Nächte in Anspruch genommen hat.

Glossar

Akia
Abkürzung des Klangrußes »A Klansman I Am« (»Ich bin ein Klansmann«). Der Terminus »Akia« wird von Klanmitgliedern unauffällig in ein Gespräch eingebaut – etwa in die Frage »Kennen Sie Herrn Akia?« –, um einem (eingeweihten) Gesprächspartner zu signalisieren, dass er auch mit einem Klanmitglied spricht.

Asgard
Leitungsgremium des Klanordens »Ritter zum Feurigen Kreuz«.

Ayak
Abkürzung der Frage »Are You a Klansman?« (»Bist du ein Klansmann?«).

BKA
Bundeskriminalamt; Polizei des Bundes mit Hauptsitz in Wiesbaden, zuständig für die nationale Verbrechensbekämpfung in Deutschland.

Blood & Honour
Seit 2000 in Deutschland verbotenes rechtsextremes Netzwerk, das rechte Musikgruppen miteinander vernetzen wollte. Als bewaffneter Arm der internationalen Organisation gilt die Gruppe »Combat 18«.

Bundesnachrichtendienst (BND)
Deutscher Auslandsgeheimdienst

Frontbann
Organisation, in der sich während der Weimarer Republik rechtsextreme Wehrverbände zusammenschlossen, die nach dem Hitlerputsch verboten worden waren. Aus dem »Frontbann« rekrutierten sich Mitglieder der ersten deutschen Klangruppe.

Generalbundesanwalt
Oberste Strafverfolgungsbehörde in Deutschland. Die auch als »Bundesanwaltschaft« bezeichnete Behörde mit Sitz in Karlsruhe ist unter anderem für die Anklage von Terroristen aller Couleur zuständig.

Ghoul
Im allgemeinen Sprachgebrauch ein leichenfressendes Fabelwesen. In der Welt des KKK ein einfaches Mitglied des Geheimbundes.

Grand Dragon (Großer Drachen)
Landeschef eines Klans

Grand Wizard (Großer Hexenmeister)
Höchster Rang des Klans, manchmal auch *Imperial Wizard* genannt.

Grand Cyclop (Großer Zyklop)
Chef eines Klan-Ortsverbandes

Imperial Wizard
Imperialer Hexenmeister. Höchster Rang innerhalb der Klanhierarchie, oftmals auch als *Grand Wizard* bezeichnet.

Klavern
Klan-Ortsgruppe

Klavellier
Rang innerhalb der Klanhierarchie

Kleagle
Für das Rekrutieren neuer Mitglieder zuständiges Klanmitglied.

Kloran
Das heilige Buch des Ku-Klux-Klans. Es beschreibt die Aufgaben der verschiedenen Klanmitglieder, die Riten und Rituale.

Knights (Ritter)
Selbstbezeichnung mancher Klanmitglieder

Kreuzerleuchtung
Klan-Bezeichnung für eine Kreuzverbrennung. Nach Auffassung des Klans soll das brennende Kreuz das Licht Christi symbolisieren. Es wurde (und wird) verwendet, um Schwarzen eine letzte Warnung zu erteilen.

LKA
Landeskriminalamt; Polizei der jeweiligen Bundesländer

Nationalistische Front (NF)
1985 gegründete und 1992 verbotene rechtsextremistische Partei.

Nighthawk (Nachtfalke)
Sicherheitsoffizier eines Klans (gelegentlich auch *Knighthawk*). Seine Aufgabe ist es, bei Klantreffen für Sicherheit zu sorgen.

Neoschutzstaffel (NSS)
Angebliche Neonazi-Kameradschaft im Raum Stuttgart, von der ein Zeuge aus der rechten Szene der Polizei im Zusammenhang mit dem NSU berichtete. Der Mann behauptete, den Begriff NSU bei einem Treffen eben dieser NSS gehört zu haben. Angeblich soll sich die NSS 2010 im baden-württembergischen Öhringen getroffen haben. Bis heute gibt es dafür keine weiteren Belege.

NSU
Nationalsozialistischer Untergrund; rechtsextremistische Terrorgruppe, die laut Anklageschrift des Generalbundesanwalts aus Uwe Böhnhardt, Uwe Mundlos und Beate Zschäpe bestanden haben soll. Das Trio wuchs in Jena auf und lebte von 1998 bis 2011 im »Untergrund« – unter falschen Namen zunächst in Chemnitz, dann in Zwickau. Auf das Konto des NSU sollen zehn Morde, mindestens drei Sprengstoffanschläge und 15 Raubüberfälle gehen.

Oi!
Musikstil der Skinhead- (aber auch Punk-)Szene

Page
Niedriger Rang in manchen Klangruppierungen

Parlamentarisches Kontrollgremium (PKG)
Derzeit neunköpfiges Gremium des Bundestags, zu dessen Aufgaben die Überwachung der Arbeit des Verfassungsschutzes, des Militärischen Abschirmdienstes und des Bundesnachrichtendienstes zählt. Die Landtage haben ihrerseits entsprechende Kontrollgremien für die Landesämter für Verfassungsschutz.

Realm (Reich)
Landesverband eines Klans

Reichsbürger
Anhänger einer jener rechtsextremen und von Verschwörungstheorien geprägten Gruppierungen, die behaupten, das »Deutsche Reich« bestehe bis heute fort. Die Bundesrepublik Deutschland erkennen sie nicht an.

Sanbog
Geheimer Klancode für die Warnung vor Fremden. Die Abkürzung steht für »Strangers Are Near – Be On Guard« (»Fremde sind nahe – sei wachsam«).

Stahlhelm
Wehrverband zur Zeit der Weimarer Republik. Aus dem »Stahlhelm« rekrutierten sich Mitglieder der ersten deutschen Klangruppe.

Squire (Knappe)
Rang in manchen Klangruppierungen

Undernet
Chat-Netzwerk (Internet Relay Chat, IRC), das bereits in der Anfangsphase des Internets bedeutsam war und auch von Rechtsextremisten regelmäßig genutzt wurde. Sie betrieben dort eigene Kanäle.

Verfassungsschutz
Deutscher Inlandsgeheimdienst; auf Landesebene in Landesämtern für Verfassungsschutz organisiert, auf Bundesebene im Bundesamt für Verfassungsschutz (BfV) mit Sitz in Köln.

V-Mann beziehungsweise V-Person
Vertrauensmann oder Verbindungsmann; Person, die über einen längeren Zeitraum im Geheimen mit Ermittlungsbehörden zusammenarbeitet, ohne diesen anzugehören. Als »verdeckte Ermittler« hingegen bezeichnet man Beamte, die undercover arbeiten.

Wehrsportgruppe Hoffmann
1980 verbotene rechtsextreme Terrorgruppe um den Neonazi Karl-Heinz Hoffmann.

Weiße Bruderschaft Erzgebirge (WBE)
Im Jahr 2000 in Sachsen gegründete Neonazi-Gruppierung, der auch der mutmaßliche NSU-Helfer André E. angehörte. Die »Bruderschaft« gab ein Magazin mit dem Namen ›The Aryan Law & Order‹ heraus, in dem es diverse Klan-Bezüge gab.

White Power
International in der Neonazi-Szene verwendeter rassistischer Slogan, der wie eine Art Schlachtruf in Songs und Schriften eingesetzt wird, oft in Verbindung mit einer abgebildeten Faust. In den USA verwendete der Ku-Klux-Klan den Begriff in Reaktion auf die »Black Power«-Bewegung, die sich für die Rechte der Schwarzen starkmachte.

Quellen

Dieses Buch basiert auf einer Vielzahl von Quellen. Es ist keine wissenschaftliche Arbeit, sondern eine journalistische Analyse. Deshalb haben wir auf Fußnoten verzichtet und stattdessen im jeweiligen Kapitel auf die Quellen direkter Zitate hingewiesen. Hier finden Sie die Quellen zusätzlich aufgeschlüsselt. Viele Passagen des Buches beruhen zudem auf eigenen Gesprächen und Kontakten und auf vertraulichem Material, das nicht öffentlich zugänglich ist, in das wir aber Einblick hatten.

◆

In das Buch flossen die Erkenntnisse aus Tausenden Seiten interner Akten des Bundesamtes für Verfassungsschutz und diverser Landesämter ein; zudem Gerichtsakten, etliche Urteilstexte und die Eindrücke sowie Aussagen im Münchner Prozess gegen die mutmaßliche Rechtsterroristin Beate Zschäpe und in einem Verfahren gegen einen Berliner Klanführer. Wir haben zudem auf die Arbeit, auf Protokolle und Berichte der Untersuchungsausschüsse in Baden-Württemberg, Bayern, Brandenburg, Hessen, Nordrhein-Westfalen, Sachsen und Thüringen zurückgegriffen, die sich mit dem NSU, Rechtsextremismus und Behördenversagen auseinandergesetzt haben. Material zum Klan in Deutschland förderten auch die beiden Untersuchungsausschüsse des Bundestages zutage. An vielen Sitzungen der verschiedenen Ausschüsse haben wir selbst teilgenommen. Mehrere Parlamentarier in Bund und Ländern haben durch ihre Anfragen an die Regierung ebenfalls dazu beigetragen, ein besseres Bild von den Aktivitäten des Ku-Klux-Klans in Deutschland zu zeichnen. Das Antifaschistische Pressearchiv und Bildungszentrum (Apabiz) hat uns Publikationen des Klans und seines Umfelds zur Verfügung gestellt.

◆

Für dieses Buch haben wir mit den Aussteigern mehrerer deutscher Gruppen des Ku-Klux-Klans gesprochen – vom einfachen Mitglied bis hin zu einem ehemaligen *Grand Dragon*. Der ehemalige Chef des baden-württembergischen EWK, Achim Schmid, antwortete ausführlich auf eine Anfrage – seine Angaben sind in das entsprechende Kapitel eingeflossen. Wir haben auch einige Männer kontaktiert, die dem Klan bis heute nahestehen; sie wollten sich jedoch nicht ausführlich mit uns unterhalten. Pegida-Gründer Lutz Bachmann und Frank L., der in Jena den rechten Szene-Laden »Madley« betrieb, antworteten nicht auf unsere Anfragen. Matthias D. war für eine Anfrage nicht zu erreichen. Beate Zschäpe, Ralf Wohlleben, Holger G. und André E., die in München wegen der Verbrechen des NSU vor Gericht stehen, wollten sich nicht äußern. Auskunftsfreudiger waren einige Verfassungsschützer, Polizisten sowie Mitglieder der Untersuchungsausschüsse in Bund und Ländern.

◆

Seit den Sechzigerjahren haben sich einige Journalistinnen und Journalisten mit dem Treiben des Ku-Klux-Klans in Deutschland beschäftigt. Aus jüngerer Zeit sind Anregungen und Informationen eingeflossen von Artikeln der ›Süddeutschen Zeitung‹ (speziell der Autoren Hans Leyendecker, Lena Kampf und John Goetz), des ›Spiegel‹ (Jörg Diehl, Maik Baumgärtner), der ›Stuttgarter Nachrichten‹ (Franz Feyder, Sven Ullenbruch), der ›Südwestpresse‹ (Madeleine Wegner, Thumilan Selvakumaran), der ›Welt‹ (Stefan Aust, Dirk Laabs), des ›Antifa-Infoblatts‹ (Markus Ragusch) und des ›Rechten Rands‹ (Toni Brandes, Michael E. Brooks, Ulli Jentsch, Pia Ketter, Ernst Kovahl, Barbara Manthe, Nina Juliane Rink, Lucius Teidelbaum, Sven Ullenbruch). Wir haben Angaben nicht einfach übernommen, sondern geprüft. Oft waren sie eine Bestätigung und Absicherung für Informationen, die uns aus eigenen Zugängen vorlagen. Keiner der Genannten wäre verantwortlich für etwaige Fehler, die uns unterlaufen sein sollten. Wir haben uns bemüht, im Text transparent zu machen, wenn wir etwas nicht wissen oder nicht mit ausreichender Gewissheit sagen können.

◆

Die Literatur über den Ku-Klux-Klan, vor allem über den Ku-Klux-Klan in Deutschland, ist überschaubar. In das vorliegende Buch flossen Informationen oder Anregungen aus folgenden Aufsätzen und Büchern ein:

Asumang, Mo: Mo und die Arier. Allein unter Rassisten und
    Neonazis. Frankfurt/Main (Fischer) 2016
Aust, Stefan/Laabs, Dirk: Heimatschutz. München (Pantheon)
    2014

Billig, Michael: Humour and Hatred: The Racist Jokes of the Ku Klux Klan. In: Discourse & Society, Band 12, Nummer 3, 2001, S. 267–289

Born, Michael: Wer einmal fälscht ... Die Geschichte eines Fernsehjournalisten. Köln (Kiepenheuer & Witsch) 1997

Frankel, Richard E.: Klansmen in the Fatherland: A Transnational Episode in the History of Weimar Germany's Right-Wing Political Culture. In: Journal for the Study of Radicalism, Band 7, Nummer 1, 2013, S. 61–78

Fuchs, Christian/Goetz, John: Die Zelle. Rechter Terror in Deutschland. Reinbek (Rowohlt) 2012

Hoffman, Bruce: Inside Terrorism. New York (Columbia University Press) 2006

Klärner, Andreas: Zwischen Militanz und Bürgerlichkeit. Selbstverständnis und Praxis der extremen Rechten. Hamburg (Hamburger Edition) 2008

Kromschröder, Gerhard: Ansichten von Innen: Als Nazi, Rocker, Ladendieb und strammer Katholik unterwegs. Frankfurt/Main (Eichborn) 1990

Quent, Matthias: Rassismus, Radikalisierung, Rechtsterrorismus. Wie der NSU entstand und was er über die Gesellschaft verrät. Weinheim und Basel (Juventa) 2016

Martin, Roger/Perrault, Gilles: AmeriKKKa. Der Ku-Klux-Klan und die Ultrarechte in den USA. Berlin (Rotbuch) 1996

Röpke, Andrea/Speit, Andreas (Hg.): Blut und Ehre. Geschichte und Gegenwart rechter Gewalt in Deutschland. Berlin (Christoph Links) 2013

Sauer, Bernhard: Schwarze Reichswehr und Fememorde. Eine Milieustudie zum Rechtsradikalismus in der Weimarer Republik. Berlin (Metropol) 2004

Selvakumaran, Thumilan: Braunes Netzwerk im Ländle. In: Förster, Andreas (Hg.): Geheimsache NSU. Zehn Morde, von Aufklärung keine Spur. Tübingen (Klöpfer & Meyer) 2014

Schmid, Achim: Vergessene Erinnerung. Band 1: Bis alles in Scherben fällt. Berlin (Edition Widerschein) 2016

Wade, Wyn Craig: The Fiery Cross – the Ku Klux Klan in America. Oxford (Oxford Univ. Press) 1998

Bildnachweis

Mitgliedskarte von »Heimdahl« bei den *Rittern zum Feurigen Kreuz*: Landesarchiv Berlin

Flagge einer Klangruppe in Nordrhein-Westfalen: http://kukluxklanruhrgebiet.blogspot.de/

Klanführer Murray M. Kachel, 1981 und Klangruppe von M. Kachel: Archiv Gerhard Kromschröder

Unterschrift des Schwaben-Klan-Chefs Ryan Davis: klaninternes Dokument aus dem Jahr 2001, privat

Pegida-Kundgebung in Dresden im Dezember 2014: picture alliance / dpa

Alle weiteren Abbildungen: Privatarchiv der Autoren

Personenregister

Asumang, Mo 236, 253

Bachmann, Lutz 15
Baum, Gerhart 58
Billig, Michael 120
Binninger, Clemens 205
Böckmann, Kurt 56
Böhnhardt, Uwe 13, 92, 97, 103, 104, 105, 106, 107, 108, 109, 110, 113, 114, 167, 168, 169, 171, 172, 207, 208, 217, 248
Born, Michael 10, 12, 238
Breivik, Anders 186
Browning, Wilf 93
Bubis, Ignatz 207

Clinton, Hillary 223
Colescott, James A. 34
Corelli *siehe* Richter, Thomas
Cross, Glenn 221

Davis, Ryan *siehe* Schmid, Achim

Dellig, Thomas *siehe* Richter, Thomas
Dixon, Thomas 27
Drexler, Wolfgang 155, 156
Duke, David 42, 44, 47, 56, 67, 223, 228, 231

Eichmann, Adolf 38
Erenhi, Steve 79, 80, 82, 84, 94, 95

Fröhlich, Siegfried 53

Genscher, Hans-Dietrich 77
Gott, Karel 44
Gray, Don Burion 25, 26, 29

Hammann, Wolf-Dietrich 160
Hammer, Max 209
Heß, Rudolf 153
Hetger, Erwin 165, 166
Hitler, Adolf 31, 35, 50, 64, 71, 93, 148, 153, 191, 210, 229
Högl, Eva 234

Jauch, Günther 10
Johnson, Lyndon B. 38

Kachel, Murray M. 50, 51, 52, 54, 55, 57
Kiesewetter, Michèle 14, 167, 168, 171, 173, 204
Klärner, Andreas 121
Kohl, Helmut 77
Kromschröder, Gerhard 49, 50, 51, 53, 54, 57
Kühnen, Michael 104
Kuhn, Fritz Julius 31, 32, 33
Kunze, G. William 33

Lane, David 116
Leuchter, Fred 64
Ludendorff, Erich 31

Maaßen, Hans-Georg 215
Macdonald Andrew *siehe* Pierce, William L.
Mahon, Dennis 10, 67, 68, 69, 70, 72, 73, 74, 76, 79, 184, 241
Maizière, Thomas de 216, 229
Maxey, Jimmie 147, 202
Metzger, Tom 43, 116, 228
Meyer-Plath, Gordian 88

Miller, Horace Sherman 36, 37
Montag, Jerzy 194, 199, 200, 205, 206, 207, 210, 212, 214, 216, 217
Mundlos, Uwe 92, 97, 103, 104, 105, 106, 108, 109, 110, 113, 114, 115, 121, 122, 167, 168, 169, 171, 172, 207, 208, 216, 217, 248

Obama, Barack 179, 223
Özoğuz, Aydan 229

Pannier, Erich 17, 28
Pau, Petra 95
Petereit, David 208
Piatto *siehe* Szczepanski, Carsten
Pierce, William L. 67

Quent, Matthias 222, 254

Rannacher, Helmut 129, 136, 143, 205
Resor, Stanley Rogers 41
Richter, Thomas 122, 128, 133, 144, 193, 194, 195, 196, 197, 198, 200, 201, 202, 203, 204, 206, 207, 208, 209, 210, 211, 213, 218, 219

Roeder, Manfred 43, 44, 45
Roosevelt, Franklin D. 32
Rupprecht, Reinhard 216
Ryan, Davis *siehe* Schmid, Achim

Schäfer, Berndt 47, 49
Schäuble, Thomas 165
Scherbaum, Werner 196, 218
Schily, Otto 148
Schmid, Achim 123, 125, 128, 129, 133, 134, 137, 138, 139, 140, 141, 142, 145, 146, 147, 148, 149, 151, 152, 154, 155, 157, 158, 161, 162, 163, 164, 169, 170, 175, 200, 201, 202, 204, 205
Schmidt, Helmut 44
Schoeler, Andreas von 54
Schönbohm, Jörg 95
Schönborn, Meinolf 198
Schröder, Georg *siehe* Kromschröder, Gerhard
Schulze, Katharina 235
Schwannecke, Günter 83
Shelton, Robert 38, 228
Siebert, Fritz 18, 19
Simson, Ray 40
Stresemann, Gustav 24

Strohschein, Gotthard 25, 26
Strohschein, Otto 25, 26, 28
Stuart, Ian 60, 90, 126, 148
Szczepanski, Carsten 68, 69, 73, 74, 75, 76, 79, 80, 81, 82, 83, 84, 85, 86, 87, 88, 89, 90, 91, 92, 93, 94, 95, 96, 97, 98, 99

Trump, Donald 224, 229

Vogel, Hans Joachim 49, 50

Wallace, George 38
Washington, George 31
Weckerle, Wilhelm 17, 18, 19, 20, 24
White, Didi 175
Wilkinson, Bill 42, 44, 47, 57, 58
Wohlleben, Ralf 14, 104, 107, 108
Wolff, Hartfrid 204

Zschäpe, Beate 14, 92, 97, 103, 104, 105, 106, 109, 110, 111, 113, 114, 122, 168, 169, 170, 207, 217, 248, 251